다롄연구

초국적 이동과 지배, 교류의 유산을 찾아서

진인진

다롄연구 – 초국적 이동과 지배, 교류의 유산을 찾아서 –

초판 1쇄 발행 | 2016년 7월 8일

지은이 | 정근식 외
편   집 | 배원일
발행인 | 김영진
발행처 | 진인진
등   록 | 제25100-2005-000003호
주   소 | 경기도 과천시 별양상가 1로 18 614호(별양동, 과천오피스텔)
전   화 | 02-507-3077~8
팩   스 | 02-504-3079
홈페이지 | http://www.zininzin.co.kr
이메일 | pub@zininzin.co.kr

ⓒ 진인진 2016
ISBN 978-89-6347-294-2 93300

이 책은 2013년도 정부(교육부)의 재원으로 한국연구재단의 지원을 받아 수행된 연구임
(NRF-2013S1A5B8A01054955).

책머리에

서울대 아시아연구소에서는 2014년부터 2년간 동북아시아에서 국경을 넘어 전개되는 사회문화적 교류협력의 실태를 이동과 흐름이라는 시각에서 파악해보려는 연구를 수행하였다. 이것은 탈냉전과 함께 부상한 동아시아 공동체론을 염두에 두면서, 경제적 차원 뿐 아니라 사회문화적 차원에서의 인적 이동과 물류를 새롭게 포착하고, 이를 가로막는 장벽들의 의미를 묻는 노력의 일환이었다. 이런 과정에서 이동과 정착, 교류와 분단, 경계와 장벽 등의 다양한 역사적 학술적 개념들이 새롭게 조명되고, 경계연구border studies의 세계적 동향에 관한 관심이 커지게 되었다.

특정 공간을 가로지르는 이동과 흐름은 인간의 삶의 욕망에 기초한 자발적 의지에 의해 이루어지기도 하지만, 정복과 약탈을 목표로 한 국가권력에 의해 이루어지기도 하며, 이를 가로 막는 경계는 자연적인 요소뿐 아니라 정치군사적 요소들에 의해 허물어지기도 하고 새롭게 구축되기도 한다. 어떻게 보면, 이동과 이를 가로막는 장벽은 지속적으로 길항하면서 역사를 구성해왔다고 할 수 있다.

초국적 이동과 협력은 한국을 중심으로 볼 때, 서해와 남해, 동해와 같은 해양을 매개로 전개되기도 하고, 한반도의 북쪽 경계를 넘어 중국 동북지역이나 러시아의 연해주지역을 가로지르면서 전개되기도 했다. 그러나 남북이 분단된 이후, 한국은 육로를 통한 이동과 교류는 불가능해지고, 해양과 공중을 통한 이동과 교류를 지속해왔다. 우리는 초국적 이동과 협력에 관한 연구에서 개념중심적 접근보다는 보다 구체적인 지역을 매개로 한 역사적이면서 동시에 경험적인 접근이 더 유용하다는 판단 하에 동북아시아에서 역사적으로 국제적 경쟁과 갈등, 그리고 초국적 이동과 협력의 초점이었던 두 지역, 즉 중국 랴오둥반도의 남단도시 다롄과 중국, 러시아, 북한이 국경을 맞대고 있는 두만강 유역의 국경도시 훈춘을 선정하여 연구진을 두 팀으로 구성한 후 각각 현지조사를 기초로 한 연구를 수행하기로 하였다. 이 두 도시는 동아시아에서의 식민주의나 세계적 냉전, 그리고 21세기의 세계화의 흐름 속에서 매우 독특한 지정학적 위치를 부여받았고, 한국 뿐 아니라 동아시아의 발전에서 특별한 의미를 지닌 장소였다.

이 책은 다롄을 중심으로 한 초국적 이동과 협력에 관한 연구의 성과를 묶은 것이다. 오늘날의 다롄은 엄밀하게 말하면, 뤼순旅順, 다롄, 진저우金州를 포괄하는 것으로, 우리는 다롄을 둘러싼 중국, 러시아, 일본 간의 각축이라는 역사 뿐 아니라 1945년이후 10년간의 소련군의 점령, 그리고 개방정책 이후의 개발구 설치와 이곳에 대한 다국적 투자 및 발전전략에서의 초국적성에 주목하였다. 우리는 이 연구를 위하여 2014년 봄에 문제설정을 위한 현지답사를 하였고, 이 과정에서 다롄대학의 장샤오강張曉剛교수와 최봉룡교수가 연구진에 합류하였다. 2015년 7월, 우리는 진저우, 다롄, 뤼순을 돌면서 본격적인 현지조사를 실시하였으며, 이어 12월 17일에는 "초국적 이동과 공간의 변용에서 본 다롄연구"라는 제목으로 워크샵을 개최하여 초고를 검토하였다. 여기에서 이 연구에 참여한 연구자들이 필요하다면 자신의 논문을 개별적으로 학술지에 게재한 후 단행본을 편집하기로 하였으므로, 이 책에 실린 글 중에서 여러 편이 학술지에 게재되었다. 조정우의 글은 「만주의 재발명: 제국일본의 북만주 공간표상과 투어리즘」(『사회와 역사』, 제107집, 2015)을 토대로 그 내용을 대폭 수정·보완하여 작성한 것이다. 박철현의 두 개의 글은 「사회주의 시기 중국 동북지역의 국가와 기업: 다롄기차차량창의 전형단위제를 중심으로」(『만주연구』, 제20집, 2015)와 「개혁기 중국 동북지역 사회관리체제의 변화: 다롄 사구의 건설과 거버넌스 문제를 중심으로」(『중국학연구』, 제76집, 2016)를 이 책의 기획 의도에 맞추어 고쳐 썼다. 신혜선의 글은 『中蘇研究』 제39권 제2호에 게재된 것을 정리한 것이다. 원래 중국어로 쓰여진 장샤오강張曉剛교수의 글은 서울대 대학원 사회학과에 재학중인 허설화가 번역하였다. 랴오닝사범대학 도시환경학원 처량량車亮亮 교수의 글은 아시아연구소 연구원 김고운이 번역하였다.

원래 이 연구를 구상할 때, 다롄에 산재한, 특히 개발구에 집중적으로 위치했던 외국계 기업들의 분포와 생산네트웍, 러시아 및 일본 지배의 역사적 유산을 활용한 관광산업, 한국계 조선회사인 STX의 설립과 해체 등에 관한 연구를 고려하였으나, 사정상 이들에 관한 연구를 수행하지 못하여 유감스러운데, 이들에 관한 연구는 후일을 기약할 수밖에 없다. 마지막으로, 어려운 상황에도 불구하고 아시아연구소의 연구성과의 출판이라면 기꺼이 맡아 감당해주는 진인진출판사에 감사를 표한다.

2016년 4월,
저자들을 대표하여
정근식 씀

목차

초국적 이동과 흐름, 응결과 집적의 도시공간으로서의 다롄에 다가가기

정근식

Ⅰ. 도시를 이동과 응결의 집적으로 바라볼 수 있는가?

탈냉전과 함께 불어 닥친 지구화는 인적 이동과 상품의 흐름을 가속화하고 그 양상을 변화시키고 있다. 냉전적 경계가 사라지면서 한편으로는 새로운 교류와 협력의 틀이 짜여지고 보다 넓은 영역에서의 공동체를 모색하는 경향이 두드러지고 있는 반면, 노동력의 국제이주와 지역적인 분쟁들은 세계를 이주와 난민의 시대로 접어들게 하고 있다. 이런 세계화의 두 얼굴은 최근에 발생한 유럽연합의 균열과 위기에서 잘 나타나고 있지만, 지난 20년간 유럽연합이 보여준 사회변동은 동아시아에도 커다란 정치적 지적 자극을 주었다. 초국적 이주와 대규모 난민의 발생은 국제협력과 시민권에 대한 학문적 관심을 제고시키고, 경계연구를 활성화시켰다. 그러나 좀 더 냉정하게 바라보면, 대규모의 이동과 흐름은 탈냉전과 함께 시작되었다기보다는 더 오랜 기간에 커다란 역사적 흐름을 타고 전개되었다. 고대나 중세의 대규모 전쟁과 질병의 대유행 뿐 아니라 근대의 식민주의와 자본주의 또한 이런 초국적 이동과 교류를 만들어내는 역사적 원천이었다.

이동과 교류에 관한 연구는 우선 그 범위나 영역의 문제를 제기하고, 이동의 주체나 대상, 방향과 속도, 그리고 이동과 흐름의 원인과 결과에 관한 질문을 수반한다. 이동과 흐름은 서로 다른 세계의 존재와 이들간의 차이, 그리고 삶의 기회에서의 격차를 전제로 한다. 서로 다른 세계가 존재한다는 것은 단순하게 문화적 이질성을 지칭하는 것이 아니라 정치적 경제적 삶의 기회에서의 격차를 지칭한다. 격차는 이동과 흐름을 만들어내는 기본적 원인이며, 격차의 크기에 따라 이동과 흐름의 양상과 속도가 달라진다. 이를 역사적 공간에 투영한다면, 군사력, 경제력, 문화력의 차이는 인적 물적 이동을 유발하고, 이질적 문화의 융합을 통한 발전의 기회를 제공하지만, 이에 못지않게 공동체의 성원됨을 흔들어서 사회적 갈등과 분쟁을 이끌어낸다. 이들은 종종 전쟁을 유발하고 세계의 질서를 재구축하는 힘으로 작용한다.

이동과 흐름은 방향과 지속성의 문제를 포함한다. 이동과 흐름은 방향의 측면에서 평등호혜적인 양방향 이동과 불평등한 일방적 이동이 있다. 이동과 흐름이 항상, 그리고 영원히 지속되는 것은 아니다. 지속성의 차원에서 본다면, 흐름과 막힘, 흐름의 종결로서의 응결, 그리고 응결의 누적으로서의 집적이 있다. 이런 맥락에서 도시는 네트웍의 결절점nod이거나 흐름의 응결·집적 공간으로 규정될 수 있을 것이다(정문수 외, 2014). 물리학적으로 말한다면, 도시는 나름대로의 위치에너지를 지니고 있으며, 운동에너지로 전환시키는 연결고리이기도 하다. 도시는 이동과 흐름 속에서, 그리고 과거의 이동과 이동의 응결과 집적 위에서 독특한 도시의 공간구조와 문화를 배태한다고 할 수 있다.

역사적으로 강력한 국가들은 보다 유리한 이동과 흐름을 보장하기 위하여 지정학적 지경학적 관제고지가 되는 도시들을 장악하기 위하여 경쟁하고 투쟁해왔다. 도시공간은 배타적 이용(조차, 점령, 합병)의 대상이 되기도 하고, 경쟁적 이용(분할과 공존)이 되기도 하며, 종종 지배자들의 교대가 이루어지기도 한다. 전쟁과 점령자의 교대는 기존의 이동과 흐름의 연결망을 단절시키고, 장기적 집적공간으로의 도시를 파괴를 낳으며, 새로운 흐름을 위한 구상에 따라 새로운 도시로 거듭나기도 한다. 이런 과정을 거쳐 도시는 이질적 힘들의 공간적 혼성, 문화적 혼성의 장소가 되어 간다.

경계나 국경은 초국적 이동과 흐름의 연구에서 특별한 의미를 갖는다. 냉전과 분단이 지배적인 상황에서 이에 관한 연구는 금지의 영역에 속했지만, 탈냉전의 세계적으로 경계연구를 활성하였고, 일본이나 중국 등 동아시아에서도 이에 관한 연구가 진전되고 있으며, '월경'은 새로운 학문적 유행어가 되기도 했다(우양호 외, 2014). 국경도시나 관문도시들은 이런 위치에너지와 운동에너지의 상호전환의 모습을 잘 보여준다. 여기에서 주민들이 인지하는 세계는 국가중심적으로 파악된 세계와는 매우 다른 모습을 갖는다(恩迪斯, 2013; 周雷, 2013). 세계가 특정 경계에 의해 구분되듯이, 근대사회에서 국경은 국가간 자유로운 이동과 흐름과 이동을 억제하는 정치적 사회적 장치이다. 국경에는 이동과 흐름을 통제하는 군대와 초소, 세관과 관세가 있다. 관문도시는 국경에 위치하거나, 지리적으로 해륙 연결점에 위치하는 경우가 많다. 큰 규모의 반도나 큰 강의 포구에는 이런 첨단 관문도시가 발달한다. 관문도시는 해운이나 하운과 육운의 결절점에 위치하여 경계를 따라 대칭적으로 발전하기도 한다.

동아시아 근대사에서 지정학적 혼성공간을 가진 관문도시들은 상하이나 고베, 인천과 같은 조계지, 나가사키나 홍콩과 같은 특별 개항장에서 발전했다. 이 중에서 다롄은 러시아와 일본이 교대로 점령한 특별한 도시이다. 중국에는 근대이후 2개국 이상이 교대로 점령한 도시들이 다수 존재한다. 서구의 점령, 일본의 점령. 그리고 중국의 내전(국민당과 공산당)을 거치면서 문화적 혼성도시들이 형성되었다. 이의 대표적인 사례가 홍콩이지만, 다롄이나 칭다오, 웨이하이, 하얼빈 등은 세계적 의미를 지닌 혼성도시들이다. 특히 다롄은 청일전쟁과 러일전쟁의 주요 전장이었고, 제2차 대전과 한국전쟁에서는 독특한 위상을 지녔으며. 중국의 개혁 개방 후에는 군항이면서 무역항으로 매우 특별한 의미를 가진 복합적 도시라고 할 수 있다.

Ⅱ. 근대의 다롄: 세계적 지정학과 식민주의적 경쟁

오늘날 중국의 동북지역, 즉 만주에 관한 연구가 발전하면서 그것을 '융합의 공간'으로 상정하고 있지만(한석정·노기식 편, 2008), 그것의 관문인 다롄은 그것보다 더 강렬한 융합의 공간이었다. 그러나 그 융합은 평화와 공존보다는 전쟁과 강제에 의해 이루어졌을 가능성이 크다. 오늘날 다롄을 방문하면, 자신을 정의하는 두 가지 표현을 쉽게 볼 수 있는데, 하나는 "한 개의 도시, 근대사의 절반 半部近代史"이고 다른 하나는 "낭만의 도시"이다. '중국근대사의 절반'이라는 표현은 매우 추상적이지만, 실제로는 근대 중국이 겪은 전쟁과 서구와의 불평등의 역사를 대변한다. 후자가 지시하는 아름답고 이질적인 문화풍경조차 사실은 다롄의 고난과 영광의 굴곡진 역사의 유산을 사후적으로 긍정하고 미화한 것이라고 할 수 있다. 홍콩과 마카오가 100년 내지 150년간의 서구의 지배를 받았지만, 영국과 포르트갈의 단독지배였다면, 다롄은 57년간의 외국지배를 받았는데, 여기에는 러시아, 일본, 소련의 점령과 지배의 교대가 포함된다.

다롄은 중국 랴오닝성 남단에 위치한 대도시로, 역사적으로 보면, 뤼순, 다롄, 진저우金州 등 세 개의 도시들이 합쳐진 곳이다(大連市金州區地方志編纂委員會辦公室, 1989). 역사를 거슬러 올라가면, 오늘날의 진저우에는 고구려의 비사성이 위치하고 있었고, 고구려와 당이 힘을 겨루던 요충지였다. '늙은 호랑이의 꼬리'라는 의미의 노호미老虎尾반도로 가로 막힌 천연의 양항이었던 뤼순은 1880년대에 청 말기의 최고 실력자 리훙장이 북양함대의 거점으로 삼은 곳이다. 원래 다롄, 특히 뤼순은 아편전쟁의 영향을 받으면서 군항으로서 성장했다. 근대 중국사나 동아시아 식민주의의 역사에서 뤼순을 포함한 다롄은 세계의 열강들이 주목하고 호시탐탐 노리던 지정학의 요충지였다. 청은 자신의 수도를 보위하는 이곳을 양 날개의 한쪽으로 삼았던 반면, 일본은 중국을 누르고 동아시아를 지배하기 위한 교두보로 삼았으며, 러시아는 이곳을 남쪽의 세계로 진출하는 최후의 관문으로 여겼다. 청의 북양함대의 근거지였으므로, 일본과의 갑오전쟁(1894년 동북아시아 전쟁)에서 공략의 대상이 되었고, 청의 해군 뿐 아니라 다롄의 민중

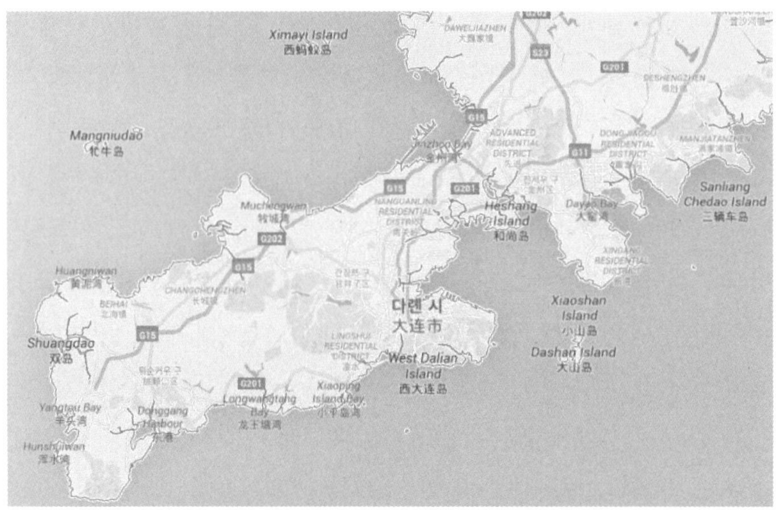

그림1 다렌 지도

들이 엄청난 피해를 입었다. 청일전쟁의 막바지였던 1895년 초, 일본 군은 이곳을 공격하여 청 해군을 궤멸시키고, 약 2만명의 중국 민중을 학살하였다. 다렌의 운명은 전쟁에서 승리한 일본군에 달려있는 신세 가 되었으나 프랑스, 독일, 러시아는 이를 그냥두지 않았다. 이른바 3 국간섭은 종속적 지위로 떨어질 다렌의 운명을 지연시켰다.

다렌의 근대도시 형성기는 두 개의 지정학, 즉 동아시아적 차원의 지정학으로서의 청, 일, 러의 각축과 세계적 차원의 지정학, 즉 러시아, 영국, 그리고 독일의 각축이 서로 교차하고 있다. 청일전쟁이 종료된 1 년 후 철도부설 협정에 따른 구체적 계획이 실현되기 시작하였고, 3년 후에는 서구의 열강들은 중국의 동북부를 다투어 점령하기 시작했다. 1898년 산둥반도의 칭다오를 독일이 점령하면서, 러시아는 다렌을 조 차형식으로 점령하였고, 영국은 이들을 견제하기 위하여 다시 웨이하 이를 점령하였다.

러시아의 조차 하에서 다롄은 계획도시로 발전했다. 뤼순이 청의 유산에 따라 군항으로 발전했다면, 다롄은 상항으로 설계되었고, 방사형 도시구조를 형성하기 시작하였다. 동북의 만주로 이어지는 남만주철도가 부설되었으며, 철도를 중심으로 한 육운이 해운과 연결되기 시작하였다. 이동과 흐름에서 보면, 이 시기는 북방 러시아의 힘이 철도를 타고 대규모로 남하한 것으로 규정될 것이다. 그러나 이로부터 불과 6년 후에 발발한 러일전쟁은 다롄의 운명을 근본적으로 바꾸기 시작하였다. 포츠머드 조약에 따라 다롄의 주인은 일본이 되었고, 점령의 기념비들이 세워지기 시작하였다. 일본은 여기에 관동도독부를 설치하여 일본적 근대를 실험하고 실현하는 장으로 만들었다. 다롄의 초국적 혼성의 풍경은 이때부터 본격적으로 시작된다. 일본의 다롄지배는 관동주 시기(1905-1931)와 만주국 시기(1932-1945)로 구분되는데, 후기로 갈수록 다롄의 중요성은 감소되지만, 여전히 동북아시아 최대의 지정학적 항구도시였다. 일본과 만주를 잇는 해운과 대륙으로 연결되는 남만주철도를 따라 일본 식민주의의 에너지가 깊게 각인되기 시작하였다. 만주국과 관동군, 그리고 만철로 불리는 남만주철도회사는 일본으로부터 형성된 이동과 흐름을 보장하는 국가권력의 핵심 장치라고 할 수 있다(郭鐵椿·關捷, 신태갑 외 역, 2012). 이 지역에서 일본의 지배가 조금씩 안정되면서 다롄은 다른 항구들과의 연결망이 강화되고(內丸勇·西田勇吉, 1929), 길림 간도지역의 조선인들도 다롄으로 이주하기 시작하였으며(유병호, 2014), 정치군사적 도시에서 경제적 도시로 이미지를 바꾸어갔다(大連商工會議所, 1937).

근대도시 다롄은 대체로 그 발전의 역사를 4개의 국면으로 설명한다. 러시아의 조차, 일본의 점령, 중국혁명과 신중국하의 사회주의화, 개혁개방기 이후의 발전이 그것이다. 그러나 이런 설명은 중요한 전환기로서의 소련 점령기를 누락시키는 문제를 안고 있다. 근래에 중국이 급속하게 발전하면서 이런 민감한 문제를 자신있게 드러내기 시작하였는데, 그 전시장이 다롄 현대박물관이다. 이 박물관은 다롄시가 의욕적으로 건설한 대형 문화시설로, 1999년 11월 준공하여 2002년 3월에 개방하였으며, 현재 국가 2급 박물관이자 국가 4A급 관광구로 지정되어 있다. 개관 초기에 이 박물관 도시풍모, 비약적으로 발전하는 경제, 낭만의 도시, 그리고 회고라는 하는 4가지 기본주제를 전시하였다. 그러나 2007년 전시를 개선하고 확충하는 작업을 시작하여 2013년 '근대다롄'전을 개최하였는데, 여기에서는 1840년부터 1949년까지의 역사를 5개의 시기로 구분하고, 이를 각각 '뤼다의 개발과 해양방어 건설', '중일 갑오전쟁 중의 뤼다', '러시아조차와 항구도시의 형성', '러일전쟁과 일본식민통치', '다원 문화의 교류와 융합(1840-1945)', '근대 다롄 인민의 반항투쟁(1840-1945)', '다롄해방과 인민정권의 건립' 등으로 개념화하여 전시하였다. 이것은 5개 국면의 정치사와 2개의 주제사가 혼합된 것이다.

　　여기에서 보듯이 현대 다롄은 소련군의 점령과 중국 공산당과의 공동관리로 출발한 것으로 묘사되고 있다. 여기에는 뤼다지구로의 소련홍군의 진주, 인민민주정권의 건립, 특수해방구로서의 역사적 공헌이 기술되어 있다. 실제로 이 기간에 다롄은 중국 내전, 특히 만주지역에서의 공산당의 승리에 크게 기여하였다. 새로운 흐름은 언제나 과거의 흐름을 단절시킨 것과 함께 진행된다. 일본지배하에서 다롄으로 이주한 일본인들은 2차대전의 패망과 함께 일본으로 '인양'되어야 했다. 뤼다지구 뿐 아니라 만주국의 일본인들은 다수가 소련군의 포로가 되었으며, 민간인들은 다롄을 거쳐 일본으로 돌아갔으므로, 일본인들의 전후 만주의 기억(柳沢遊, 1999; 邸景一 外, 2007)은 이 다롄에서의 고난을 매개로 유지되고 재생산되었다.

Ⅲ. 현대 다롄의 재영역화와 초국적 발전의 모색

다롄의 재영역화는 1945년 2월의 얄타회담과 8월의 스탈린과 장제스 간의 중소우호협정, 그리고 1950년 2월의 스탈린과 모택동간의 중소 우호호조협정으로 대변된다. 다롄에서의 새로운 질서는 40년전 러시아가 상실했던 이익을 회복하려는 스탈린의 꿈을 매개로 형성되었다고 할 수 있다(樂景河·李福生, 2004). 소련군의 만주 및 다롄 점령은 말 그대로 '폭풍'처럼 다가왔다. 다롄의 중국인들은 이런 '폭풍'의 와중에서 커다란 폭력과 함께 해방을 동시에 경험했지만(鄭成, 2012), 그 실제의 모습이 어떠했는지는 모호하고 여전히 침묵의 세계에 갇혀 있는 듯하다. 다만 이들이 일본지배의 유산을 중소의 협력을 통해 사회주의적인 것으로 변모시키는 이데올로기적 경험을 한 것은 분명하다(石井 明, 1990; 李秀芳, 2011).

제2차 대전의 마지막 국면에서 동아시아전쟁에 참전한 소련군은 1946년 봄에 중국 동북지방에서 철수했지만, 뤼다지구에서는 1955년에 이르러서야 철수하였다. 소련군의 뤼다지구에서의 10년간의 점령 또는 주둔의 역사적 의미는 지금까지 크게 주목을 받지 못하고, 연구도 소략하지만, 다롄의 지방사나 중국의 국가사 뿐 아니라 동아시아 냉전사에서도 매우 중요한 의미를 지니는 것으로 재조명될 필요가 있다. 미군의 오키나와 점령과 소련군의 다롄 점령은 동아시아 냉전체제의 형성에서 대칭성을 이루며, 1955년 이후의 국제관계의 변화를 이해하는 전제라고 할 수 있다. 그 기간에 중국내전에서의 공산당의 승리와 한국전쟁이 이루어졌기 때문이다.

중국의 대약진운동이나 문화혁명에서 뤼다지구가 어떤 특별한 의미를 지니는지는 연구가 별로 없지만, 중국의 개혁개방정책에서 다롄의 지위는 언급할만하다. 중국의 개방정책은 광둥과 푸젠의 남방지역을 중심으로 시작되었고, 시차를 두고 북쪽의 항구들이 개방되었다. 개방의 시차는 중국의 지역간 불균등발전을 규정했다. 다롄에서는 1984년 개방후의 발전전략으로 경제개발구 설치를 통한 초국적 자본유치전략을 채택하였고, 이것은 뤼다지구에서 과거의 식민주의의 시기와는 성격이 다른 이동과 흐름이 새롭게 시작되었다고 할 수 있다. 다롄은 뤼순과 다롄 구 도시로부터 발전의 축이 북쪽으로 이동하였다 (李輝, 2011). 경제개발구 전략은 일본자본과 한국자본, 그리고 미국자본의 유치에 성공함으로써 원래의 목표를 달성하였다. 다롄의 경제개발구 정책은 2008년까지 24년간 지속되었고, 그 효과로 진저우에 위치한 경제개발구 뿐 아니라 뤼순과 다롄에도 상당한 외국계 기업이 설립되었다. 2002년 뤼다지구의 다롄으로의 통합과 2008년의 경제개발구정책의 폐지는 도시공간의 균질화의 결과이자 이를 촉진하는 계기가 되었다. 진저우 신도시를 비롯한 다롄의 도시화는 비약적으로 진전되었다. 그러나 중국 전체로 볼 때, 동북지역의 상대적인 경제침체와 저발전은 다롄의 지속적 고민거리로 남아 있다. 최근에 건설된 고속도로와 고속철도가 한편으로는 셴양, 다른 한편으로는 단둥으로의 연결을 통해 이동과 흐름을 원활하게 할 것이지만, 고민거리를 해결하는 열쇠로 작용할지는 알 수 없다.

다롄은 2000년 이후 과거의 러시아와 일본의 지배가 남긴 유산을 긍정적인 발전의 자원으로 인식하기 시작한 것으로 보인다. 뤼순과 다롄에서의 역사문화거리 조성과 역사관광계획의 부상은 이런 시각의 변화가 초래한 결과라고 할 수 있다. 한국에서도 서해안의 도시들은 산둥반도의 도시들이나 랴오둥반도의 다롄과의 연결을 모색하면서 발전전략을 구상하는 것이 일반화되었다(김번욱 등, 2003).

지난 100년간의 변화를 조망해본다면, 다롄은 확실히 지정학적 도시에서 지경학적 도시로 변모하고 있고, 세 개의 도시를 합친 광역도시로 성장했으며, 초국적 혼성적 경관과 문화를 활용한 새로운 개발전략에 눈을 뜬 미래형 도시로 변모하고 있다. 그러나 이동과 흐름의 결절점으로서의 도시기능이 유지되고 있지만, 예전에 비해 훨씬 다변화된 소통체계는 이런 기능의 강화에 부담으로 작용하는 것도 사실이다. 이에 대한 종합적 분석은 앞으로의 과제이다.

Ⅳ. 책의 구성

지금까지 언급한 이동과 흐름이라는 맥락에서의 다롄 다시보기는 2014년 초에 구상되었고, 이를 충실하게 실현하기 위해서는 한국 뿐 아니라 일본과 중국을 포함하여 서구의 학자들도 참여해야 하는 비교적 큰 규모의 연구팀이 필요했다. 또한 보다 장기적인 준비와 조사가 필요했더. 그러나 여러 가지 한계로 인하여 문제의식에 비추어보면 턱없이 작은 규모의 연구팀을 꾸릴 수밖에 없었고, 우리에게 주어진 시간은 단지 2년이었다. 따라서 19세기 말과 20세기 초의 격동과 일본지배하의 지역사회분석은 초국적 이동과 흐름의 형성기임에도 불구하고 연구의 범위에서 제외하였고, 현대 다롄에 집중하여 현지조사에 기초한 연구를 하기로 결정하였다. 다만 역사적 배경에 관한 이해가 필요하였기 때문에 하나의 논문을 포함하였는데, 조정우의 글은 바로 그것이다. 그는 '만주'라는 역사적 공간이 어떻게 일본지배 하에서 발명되었으며, 그 과정에서 다롄이 어떤 위치를 차지하고 있었는가를 추적하고 있다. 특히 지역에 대한 이미지의 생산이 투어리즘에 의해 이루어진다는 점에 주목하여 다롄과 하얼빈의 도시표상을 집중적으로 분석하였다.

필자의 글은 뤼순에 있는 소련군기념비들을 실마리로 하여 뤼다지구의 해방이 어떻게 이루어졌으며, 이 기간에 어떤 일이 이루어졌는가를 묻는 것이다. 이 글에서 필자는 소련군의 점령을 이동과 흐름에서 포착하고, 뤼순 소련군 묘지를 이동의 응결과 집적의 시각에서 바라보았다. 소련군 묘지에 묻혀 있는 한국전쟁 참전 군인들에 대한 주목하여 한국전쟁의 또 다른 얼굴을 바라보고, 소련군의 철수를 계기로 만들어진 기념비들의 의미를 세계사적 차원에서 다시 해석할 것을 주문하고 있다.

박철현의 글은 다롄의 기차차량창을 사례로 하여 신중국의 성립과 사회주의하에서 성립한 전형단위제를 새롭게 부각시키고 있다. 그는 이 작업장에서의 생산력 중심주의가 특수해방구라는 조건에서 이끌어내진 것으로 해석하며, 실제의 모습을 공산당이 주도한 폐쇄적 사회경제공동체로 바라보고 있다.

장샤오강張曉剛의 글은 개혁개방기의 다롄의 발전전략으로서의 개발구정책을 다룬다. 이 도시는 중국 동북 지역에서 가장 이른 시기에 개방한 도시 중 하나이고 동시에 동북의 가장 큰 대외 무역 항구라는 점을 강조하면서 유리한 지리적 위치와 대외 개방 우대정책에 힘입어 환보하이環渤海경제권의 가장 중요한 모범 도시 중 하나로 성장했다고 평가하였다. 최근 경제 성장이 정체되거나 저성장에 머무르는 양상을 보이고 있으나, 정부가 동북 노老공업기지 진흥 전략을 세움에 따라 다롄은 새로운 기회를 얻게 되었다고 조금은 낙관적으로 바라보려고 하였다.

최봉룡의 글은 일제 지배하에서 시작된 조선인들의 다롄이주사를 검토하고, 개방이후에 새롭게 유입되는 조선족의 조직화와 경제적 역할에 주목한 것이다. 중국의 조선족은 개방이전에 정치적 시민권을 충분히 누리고 있었지만 경제활동은 지방적 차원에 국한된 반면, 개방이후에는 이들의 중간적 지위를 적극적으로 활용하여 서로 다른 세계를 연결시키는 기회를 확보함으로써, 정체성과 역할의 변화를 보여주는 대표적 사례이다.

처량량車亮亮의 글은 다롄시 뤼순 타이양거우의 문화경관의 변천 과정을 식민지 시대부터 구소련 홍군 관할 시기, 현대 사회까지 세 시대로 나누어 고찰한 것으로, 그는 언어와 권력이 경관 재현을 결정하는 주요한 요인이며, '일본과 러시아 식민 통치자', '구소련 홍군', '군대 및 정부 그리고 부동산 투자가'를 경관 재현의 권력 주체로 보았다. 그는 타이양거우의 문화경관 보존은 더 이상 지체해서는 안 되는 일이며, 제도 혁신을 통한 대대적인 타이양거우 문화산업 개발 역시 시급하다고 주장한다.

박철현의 두 번째 글은 2001년부터 다롄에서 본격적으로 시작된 사구 건설의 문제를 다룬 것이다. 사회주의 시기에 중국의 핵심 공업 지역이었던 동북이 개혁개방이후 상대적으로 뒤처진 지역이 되면서, 새로운 사회적 관리와 조직을 필요로 하게 되었고, 이에 따라 나타난 것이 사구였다. 사구는 정부주도형과 시장주도형으로 구분되는데, 다롄에서는 전형단위제의 영향으로 이와 구별되는 사회중심형 사구가 나타난다는 것이 그의 주장의 요지이다.

김고운·정근식의 글은 다롄은 일제의 섬유산업의 유산을 가지고 있고, 이를 기반으로 새로운 섬유산업의 중심지로 도약하기 위하여 많은 노력을 하고 있는데, 그런 노력의 일환으로 패션도시를 내세우는 이벤트와 조직에 주목하고 있다. 그러나 다롄의 섬유산업 또한 중국 동남부 도시와 베이징, 상하이 등 대도시 공업의 비약적 발전에 따라 점차 쇠퇴할 위기에 처해 있으며, 이를 타개하려는 노력이 국제적 전망과 협력을 이끌어내는 동인이라고 보고 있다.

마지막으로 신혜선의 글은 중국에 있는 한국계 국제학교에 담겨 있는 한국 중산층의 사회적 상승이동의 열망과 좌절을 다롄 국제학교의 사례를 통해 분석하려는 것이다. 비교적 광범하게 학부모와 학생들을 인터뷰하여 학교선택의 전략적 의미를 추적하고 있으며, 조기유학의 양상을 교육의 영역에 한정된 것이 아닌 경제생활과 미래의 세계적 변동의 전망과 결합된 것으로 해석하고 있다. 이 글에서 다롄 국제학교는 국제성과 함께 국내적 지도적 맥락에 긴박된 것으로 위치지워진다.

참고문헌

한석정·노기식 편, 2008,『만주, 동아시아 융합의 공간』, 소명출판.

유지원 외, 2007,『근대 만주 도시 역사지리 연구』, 동북아역사재단.

김번욱 등(인천발전연구원 편), 2003,『(2002년도)인천발전연구원-다
　　　렌경제연구센터 공동연구보고서』, 인천발전연구원.

우양호 외, 2014,『해항도시와 초국경 네트워크: 새로운 월경지역의
　　　형성』, 선인.

유병호, 2014,「한인의 다롄 이주와 민족사회의 형성」,『해항도시문화
　　　교섭학』12호, 1-25쪽.

정문수 외, 2014,『해항도시 문화교섭 연구방법론』, 선인.

鄭成, 2012,『国共内戦期の中共·ソ連関係－旅順·大連地区を中心に』,
　　　御茶の水書房.

恩迪斯, 2013,「陸領的交易: 中越邊境上的小規模貿易及相互認知的型
　　　塑」,『中國研究』17, 北京:社會科學文獻出版社.

周雷, 2013,「親密的邊界:西南中國的 感官王國」,『中國研究』17, 北京:
　　　社會科學文獻出版社.

西澤泰彦, 1996,『圖說「滿洲」都市物語 : ハルビン·大連·瀋陽·長春』,
　　　河出書房新社.

郭鐵椿·關捷(신태갑 외), 2012,『일본의 다롄 식민통치 40년사』, 선인.

柳沢遊, 1999,『日本人の植民地経験 : 大連日本人商工業者の歴史』, 青
　　　木書店.

邸景一 外, 2007,『大連と中國·東北歷史散步 : ノスタルジックな街幷
　　　みから日中交流史を知る』, 日慶BP企劃.

大連市金州區地方志編纂委員會辦公室, 1989,『金州縣志』, 大連出版社.

大連市役所, 1935,『大連市政二十年史』, 大連市役所.

大連商工會議所, 1937,『經濟都市大連』, 大連商工會議所 .

內丸勇 · 西田勇吉 調査, 1929,『大連港と密接の貿易關係を有する各港灣諸掛便覽』, 大連商工會議所 .

周文琪, 2006,『伟人的征程 : 中苏关系曲折发展中的毛泽东』, 中共党史出版社.

石井 明, 1990,『中ソ關係史の研究 : 1945-1950』, 東京大學出版會.

樂景河 · 李福生, 2004,「中蘇友好同盟條約與中蘇友好同盟互助條約之比較」,『當代中國史研究』11-2.

李秀芳, 2011,『旅大地區蘇聯與中共關係的演变和發展』, 華東師範大學博士學位論文, 2011.

李輝, 2011,「大連經濟開放度的 論評(2000-2009),『遼寧師範大學學報(社會科學版)』2011.

C. Hess, 2007, Big Brother is Watching: Local Sino-Soviet Relations and the Building of New Dalian, 1945-1955, Paul Pickowicz and Jeremy Brown, ed., *Dilemmas of Victory: The Early Years of the People's Republic of China*, Harvard University Press, 160-183.

●

제국 일본의 만주 도시 공간 표상과 식민지 투어리즘
─다롄에서 하얼빈까지─

조정우

I. '만주'의 남·북 관문, 다롄과 하얼빈

중국 동북 지역의 해양 관문 다롄大連과 육상 관문 하얼빈哈爾濱은 20세기로의 전환기에 제국주의에 의해 '발견'된 도시이다. 두 도시는 청 왕

---

* 이 글은 필자의 「만주의 재발명: 제국일본의 북만주 공간표상과 투어리즘」(『사회와 역사』, 제107집, 2015)을 토대로 그 내용을 대폭 수정·보완하여 작성한 것이다.

조기에 한적한 농어촌 지역에 불과했지만, 제정러시아의 동진과 일본의 대륙 침략이 맞물리면서 급속히 발전했다는 공통점을 갖는다. 이는 형태적·시기적 동시성에 그치는 것이 아니라 두 도시는 동청철도東淸鐵道[1] 부설에 의해 계획적으로 새로이 건설되었다는 점에서 그 역사를 공유한다고 하겠다.

청일전쟁의 승리로 일본은 한반도와 더불어 동북아의 최대 지정학적 요충지였던 랴오둥반도遼東半島의 조차권을 수중에 넣을 뻔했지만, 러시아가 주도한 삼국간섭으로 좌절되고 말았다. 도리어 러시아는 일본 견제를 이유로 들어 청으로부터 스스로 랴오둥반도 조차권과 만주 지역 철도 부설권을 얻어내는 데 성공했다. 러시아는 시베리아철도의 병행선으로 청-러시아-몽골의 접경 지역인 만저우리滿洲里에서부터 청-러시아-조선의 경계 부근인 쑤이펀허綏芬河에 이르는 동청철도를 부설하기 시작했다. 쑹화강松花江 수운의 어업 지대였던 하얼빈은 이 만저우리-쑤이펀허 노선의 중간 지점으로 동청철도 본사 소재지로 선정되었다. 아직 그 어원이 분명히 밝혀지지 않은 이 만주어 발음의 '하얼빈'이라는 지역이 마침내 동북아 근대사의 무대에 등장하게 된 것이다.

러시아는 이 동청철도 본선의 부설과 함께 하얼빈에서부터 항만과 해군요새가 있는 랴오둥반도를 잇는 최단거리 노선을 설치했는데, 이것이 동청철도 남만지선이었다. 이 남만지선의 물동량을 뒷받침할 항만을 축항하고자 했던 러시아는 뤼순 요새 위쪽의 넓은 부지를 지목했고 이 지역을 '먼 곳'이라는 의미로 '다리니'라 이름 붙이고 대대적인

---

1   동청철도는 '동지철도(東支鐵道)' 또는 '중동철도(中東鐵道)'라 하기도 했다. 러시아가 붙인 이름을 영문으로 하면 'Eastern China Railway'였는데, 여기서 'China'를 청(淸)으로 번역할 것인지, 중국으로 할 것인지, 또는 다분히 경멸적인 어조가 섞인 지나(支那)로 할 것인지의 차이에서 기인한 것이다.

항구 도시 건설에 착수했다. '大連'은 이 '다리니'의 발음을 중국식으로 가차한 것이었는데, 이 명칭이 지금까지도 이어져 오고 있다.

다롄과 하얼빈을 잇는 이 동청철도 남만지선은 러시아가 베이징-톈진의 초입에 막강한 군사력을 투입할 수 있게 되었다는 것을 의미했다. 영일동맹하에서 일본은 조선반도 진해에 해군사령부를 두고 뤼순의 러시아 해군을 견제하고자 했고, 그에 호응하여 영국은 산둥반도의 웨이하이威海에 해군을 배치하여 일본을 간접 지원했다. 하지만 조선을 일본 제국의 '생명선', 만주를 조선을 보호하는 '이익선'으로 설정한 일본은 러시아의 남하를 반드시 격퇴해야 한다고 판단했고, 이를 위해 시베리아 횡단 철도가 완공되어 러시아 육군이 대량으로 투입되기 전에 랴오둥반도와 동청철도에서 러시아군을 몰아내기로 결심했다. 그 결과 1904년 세계 최초의 철도 제국주의 전쟁인 '러일전쟁'이 발발했다.

'하면 된다'는 정신하에 막대한 생명과 돈을 쏟아 부은 일본은 러시아군을 랴오둥반도에서 밀어내는 데 성공했다. 포츠머스강화회담에서 일본은 러시아에 뤼순과 다롄을 포함한 랴오둥반도의 조차권과 동청철도 전 노선에 대한 권리를 양도해줄 것을 요구했다. 러시아는 관동주 조차권은 포기했지만 동청철도에 대한 권리에 대해서는 재개전을 불사한다고 하며 일본의 요구를 거부했다. 사실 더 이상 전쟁을 지속할 역량이 없었던 일본은 결국 동청철도 남만지선 중 뤼순·다롄에서부터 창춘長春 이남의 노선을 얻는 것으로 만족했다. 강회회담 결과 일본은 그토록 원하던 랴오둥반도의 해군요새와 항만, 그리고 만주의 전통적 중심 도시이자 베이징을 향한 철도 요지인 선양沈陽으로 가는 철도 노선을 확보하게 되었다. 일본은 이 랴오둥반도 조차지를 '관동주關東州'라 했고, 다롄-선양-창춘 간 철도 노선을 '남만주철도'라 이름 붙였다. 관동주에는 관동도독부(후에 관동청)가 설치되었고, 남만주철도는 일본 최대의 식민특허회사인 '남만주철도주식회사'가 설립되어 운영을 하게 되었다.

뤼순에는 관동청과 관동군사령부가 들어섰고, 다롄에는 남만주철도회사, 즉 만철의 본사가 자리 잡았다. 이로써 다롄은 일본의 대륙 침략의 대표적인 식민 도시이자 교통요지로서의 위상을 갖게 되었다. 제국 일본에 있어 다롄은 후에 만철의 종착역인 창춘이 만주국의 수도가 되기 전까지 만주의 중심 도시로서 입지를 굳건히 하고 있었다.

이렇게 다롄이 일본의 수중에 들어가면서 동청철도의 두 중심 도시의 관계에는 큰 변화가 일어났다. 하얼빈은 러시아의 권리하에 있었고, 러시아는 동청철도의 그 본선과 창춘 이북과 하얼빈을 잇는 노선을 계속 운영했다. 그 후 1917년 '러시아 혁명'으로 소련이 성립하자 다롄-하얼빈 관계는 더욱 복잡해졌다. 일단 소련은 형식적으로 동청철도에 대한 권리를 승계하는 것으로 했지만 상황은 그리 간단하지 않았다. 즉, 동청철도와 하얼빈 권리 관계의 양쪽 당사자인 청과 러시아 둘 다 소멸했기 때문에 승계 협상의 법적 형식을 갖추는 것도 쉬운 문제가 아니었던 것이다. 여기에 혁명 간섭 전쟁까지 겹쳤는데, 시베리아로 밀려난 체코군을 구한다는 명분으로 일본군이 시베리아에 출병하는 등의 정치·군사적인 혼란으로 인해 실질적인 협상 자체가 불가능한 상황이었다. 또 권리 양도 측인 중국의 사정도 마찬가지여서 동청철도와 하얼빈의 조차권 협상 테이블에 누가 앉아야 하는지도 불분명했다. 어쨌든 실효적인 것은 일본의 제반 권리뿐이었다.

다롄과 하얼빈의 관계는 이러한 국제 정세의 복합성을 염두에 두고 검토되어야 한다. 이는 전후 소련군의 만주 점령에까지 이어지며, 중소 우호관계하의 만주와 둥베이까지 이어지는 문제이다. 이 글은 현대 다롄·하얼빈 연구의 토대를 제공하기 위해 20세기 전환기에서부

터 시작된 역사적 과정을 다루고자 하는데, 그중에서도 식민지 투어리
즘을 소재로 하여 제국주의 일본이 만주의 도시 공간을 어떻게 표상했
는지를 규명해보고자 한다.

Ⅱ. 제국 일본의 만주 투어와 관광 가이드북

제국주의의 식민지 투어를 분석한 프랫Louise Pratt은 비유럽 지역에 대
한 유럽의 여행 책자들은 제국의 질서를 창출하고 그 질서 속에서 본
국의 자리가 어디인지를 제시해주었다고 보았다. 제국민帝國民은 여행
기가 묘사한 '식민화되고 있는 지역'을 마치 잘 알고 있고 또 소유하고
있다고 느꼈다. 즉, 여행 책자는 "유럽 본국에 있는 사람들에게 지구적
차원의 기획[제국주의]에 자신도 참여하고 있다는 느낌을 제공하는
주요한 장치 중 하나"였고, 이를 통해 제국의 확장에 의미를 부여하고
그 확장에 열광하도록 만들었다는 것이다(프랫, 2015: 23-24). 이렇게
투어리즘은 가이드북이나 신문 광고 등의 인쇄 매체를 통해 미지의 세
계에 대한 지리적 지식과 문화적 표상을 제공하고, 교통수단과 여행사
라는 이동 장치를 통해 그 지식과 표상을 경험할 수 있도록 한다. 하지
만 그 경험은 가공되어 제공된 표상 지식에 한정된다는 점에서 투어리
즘은 상상된 경험을 체험하는 것이다. 그런데 여기서 그 '미지의 세계'
가 제국의 권력이 폭력적으로 행사되는 식민지라면 투어리즘 연구는
식민지에 대한 제국의 지식·문화체계에 대한 비판 작업의 일환이 된
다. 즉, 식민지 투어리즘은 식민지에 대한 '지문화地文化(geo-culture)'의
창출 논리를 이해하고 그것이 사회적·대중적 인식틀로 확산되고 공고
화되는 과정을 분석할 수 있는 핵심적 연구 영역이라 할 수 있다.

제국 일본의 식민지 투어리즘에 관한 연구들은 대체로 당시 여행자들의 주관적인 경험에 바탕을 두고 여행지의 공간 표상이 가진 의미 구조를 해명하는 데 집중해온 것으로 보인다.[2] 이런 작업들은 당시 제국을 살아갔던 사람들에게 식민지의 지역이 어떻게 상상되었는지 그 심상지리의 일단을 해명하는 데 상당한 성과를 거둔 것은 사실이지만, 이런 심상지리가 여행자 개인의 주관적인 인상을 넘어서 어떻게 제국을 구획하는 문화지리적인 범주들을 창출했으며 이것이 특정 지역·공간에 대한 '객관적인' 의미 구조 창출에 얼마만큼 기여했는지를 규명하는 데까지는 이르지 못했던 것도 사실이다.

따라서 이 글은 이러한 주관적 의미의 표상 구조가 어떤 물적 토대와 실질적 기반 속에서 창출될 수 있었는지, 그 배후를 검토할 수 있는 시각과 방법을 제시함으로써 기존 연구의 한계를 극복하는 방안을 제시해보려는 시도이다. 즉, 투어리즘의 문제는 '상상된 경험'을 체험하는 것이라 할 수 있는데, 이 체험은 가이드북이나 신문 광고 등의 인쇄매체를 통해 제공된 지리적 지식과 문화적 표상의 자장 속에 있을 뿐만 아니라 그런 지식과 표상을 경험하게 만드는 교통수단과 여행사라는 이동장치에 의해 제한된다는 점에 주목한 것이다. 이를 통해 식민지 투어리즘의 문화 분석을 이 투어리즘을 작동시키는 정치·경제학적 측면과 결합하여 확장시킬 수 있는 가능성을 제시해보고자 한다.

이를 위해 이 글에서는 일본여행협회日本旅行協會(JTB)가 제작한 『여정과 비용개산旅程及費用槪算』이라는 가이드북을 자료로 하여, 제국 일본의 만주 투어의 루트를 어떤 방식으로 조직했으며 그 속에서 주요 도

2　제국 일본의 식민지 투어리즘에 관한 기존 연구들에 대한 상세한 리뷰는 김백영·조정우(2014) 및 조정우(2015) 참조.

시들을 어떻게 표상했는지를 분석해보고자 한다. 일본여행협회는 일본 정부가 설치한 반관반민단체로 조선철도-만철과의 적극적 협조관계 속에서 일본인의 관광 여행을 조직화·체계화했다. 이 협회가 발간한 『여정과 비용개산』은 철도망의 요충지에 자리 잡은 각 지부로부터 제공된 정보를 토대로 제작되어 그 내용의 정확성에 있어 독보적이었고, 그렇기 때문에 다른 가이드북의 원전 역할을 했다. 일본의 식민지 투어리즘 연구자인 아라야마 마사히코荒山正彦는 이 책을 "일본 관광 여행의 바이블"이라 칭하면서, 관광을 하고자 하는 사람들은 이 책자를 책상 위에 두고 보면서 관광 루트를 짰을 것이라 보았다(荒山正彦, 2012). 『여정과 비용개산』은 '권장 여정' 코너에서 전체적인 관광 루트는 물론이고 각 도시에서의 상세한 관광 코스를 제시해두고 있을 뿐만 아니라, 숙박지 정보 및 가격, 철도 시간표 및 요금 등 여행에 필요한 거의 모든 정보를 수록하고 있다. 그래서 1,000쪽이 넘는 분량으로 제작된 바도 있고, 또 무엇보다 1920년부터 매년 발간되었기 때문에 관광 루트의 변화를 시계열적으로 추적할 수 있다는 점에서 다른 가이드북에서는 찾기 어려운 장점을 갖고 있다. 이하에서는 『여정과 비용개산』의 권장 관광 루트 및 도시 소개를 중심으로 제국 일본이 그린 만주의 도시 공간 표상을 분석해보도록 하겠다.[3]

Ⅲ. 뤼순과 다롄, 제국의 성지 순례 및 만주 투어의 모델

일본이 제국주의 열강으로서 국제적으로 인정을 받고 또 그 스스로도

3　이 가이드북의 서지 및 소장사항에 대해서는 김백영·조정우(2014) 참조.

제국임을 자부할 수 있게 된 계기는 러일전쟁의 승전과 그 전리품으로 한반도, 랴오둥반도, 남부 사할린을 세력권으로 하게 된 데 있었다. 그렇기 때문에 그 승전의 전적지戰迹地인 뤼순을 비롯한 랴오둥반도 일대는 '제국 일본의 성지'로서 일찍이 관광지화되었다.

일본은 제주도 면적만한 이 랴오둥반도 조차지 일대를 '관동주關東洲'라 명명했다. 당시의 지리적 인식으로 중국인의 영토는 만리장성의 동쪽 끝자락인 산하이관山海關이 경계가 되어 그 이남은 산하이관의 안쪽이라는 뜻에서 '관내關內'라 했다. 이 '관내'가 한족漢族의 역사적 영토이며, 산하이관 바깥은 그 주인이 수없이 뒤바뀐 한족과 이민족의 각축장이었다고 하겠다. 즉, 관동주의 '관동'은 산하이관의 동쪽이라는 의미이다.

관동주에는 '뤼순-다롄-진저우金州'를 중심으로 식민지 공간이 형성되었는데, 뤼순에는 관동도독부와 관동군사령부 등 정치·군사기관이 자리 잡았고, 다롄에는 만철을 중심으로 한 경제 침략 기관이 자리 잡았다. 진저우에는 아이카와무라愛川村라는 일본 농민 마을이 들어섰는데, 이는 일본의 만주 지배의 역사에서 가장 먼저 설치된 '개척촌'이었다. 관동주에서의 이러한 '행정-군사-철도-마을' 세트는 이후 일본의 만주 침략에서 하나의 모델이 되었다는 점을 기억해둘 필요가 있다. 1930년대 만주국 건국 이후 북만주 지역을 영토화할 때에도 이 세트가 그대로 사용되었기 때문이다.

관동주는 면적이 매우 좁았지만, 만철이 배타적 권리로서 독점 경영한 철도 노선이 다롄-펑톈奉天-창춘에 이르렀고 또한 이 철도가 다롄항과 접속되어 일본의 교통망으로 편입되어 있었기 때문에 제국 일본의 식민지 경영에서 차지하는 비중은 그 핵심 식민지였던 조선에 비견할 만했다. 특히 만철의 투자를 중심으로 한 경제력은 일본의 식민지 투자에서 조선을 능가하는 절대적인 중요성을 갖고 있었다. 굳이 말하자면, 시기별로 차이가 있지만, 조선이 정치·군사적인 면에서 중요했다면 관동주는 경제적인 면에서 일본에게 더 중요했다고 하겠다.

이처럼 관동주는 조선과 함께 제국일본의 영토로 편입되었고, 그 정치·경제적 중요성의 측면에서 조선과 대등한 위치에 있었다고 하겠다. 그런데 일본인의 '제국 상상'에서 관동주는 승전의 땅이었기 때문에 일본이 제국이 되었음을 눈으로 확인하고 몸으로 체험하는 데는 조선보다 더 적합한 장소였다. 일본인의 식민지 투어리즘이 뤼순과 다롄 일대를 중심으로 전개된 것은 당연한 일이었다.

고베神戸항을 출항한 오사카상선大阪商船의 기선이 사흘간의 항해 끝에 다롄항에 마침내 도착하면 배에서 내린 관광객은 승용차로 5분 거리인 대광장의 야마토호텔大和旅館로 이동하여 여장을 풀었다. 잘 알려져 있듯이, 일본 근대 문학의 대문호인 나쓰메 소세키夏目漱石도 친구인 만철 총재 나카무라 요시코토(제코)中村是公의 초청으로 만주 여행을 왔을 때 야마토호텔에 머물면서 식민 도시 다롄의 풍경을 감상하고 때때로 만철 고위 간부들을 접견한 바 있었다. 야마토호텔이 자리 잡은 대광장 일대는 그 중심에 초대 관동도독의 동상이 서 있고 그 주위를 빙 둘러 주요 식민기관이 배치된 형태를 띠고 있었다. 다롄역에서 올라오는 길의 맞은편의 야마토호텔을 비롯하여 다롄시청, 다롄경찰서, 영국영사관, 조선은행, 요코하마정금은행, 동양척식회사가 환상環狀으로 자리를 잡았다. 다롄의 주인격인 만철은 야마토호텔 뒤쪽에 만철 본사 건물과 만철도서관, 그리고 만철병원 등 주요 시설을 배치해두고 있었다. 대광장의 바깥에는 다롄우체국, 다롄전신국, 만주일일신문사, 타이완은행 등 식민지 경영에 필요한 부속 시설들이 빼곡히 들어찼다. 관광객은 야마토호텔의 객실에서 대광장과 그 주변 식민기구들의 위용을 조망하면서 또한 저녁 식사 후에 그 주변을 산책하면서 '제국의 위세'를 실감할 수 있었을 것이다.

다롄의 도시 공간은 광장을 중심으로 설계되었다는 것이 특징인데, 이는 러시아인이 '다리니'를 건설하면서 계획·시공해놓은 것을 일본인이 수용한 것이었다. 그래서 다롄은 유럽-러시아식 도시 설계가 그대로 남아 있었고, 그렇기 때문에 500년 조선 왕조의 수도 위에 억지로 식민기구를 끼워 넣은 조선의 경성京城과 달리, 유럽풍의 이국적인 식민 도시로서의 풍경이 더욱 뚜렷할 수 있었다. 만철 사택을 중심으로 한 거주 지역에는 유럽 모더니즘 건축을 공부한 일본인 건축가들이 설계한 호화로운 주택들이 들어섰고, 그 주변에 아카시아나무를 대량으로 식목하면서 다롄의 일본인 거주 구역은 일본본토에서 찾아보기 어려운 '아카시아 다롄'만의 독자적인 풍경을 갖게 되었다. 즉, 도시 중심부의 광장을 중심으로 한 거대한 식민 통치 기구와 주거 지역의 유럽식 주택-거리는 일본인이 다롄 하면 떠 올릴 수 있는 식민 도시의 호화롭고 이채로운 풍경이 되었던 것이다.

『여정과 비용개산』의 만주 투어 프로그램을 보면, 다롄에서 하룻밤을 묵으며 긴 항해의 여독을 푼 관광객이 아침 일찍 향한 곳은 바로 '제국의 성지' 뤼순이었다. 한국인에게는 안중근과 신채호가 수감되었던 '뤼순형무소'로 유명한 이 뤼순이라는 지역은 원래 청의 북양함대 사령부가 있던 곳으로 동북아 해역의 최요충지 가운데 하나였다. 뤼순이 일찍이 해군기지가 된 것은 접안 항구가 육지 안쪽으로 깊숙이 들어가 있어 바다로부터의 포격에서 군함을 안전하게 지킬 수 있는 해군항으로서 최적의 지형을 갖고 있었기 때문이다. 이와 같은 지정학적 위치와 지형적 조건으로 뤼순은 중국을 둘러싼 동북아 역사에서 항상 제국주의 열강이 탐내는 문제 지역이 될 수밖에 없었다. 청일전쟁 때

인천 앞바다를 향해 북양함대가 출항한 곳도 뤼순이었고 러일전쟁 때 최대 격전이 벌어졌던 곳도 바로 뤼순이었다.

서구 열강의 틈바구니 속에서 '제국'을 꿈꾸던 일본에게 러시아는 반드시 몰아내야만 하는 주적主敵이었다. 일본은 청일전쟁을 통해 획득한 조선에 대한 우위를 확대하고 향후 만주 침략의 토대를 놓기 위해서 반드시 뤼순에 위치한 러시아의 군사력을 제압해야만 했다. 일본은 러일전쟁 발발 직전 러시아가 제안한 한반도 39도선 분할 제안까지 거부하고 기어코 랴오둥과 만주를 확보하고자 러시아와 일전을 벌였다. 일본은 '국운'을 걸고 필사적으로 뤼순을 빼앗으려 했다. 일본군은 견고하게 구축된 러시아군의 요새에 군인 6만 명의 생명을 퍼부은 끝에 마침내 승리했다.

청일전쟁에서 이미 점령했지만 서구 열강의 삼국간섭으로 빼앗겼던 뤼순을, 그 간섭의 주역이었던 백인 제국 러시아로부터 '탈환'했다는 것은 일본이 '제국'으로서 자신감을 얻는 직접적인 계기가 되었다. 『여정과 비용개산』을 비롯한 관광 가이드북에서 뤼순의 전쟁 유적에 대한 참배를 필수 코스로 꼽은 것은 관광객이 제국 일본 탄생의 요람이 되었던 군인들의 '숭고한 희생'을 기리도록 하기 위해서였다. 제국 일본의 출발지인 뤼순을 방문한 관광객은 2인승 마차를 타고 러일전쟁 최대 격전지이자 백병전까지 벌어졌던 '203고지' 등 주요 전쟁 유적지를 방문하여 전쟁의 현장을 직접 체험했다. 전쟁을 승리로 이끈 노기 마레스케乃木希典 장군의 아들이 고지전에서 전사한 곳에 세워진 표지석은 러일전쟁이 신분의 차별 없이 진행된 범국민적 전쟁이었음을 상징했다. 그리고 만철을 비롯하여 재만 일본인 유력자들이 찬조금을 내어 건립한 '바이위산白玉山 표충탑'으로 가서 '순국 영령'에게 참배했다. 이들 추모와 승전의 기념비는 뤼순 시내 어디에서나 볼 수 있는 위치에 건립되어 뤼순의 거주자와 방문객은 언제나 이 기념비를 보면서 전쟁과 제국을 기념했다. 전적지로서 뤼순은 일본인이 지닌 '만주 상상'의 원점으로서 제국 일본 그 자체를 표상하는 공간으로 연출되었던 것이다.

뤼순에서 마련된 제국의 희생자들에 대한 참배는 일본의 다른 만주 도시 투어에서도 같은 형태로 반복되었다. 그다음 주요 방문 도시인 펑톈에서도, 그리고 나중에 일본 영토로 편입되는 하얼빈에서도 전사자를 기리는 기념물 방문은 『여정과 비용개산』에서 제시한 추천 관광 코스의 제1번 지역이었다.

제국의 성지 뤼순을 방문하고 다롄으로 돌아온 관광객이 향하는 곳은 노천 탄광으로 유명한 푸순撫順과 만철이 운영하고 있던 안산鞍山의 제철소였다. 1930년판 『여정과 비용개산』의 관광 루트는, 다롄에서 출발하여 관동주의 유명 온천인 창강자湯崗子에 들러 온천욕을 한 후 일본 제국 내 제2위의 제철소였던 만철의 안산제철소를 견학하는 것으로 짜여 있었다. 안산에서 만철의 산업 생산 현장을 목격하고 그 이튿날 관광객은 동양 최대 노천 탄광인 '푸순탄광'으로 갔다. 이렇게 관광객은 만철의 본선을 타고 만철이 운용하는 산업시설을 견학하면서 일본의 대륙 '진출' 첨병인 '만철 왕국'의 위용을 직접 눈으로 확인할 수 있었던 것이다.

푸순 관광을 마친 관광객은 마침내 '만주족'의 고도古都인 펑톈(현 선양)으로 들어갔다. 펑톈은 처음부터 식민 도시로 개발된 다롄과 달리 북방 문명의 오랜 전통을 가지고 있어 대륙풍이 물씬 풍기는 도시였다. 게다가 펑톈은 장쉐량張學良 동북 군벌의 중심 도시였기 때문에 중국 세력의 힘이 만주 지역의 어느 도시보다도 강력했다. 이런 탓에 펑톈은 만철을 중심으로 건설된 신시가지와 중국 세력이 자리 잡은 구시가가 현격히 대조를 이루던 '이중 도시'였다고 하겠다. 이는 펑톈만의 특색으로 관광객은 만주의 도시들이 제각기 갖는 특색에서 도시 투어의 즐거움을 맛볼 수 있었다.

펑톈 투어의 첫 번째 방문지는 러일전쟁의 격전 중 하나인 펑톈전투의 전사자를 기린 '봉천대회전충혼탑'[4]이었다. 이렇게 관광객은 펑톈에서도 뤼순·다롄 여행에서처럼 '제국의 전쟁'을 기념하고 희생자를 추모하면서 투어를 개시했다. 이러한 코스 구성은 만주국 건국 이후 창춘과 하얼빈 투어 루트에서도 그대로 반복된 제국 일본 만주 투어의 핵심 요소였다.[5]

참배를 마친 관광객은 청 왕조의 탄생이 깃든 왕궁과 북릉을 돌아보고 저녁에는 중국인 지구의 유흥가인 시타西塔에 가서 중국 거리 특유

그림1 봉천대회전충혼탑(奉天大會戰忠魂塔)
출처: 홋카이도대학부속도서관 디지털아카이브 사진엽서.

---

4 일본이 '봉천대회전(奉天大會戰)'이라 부른 이 전투는 조선을 경유해 북상한 일본 육군과 뤼순을 지원하기 위해 남하하던 러시아 육군이 격돌한 전투로 뤼순의 전황을 좌우하는 일대 결전이었다. 이곳에서 일본군은 러시아군을 격퇴함으로써 뤼순의 러시아군을 고립시킬 수 있었고, 이는 결국 러일전쟁 전체의 승전으로 이어졌다. 이 전투는 러일전쟁만이 아니라 제국 일본의 성립에서도 결정적인 분수령이었다.

5 창춘과 하얼빈의 전적지 참배에 대해서는 김백영·조정우(2014) 참조.

의 향취를 즐겼다. 펑톈에서 관광객은 오로지 식민 도시로 출발한 다롄과는 다른 펑톈만의 도시 분위기를 마음껏 느낄 수 있었던 것이다.

1930년판까지의 『여정과 비용개산』이 제시한 만주 투어 코스는 펑톈에서 더 북쪽으로 가지 않는다. 관광 코스는 펑톈에서 오른쪽으로 방향을 틀어 조선과 만주의 국경 도시인 안둥安東(현 단둥丹東)으로 가는 것으로 짜여 있었다. 관광객은 섬으로 이뤄진 일본에서는 볼 수 없는 국경 도시의 풍경을 눈으로 보고 압록강 철교를 통해 몸으로 국경을 건너는 체험을 직접 할 수 있었다. 압록강을 건너 마침내 제국 일본의 공식 식민지인 조선 땅을 밟았다.

신경新京(창춘)과 하얼빈은 만주국이 건국된 이후부터 『여정과 비용개산』의 권장 만주 관광 루트에 포함되었는데, 실제로 1930년대에 이르면 많은 관광객이 이 두 도시로 쇄도했다. 하지만 만주사변 이전 신경은 '창춘'이라는 이름의 보잘것없는 철도 종착 도시에 불과했으나, 하얼빈은 북만주 광야에 홀로 빛나던 러시아의 도시로 제국 일본의 만주 투어에서 뤼순·다롄과 비견할 매력을 갖춘 도시였다. 무엇보다 하얼빈은 유럽을 향한 북방 육로 관문이었고 여전히 러시아인들이 생활하고 있다는 점에서 만주의 남방 해로 관문이자 러시아인들이 철수하고 그 흔적만 남아 있던 다롄과는 뚜렷이 대비되는 이색적인 관광지였다.

Ⅳ. 하얼빈이라는 미지의 세계, 유럽 모더니티와 유흥의 밤

1. 만주의 심장, 하얼빈

하얼빈은 동청철도의 본선과 남만지선의 교차점에 건설된 철도 식민 도시로 그 역사가 시작되었다. 러시아의 동청철도는 만주를 T자 형으로 종횡했는데 그 중심에 차르의 특허회사 동청철도의 본사가 소재한 '만주의 심장' 하얼빈이 건설되었던 것이다.[6] '세계 최초의 철도 전쟁'이었던 러일전쟁에서의 패배로 러시아는 관동주 조차권과 동청철도 남만지선의 다롄-창춘 노선을 일본에 넘겨줬지만, 남만지선 중 창춘-하얼빈 노선과 본선의 운영권은 여전히 동청철도가 보유했다.[7] 북만주의 경제가 동청철도 연선과 쑹화강 수운을 중심으로 한 만큼 창춘 이북의 북만주는 러시아의 세력권으로 존속되었다.

그런데 1917년의 러시아 혁명은 북만주의 정세를 더욱 복잡하게 만들었다. 반혁명파인 백계 러시아인들이 유럽러시아를 탈출하여 시베리아로 몰려들었다가 결국 북만주까지 밀려들었던 것이다. 또한 일본은 반혁명을 지원하기 위해 1918년 '시베리아 출병'을 감행했다. 일본군은 극동의 블라디보스토크에서 바이칼 호 서쪽의 이르쿠츠크에 이르는 시베리아철도의 주요 교통 요지를 점령했다. 한편으로 같은 시기에 군벌 장쭤린張作霖은 동북의 지배자로서 입지를 굳혀 만주 3성의 관할권을 국민정부로부터 인정받았다. 일본의 적극적 지원을 등에 업은 장쭤린은 펑톈을 수도로 한 준국가를 건립하고 베이징까지 자신의 세력권으로 삼았다.

이처럼 북만주는 철도를 둘러싼 각국의 이해관계가 가장 첨예하게

---

6   하얼빈을 '만주의 심장'이라 명명한 것은 동청철도 완공을 기념하여 북만주 일대를 시찰하러 온 제정러시아의 재무대신 비테(Sergei Vitte)였다.

7   만철은 동청철도 남만지선의 이 일부 노선과 안봉선(安奉線)을 합쳐 설립된 것이다. 만철은 노선 인수 후 곧바로 중국인 인부를 대거 동원해 불과 일주일 만에 동청철도의 광궤 선로를 표준궤로 바꾸었다. 이를 통해 표준궤 조선 철도 노선과 만철 노선이 이어졌다. 한편 이는 광궤 동청철도를 통해 러시아군이 곧바로 남하하지 못하도록 하는 조치이기도 했다.

맞부딪히면서도 어느 세력도 영토 주권을 확립하지 못한 권력의 공백 지역으로 남아 있었다. 그런 탓에 하얼빈을 중심으로 한 북만주 지역은 중국인과 러시아아인은 물론 유대인, 일본인, 조선인 등 다양한 인종 집단이 섞여 생활하면서 이색적인 풍광을 연출했다.

나쓰메 소세키를 비롯한 일본의 작가들이 일찍이 만주를 이질성과 생성의 공간, 전도와 반전의 장소로 형상화한 것(이영희, 2014)은 하얼빈의 이러한 특징을 관찰했기 때문일 것이다. 이 기이한 공간이 관광지로 창출된 것은 당연한 일일 것이다. 만주를 향한 제국 일본의 투어리즘은 문학 작품이 형상화한 이질성과 이국성의 공간으로 직접 이동하여 그 속에서 일탈을 꿈꾸고 해방감을 맛볼 기회의 제공을 약속했다.

1920년대 후반이 되기 전까지 일본인의 만주 투어리즘은 관광의 원초적 형태인 순례 여행에 가까웠다. 제국의 성지를 향한 순례였기 때문에 그 과정에서 무수한 고난에 부딪혀야 했고, '제국민帝國民'이라면 그 역경을 이겨내야만 했던 것이다(하세가와, 2013). 제국 순례 여행이 대중적 투어리즘으로 변환되기 시작한 것은 1920년대에 들어서였다. 이 시기에는 세계적으로 대중 관광이 본격적으로 시작되어 그 흐름이 일본에까지 이어졌던 것이다.

일본 정부는 해외 관광객 유치를 위해 관료기구로 '국제관광국'을 설치하고 반관반민단체로 '일본여행협회'를 창설하여 정부 사업을 보조하도록 했다. 일본여행협회는 해외 관광객 유치外客誘致를 목적으로 출발했지만, 곧 일본인의 국내·국외 관광 여행을 알선·지도하는 역할도 함께 맡았다(中村宏, 2006). 이렇게 일본 정부 차원의 조직적 관광 진흥 정책이 뒷받침되면서 일본인의 해외 여행과 '외지' 여행은 순례 여행에서 관광 여행으로 그 성격이 바뀌었다.

이제 그간 미지의 세계로 알려져 있던 하얼빈도 마침내 관광 여행

의 대상이 되었다. 물론 하얼빈 관광은 만주국 건국 이후에나 본격화되었지만, 1920년대에 이르면 전혀 불가능한 것은 아니었고, 그렇기 때문에 하얼빈 관광에 대한 욕망은 더욱 커졌다. 때마침 발간된 논픽션 소설 『하얼빈야화ハルビン夜話』(1923)는 러시아 혁명을 피해 하얼빈으로 도망쳐 온 러시아인 백인 여성 댄서를 섬세한 필치로 에로틱하게 묘사하여 하얼빈을 향한 일본인의 욕망을 더욱 부추겼다(高媛, 2007). 하지만 우에다 다카코上田貴子가 지적한 것처럼, 막상 일본인은 하얼빈 러시아인들의 유럽식 생활양식과 러시아가 조성한 유럽식 도시 공간과 건축물에 대해 일본식 문화의 우위를 도저히 주장할 수 없었다. 만주국 건국 이후에도 하얼빈의 일본인은 러시아 정서에 애착을 보이는 등 복잡한 감정을 숨기지 않았다(上田貴子, 2007: 149-150).

2. 하얼빈의 유럽 모더니즘과 '밤의 하얼빈'

『여정과 비용개산』 1928년판에서 하얼빈은 '동양의 파리', '동양의 모스크바'로 표상되었다. 하얼빈을 서구 모더니즘 도시의 본산인 파리에 등치시키는 한편 유럽에서도 이국적인 분위기를 풍기는 러시아의 수도 모스크바에 비유함으로써 하얼빈에 근대성과 이국성을 부여한 것이었다. 이는 하얼빈이 단순한 유럽 도시의 모방이 아니라 유럽 도시의 정수精髓를 간직하면서도 '동방'의 분위기를 갖는 독특한 도시 공간이라는 점을 강조한 것이다.

하얼빈에 들어가기 위해서는 '만철 본선'[8]으로 창춘역에 도착한 후 동청철도로 갈아타야만 했다. 앞서 지적했듯이, 러일전쟁 후 일본과 러시아는 창춘역을 기점으로 창춘역 이남은 일본이 전리품으로 인수

---

8 만철본선(滿鐵本線)은 '다롄-선양-창춘' 간 노선을 가리킨다.

하고 창춘역 이북은 러시아가 그대로 운용하는 것으로 했는데, 일본이 인계받은 선로를 곧바로 표준궤로 바꾸었기 때문에[9] 다롄에서 하얼빈까지 열차가 바로 연결될 수 없었다. 따라서 창춘역에 내려 맞은편 플랫폼에 대기하고 있던 동청철도 열차로 환승하는 방식으로 하얼빈으로 들어갔다(越沢明, 2004). 일본인은 만철의 열차보다 더 육중한 덩치의 동청철도 열차와 덥수룩한 수염을 기른 장신의 백인 승무원들을 바로 눈앞에서 보며 하얼빈이 가까워지고 있음을 실감했을 것이다.

당시 하얼빈 가이드북에 소개된 하얼빈의 풍경은 아르누보 양식의 하얼빈역, 둥근 지붕을 얹은 러시아정교회 성당들, 동청철도 시설들, 쑹화강변의 여름과 수영복을 입은 백인들, 발레학교의 러시아 소녀들과 러시아 클래식 연주단, 추린秋林백화점과 키타이스카야 거리, 중국인 지구, 유럽풍의 카페·바·카바레 등으로 이미지화되어 있었다. 1928년판『여정과 비용개산』에는 하얼빈 투어 권장 코스를 다음과 같이 제시했다.

신시가新市街 → 부두구埠頭區공원과 시장 → 중앙사원 → 동청철도 → 치우린백화점 → 상품진열소 → 러시아식 사우나 → 쑹화강 → 푸쟈뎬傅家甸

하얼빈 관광은 하얼빈역을 중심으로 시계방향으로 하얼빈 중심부

---

9 만철이 동청철도의 광궤를 표준궤로 바꾼 것은 우선 표준궤인 조선 철도와의 연결이 중요했기 때문이고, 또 다른 이유는 러시아군이 철도를 통해 곧바로 다롄까지 남하하지 못하도록 하기 위해서였다. 철도가 서로 맞닿는 경우 군사적 목적으로 상대 철도와 다른 궤도를 채용하는 것은 철도 부설사에서 흔히 찾아볼 수 있는 일이다.

를 순회하는 방식으로 짜여 있었다. 신시가는 하얼빈역의 아래쪽으로 있는 사각형 계획 지구로, 철도관리국과 철도클럽 등의 동철철도 부속 건물, 경찰서 등의 행정시설, 영국영사관과 일본영사관을 비롯한 각국 외교관저 등 하얼빈시의 주요 시설이 자리 잡고 있던 곳이었다. 도쿄 모더니티의 핵심 공간인 긴자銀座가 앵글로색슨 스타일을 의도적으로 연출하여 인위적 분위기가 있었던 데 반해(吉見俊哉, 2007), 하얼빈은 슬라브 유럽풍의 건물들이 전혀 어색함 없이 즐비하게 서 있었다. 그곳을 위화감 없이 거닐고 있는 백인들을 보면서 관광객은 유럽 도시로서의 하얼빈의 '진정성authenticity'을 체감했다.

이 완벽한 유럽 도시의 풍경에서 빠져나와 서북쪽의 부두구로 가는데, 이곳에는 하얼빈의 명소 중 하나인 키타이스카야가 있었다.[10] 이곳에는 러시아, 폴란드, 벨기에, 영국 등 유럽 무역회사들의 점포는 물론이고 유대계 은행과 일본인 상점들이 일직선상의 대로에 늘어서 있어 마치 세계무역박람회장을 연상케 하는 분위기를 풍겼다. 키타이스카야를 둘러본 후 관광객은 신시가로 다시 돌아와 그 중심에 있는 중앙사원을 방문했다. 이 중앙사원을 비롯하여 러시아의 전통 건축 양식인 이즈바 스타일로 시내 곳곳에 서 있는 러시아교회 건물들은 하얼빈의 도시 풍경에서 매우 중요한 요소였다.[11] 중앙사원의 측면 대로에는

---

10 키타이스카야는 '중국인 거리'라는 뜻으로 썼는데, 실제 중국인 거리는 그 옆인 푸쟈뎬(傅家甸)이었다. 그럼에도 키타이스카야라는 이름이 붙은 것은 동청철도회사에서 하얼빈 도시계획을 할 때 신시가는 직영 개발하고 하얼빈역 위쪽 지역은 민간에 불하해 개발되도록 구상하여 그 지역을 러시아 구역이 아니라는 뜻에서 키타이스카야라 했기 때문이다. 키타이스카야는 상점가로 발달하여 중국 상인보다는 유럽계·일본계 회사 자본이 자리를 잡았다.

11 하얼빈의 러시아교회 건물들은 단 1채만 제외하고는 모두 문화대혁명기에

하얼빈을 건설한 동청철도의 본사와 러시아군 사령부가 있었다.

이렇게 투어 코스는 하얼빈의 주요 도시 시설을 돌아보고 관광객이 유럽 본사 직영의 추린백화점 하얼빈점을 방문하여 유럽산 최고급 상품을 쇼핑하고 일본인 상인조합이 만든 상품진열관에서 기념품을 사는 것으로 짜여졌다. 이 일정이 끝난 후 러시아식 사우나에서 피로를 푼 후 쑹화강변에서 저녁노을을 구경하고 밤에는 중국인 지구인 푸쟈뎬에 가서 여흥을 즐겼다. 이 코스는 이후에도 기본 골격이 거의 유지되었는데, 1931년판 『여정과 비용개산』에는 하얼빈의 밤을 즐기는 팁이 추가되었다.

> 밤 11시 반 '카라 카바레'에서의 러시아 댄스 관람도 묘미이다(차는 1
> 엔, 식사는 3,4불).

사실 하얼빈의 밤은 1920년대부터도 북만주 투어의 핵심 중 하나였다. 제국의 성지를 기념하고 전사자를 추모하는 남만주 여행과 달리, 하얼빈 관광은 유럽을 만끽하면서 밤의 유흥을 꿈꿀 수 있는 일탈과 해방의 경험으로 구성되었던 것이다.

1926년 하얼빈의 일본상인조합에서 일본인 관광객 유치를 위해 만든 상품진열관에서 홍보용으로 제작한 『하얼빈 안내』에는 일본계 회사와 상점들의 광고가 대거 실려 있는데, 그중에는 레스토랑, 바, 카바레 광고도 있다. 옆의 바bar 광고는 "오후 8시부터 댄스가 있습니다"라고 하는 문구와 함께 하이힐을 신고 어깨를 드러내고 짧은 치마를 입은 단발머리 여성과 춤을 출 수 있다는 삽화를 사용했다. 1920년대 말

파괴되었다. 남아 있는 성소피아성당은 현재 하얼빈의 최고 관광 명소로 하얼빈을 상징하는 건물이 되었다.

부터 일본 본토에서 '미풍양속'에 해가 된다는 이유로 댄스홀과 카페에 대한 엄격한 통제 법규가 시행되면서(Tipton, 2012) 하얼빈의 밤은 그 매력을 더해갔다.

이처럼 하얼빈은 철도, 백인, 성당, 백화점 등 유럽 본토의 도시 풍

그림2 하얼빈의 댄스 바 광고

경을 직접 볼 수 있을 뿐만 아니라 밤에는 유럽의 유흥 문화를 직접 만끽할 수 있는 장소로 표상되었다. 이 유럽풍의 도시는 아시아 대륙, 그 것도 '아시아의 발칸반도'라 불렸던 만주의 가운데에 위치하고 있었고, 제국 일본 대륙정책의 최선두인 만철과 철도로 닿아 있었다는 점에서 유럽 본토의 도시들과는 그 의미가 달랐다. 서구의 모더니티를 향한 선망이 손에 잡힐 듯이 바로 눈앞에서 아른거리는 그런 장소가 바로 하얼빈이었다. 러일전쟁의 승리로 남만주 철도와 뤼순·다롄을 손에 넣는 데 성공했지만 '만주의 심장'을 얻지 못했던 제국 일본에게, 망국 의 도시로서 만주 광야에서 외따로 빛을 내고 있던 하얼빈은 러일전쟁 의 완결과 제국의 완성을 의미했다.

하지만 하얼빈은 중국 영토의 한가운데 위치하고 있었을 뿐만 아 니라 소련의 영향력이 관철되는 곳이었기 때문에 일본이 꿈꾸기에는 버거운 도시였다. 흔히 만주에 대한 일본의 지배를 '점點과 선線의 지 배'라는 말로 비유한다. 일본이 만주의 철도 노선과 그 주요 연선 도시 만 장악했을 뿐 '면面', 다시 말해 광대한 농촌 지역에는 지배력을 행사

하지 못했음을 지적하는 말이다. 게다가 하얼빈으로 이어진 선은 실선
實線이 아니라 쇄선鎖線이었고 하얼빈이라는 만주 광야에 찍힌 작은 점
마저도 사실 색깔이 달랐다.

Ⅴ. '미래 도시' 신경의 건설과 다롄·하얼빈의 위상 변화

1931년 만주사변과 1932년 만주국 건국은 만주 지역에 큰 변화를 가
져왔다. '신생 독립국' 만주국은 정치적 정당성에서 치명적 약점이 있
었기 때문에 '문화정치'에 적극적으로 나섰다. 특히 제국 일본은 복잡
하게 뒤얽혀 있던 만주의 문화지리를 만주국 통치 이념에 부합하도록
재조직해야만 했다. 소련을 향한 불온한 상상이 펼쳐지던 하얼빈과 비
적의 영토인 만주 광야는 만주국의 국가 통합에서 쐐기처럼 삐져나온
불편한 존재였다. 하얼빈과 비적을 어떻게 '순치'하는가 하는 것은 만
주를 일본 제국의 영토로 편입하는 데 있어 가장 중요한 문제였다.

1. 국제화의 실험장 만주국과 '국제도시' 하얼빈

만주국의 문화정치는 다방면에서 전방위적으로 전개되었는데, 관광도
그중 하나였다. 만주국은 건국 직후부터 건국의 정당성을 알리는 수단
으로 관광의 효과에 주목하여 '관광 만주국'을 슬로건으로 내걸고 관
광객 유치에 노력을 기울였다. 이를 위해서는 무엇보다 관광지를 개발
하는 작업이 선행되어야 했다. 우선 만주국은 기존 관광지인 남만주
일대의 재발굴에 착수했다. 역사적 공간을 재정비하고 주요 도시를 관
광지화했다. '관동주의 사적史蹟'이 신문에 기사로 연재되고, 산업 도시
푸순이 '탄도炭都 푸순, 대관광지 계획'을 발표하여 대규모 도시 계획을

추진한 것이 그 하나의 사례이다.[12] 만주국 철로총국鐵路總局도 만철의 야마토호텔 체인을 모방하여 직영 호텔 설립에 착수하여 제1지점으로 하얼빈에 철로총국호텔을 열었다. 철로총국은 관할하에 있는 만주국 국철의 연선에 호텔을 집중적으로 설립하여 만철 본선에서 빗겨나 있던 지린吉林, 농경 문명의 탄생지 러허성熱河省의 청더承德, 그리고 중국 본토의 관문인 산하이관에도 호텔을 설립한다는 계획을 발표했다.[13]

이러한 만주국의 노력이 효과가 있었는지, 1936년 늦봄부터 만주 국으로의 관광객이 크게 증가했다. 특히 북미 지역으로부터의 관광객 이 많았는데, 그들은 중국 경유, 일본 경유, 시베리아 경유라는 세 루 트를 통해 만주로 들어왔다. 만주국에서는 '미국인이 낙토樂土 만주의 매력'에 빠졌고, 이제 만주는 '동양 관광 루트의 왕좌'에 올랐다고 기 뻐했다.[14] 1936년 여름 만주는 '관광 만주'의 실현 가능성에 들떠 있었 는데, 이를 더욱 증폭시키는 세계적인 호재가 날아들었다. 다름 아니 라 1936년 7월 31일에 열린 국제올림픽위원회IOC 총회에서 1940년 제12회 올림픽을 도쿄에서 개최하는 것으로 결정되었다는 소식이었다.

만주국 관광국은 도쿄 올림픽 개최가 '관광 만주'를 완전히 굳힐 수 있는 기회가 될 것으로 보고, 관광객 유치 정책을 더욱 적극화했다. 도 쿄 올림픽을 보러 오는 관광객을 만주국으로도 끌어들인다는 전략하 에 관광시설을 대대적으로 확충하기로 결정하고 이를 뒷받침할 반관 반민기구인 관광협회를 곧 설립한다고 공표했다.[15] 만주국 관광의 열

12　『朝日新聞 滿洲版』, 1936年 5月 6日.

13　『朝日新聞 滿洲版』, 1936年 6月 7日.

14　『朝日新聞 滿洲版』, 1936年 7月 8日.

15　『朝日新聞 滿洲版』, 1936年 8月 5日.

쇠를 쥐고 있던 만철도 관동군의 후원하에 만주관광 정책에 보다 적극적으로 동참했다. 만철은 관광 홍보 부서로 '국제선전계'를 창설하여 '도쿄 올림픽을 계기로 만주를 세계에 알리는 선전'을 담당하도록 했다.[16] 1937년 만주국은 관광위원회를 설치하여 관광 사업을 국가의 '통제'하에 두어 '관광 만주'의 실현을 국가가 선도한다는 방침을 발표하고,[17] 곧이어 도쿄 올림픽을 직접 겨냥한 '만주 관광 5개년 계획'을 수립[18]하여 관광 사업을 하나의 국책 사업으로 삼았다.

그런데 1937년 7월 7일 발발한 '루거우차오蘆溝橋 사건'이 일본의 계획과 달리 중일전쟁이라는 장기 총력전으로 비화하자 '일만日滿 블록'·'일만지日滿支 블록'이라는 제국 일본의 광역 국방·경제 구상이 수면 위로 부상했다. 이에 상응하여 일본 본토에서 관광 정책을 관할하던 철도성에서는 '일만지 관광 블록' 구상을 입안하기 시작했다. 만주국이 제국 일본의 블록 구상에서 절대적인 위치를 차지하는 상황에서 만주에서 주목을 받은 것은 바로 '국제國際'라는 용어였다. 당시 만주에서 발행되던 신문을 조금만 들여다보면 '국제'라는 말을 어렵지 않게 찾아볼 수 있다. 특히 만주국의 관광정책의 각 사항에는 거의 언제나 '국제'라는 접두어가 붙어 있었다. 예를 들면, 호텔의 이름도 일본풍이 물씬 풍기는 야마토호텔보다는 '국제호텔'이 선택되었다.

1930년대 만주에서 '국제'라는 말이 입버릇처럼 사용된 것은 만주사변 이후 일본이 직면한 것이 바로 "국제화의 이념과 실천에 매진해야 하는 이제까지 경험하지 못했던 문제"였기 때문이다(매코맥, 1994:

---

16 『朝日新聞 滿洲版』, 1936年 8月 22日.

17 『朝日新聞 滿洲版』, 1937年 2月 20日.

18 『朝日新聞 滿洲版』, 1937年 6月 7日.

　다롄연구: 초국적 이동과 지배, 교류의 유산을 찾아서

132). 일본은 더 이상 조선이나 타이완처럼 공식 식민지를 획득할 수 없는 시대, 즉 두스Peter Duus(1992)가 말한 ‘식민지 없는 제국주의’ 시대에, 그리고 중국 민족주의의 강력한 도전을 의식해야만 하는 상황에서 결국 만주국 건국을 강행했다. 그 여파로 일본은 ‘국제연맹’에서 탈퇴했고[19] 일본의 외교 노선을 주도하던 ‘국제주의자’들은 힘을 잃어갔다. 1930년대 일본은 ‘국제주의’와 ‘제국주의’의 긴장이라는 틀(酒井哲哉, 2010)에서 뚜렷이 ‘제국 질서’로 기울어져가고 있었다. 그렇기 때문에 일본은 도리어 만주국에서 ‘국제화의 이념과 실천을 개진’하여 ‘일만 블록’이라는 광역 질서 구축에서의 균형을 잡으려 했다.[20] 매코맥이 당시 일본과 만주국 간의 관계는 ‘국제화’의 문제로 이해되었고, “만주국이 일본 국제화의 실험장”이었다고 한 것은 이를 지적한 말이다(매코맥, 1994: 135, 145). 만주국을 주권국가로 한다는 ‘국제주의’적 원리와 제국 일본의 영토로 편입시켜야 한다는 ‘제국주의’적 원리 간의 모순이 만주국에 대한 ‘국제적’ 실천을 통해 해소될 것으로 기대되었던 것이다.

하얼빈은 만주국이 내세운 ‘국제’라는 말의 내용을 채워줄 수 있는 역사를 가진 현실의 도시였다. 하얼빈은 만주국 건국 이전부터 러시아인·중국인·일본인·유대인·조선인 등이 뒤섞여 살던, 만주국의 ‘오족협화’를 선취하고 있었던 다인종 도시였다. 이른바 ‘국제 도시 하얼빈’은 만주국 건국 이전인 1920년대 말에도 하얼빈의 이러한 무국적

---

19 포스트-베스트팔렌 모델에서 한 국가가 국민국가로서 위상을 가지고 국가 간 체계에 참여하는 자격을 획득하기 위해서는 기존 국민국가들로부터의 ‘국제적’ 승인이 필수적이었다.

20 사카이 테츠야(2010)는 당시 광역 질서 구축에서 국제주의와 제국주의의 양립이 그 필요조건이었다는 점을 논증했다.

성·혼종성을 가리키는 말로 사용되었지만, 여기서 '국제'를 적극적으로 잡아 꺼내어 활용한 것은 바로 만주국 시기였다. 만주국은 하얼빈에 '국제'라는 기표를 부여했고 국제 도시 하얼빈은 만주국의 국제성을 알리는 표상이 되었다.

2. '미래도시' 신경의 건설과 다롄의 위상 변화

하얼빈이 만주국과 일만 블록의 국제 도시가 되기 위해서는 그 내부의 이질성은 제거되어야만 했다. '국제'가 내포하고 있던 것은 국가가 중심적인 역할을 한다는 것이었고(매코맥, 1994: 143), 그 국가의 중심 집단은 일본인으로 설정되었다. 하얼빈은 분명히 제국 일본의 국제 도시였고, 더 이상 무국적성은 용납되지 않았다.[21] 무국적성과 쌍을 이루던 하얼빈의 혼종성은 오족협화의 원리로 구획·재편되었다. 만주국은 '복합민족국가'를 표방했지만 그 속에는 일본을 중심으로 한 위계질서가 구축되어야만 했다(윤휘탁, 2013). 더 이상 하얼빈의 주인이 누구인지 다툴 필요도 없었고, 이제 러시아인들에게 주눅 들지 않아도 되었다(이경훈, 2010).

영토 주권이 확립되자 만주국은 하얼빈의 인구를 파악하기 시작했다. 이동진의 연구(2005)에서 볼 수 있듯이, 만주국은 하얼빈의 유흥업 종사자들을 인종별로 분류하여 그 숫자를 일일이 기록·관리했다. 하얼빈의 밤은 '직업여성'에 대한 면밀한 조사와 관리로 그 민낯을 드러냈다. 유흥업 여성을 한 명 한 명 숫자로 파악하는 수준의 인구 통치가 진행된 하얼빈은 더 이상 해방과 일탈의 공간일 수 없었다.

---

21 백계 러시아인들 중 상당수는 소련의 회유와 종용에도 불구하고 무국적자로 남아 불이익을 감수했다.

만주국의 주권권력은 인구-국민과 쌍을 이루는 지리-영토에까지 관철되었다. 만주국은 국제 이외에도 중앙, 특별, 계획 등 지리를 통치하는 용어를 빈번히 사용했다. 중앙과 언저리를 나누고,[22] 특별한 곳과 주변적인 곳을 구분하고,[23] 계획적인 곳과 무질서한 곳으로 나누어[24] 위계화함으로써 이질성과 혼종성으로 가득 찬 만주를 인식 가능한 영토로 구획하고자 했던 것이다.

만주의 중앙인 신경에는 일본 본토에서는 불가능한 대규모 도시 계획이 실시되었고, 제국 내 다른 지역과는 비교가 되지 않는 규모의 국가기구 건물들이 들어섰다. 신경은 다롄과 펑톈 등지에 흩어져 있던 식민기구들을 끌어 모았다. 심지어 신경은 '하얼빈의 밤'까지 끌어 당겼다. 1937년 신경에서 발행된 『신경 안내』에는 신경의 카페, 바, 찻집, 카바레, 화류계, 중국 기녀, 댄스홀 등을 소개한 부분이 수록되어 있다. 이것은 이제 신경에도 "먹고 마시고, 러시아 여성을 껴안고 미친 듯이 춤을 출 수 있는" 하얼빈식 카바레가 들어왔으며 "밤의 신경"이 존재함을 알려준다(永見文太郎, 1937: 124). 하지만 신경은 강대한 정치권력

22　국립중앙도서관, 국립중앙박물관, 중앙관상대 등의 국가 지식장치들과 만주 중앙은행 등의 경제기구들을 들 수 있다. 두아라(Prasenjit Duara)는 만주국 국립중앙박물관을 "역사적·공간적 민족의 제도적 농축"으로 "중국인의 극소화에 호응하는 비전을 제시했다"고 보았다. 만주제국국립중앙박물관은 제국 일본의 아시아주의 비전을 공중과 사회에 접합시키고 이 비전에 따라 사회를 재구성하는 적극적 힘이 되고자 한 지식장치였다는 것이다(두아라, 2008: 316-317).

23　신경특별시와 하얼빈특별시 등의 행정구획과 만주국의 경제기구였던 수많은 특수회사들, 관동군 특무대와 관동군 특별 연습 등 만주국에서는 특별하고 특수한 것들이 넘쳐났다.

24　경제 개발 5개년 계획 등의 무수한 계획들과 통제 정책들.

이 절대적인 힘을 발휘하는 공간이었을 뿐만 아니라 제국 일본이 치장한 만주 '쇼 케이스'의 대표 도시로 과장된 인공성으로 가득 찬 도시였다(김백영, 2009). 신경의 카바레는 이러한 정치 도시에서 흔히 발달하는 유흥과 환락의 홍등가로 하얼빈의 특유한 매력을 흉내 낸 것에 불과했다.

만주국의 중심인 신경은 "아시아의 발전하는 일본의 영도력을 보이기 위한 세계적인 미래 도시로 디자인되었다"(두아라, 2008: 155). 북만주의 중심 도시 하얼빈은 '국제 도시'로 규정되었고, 남만주의 중심 도시 다롄은 '경제 도시'로 격하되었다. 다롄의 만철은 신경의 요구에 굴복하여 철도 전문 회사로 개조되었고, 막대한 자금을 북만주 철도 부설에 투자를 해야만 했다. 신경의 관동군은 만철 본사를 만주와 화베이를 잇는 교통요충지인 펑톈으로 옮기는 방안도 검토했지만, 다롄항과 철도의 연계 운용을 강조한 만철의 요청을 받아들여 이를 철회했다. 또 다롄의 행정 중심 관동청은 폐지를 종용받고 '청장 이하 총 직원 사퇴'라는 강수를 두며 버티다가 결국 청사를 다롄에 새로 지어 옮기고 직원의 지위를 보장하는 것으로 타협을 보았다. 관동군은 뤼순을 떠나 신경에 거대한 사령부와 부속시설을 짓고 만주국에 대한 '내면 지도'를 실시하며 만주의 주인으로 자리 잡았다. 이제 '뤼다旅大'는 더 이상 만주 중심지로서의 위상을 유지하지 못하게 되어버렸다.

'만주의 관문' 다롄의 위상 격하는 신경이라는 신수도의 등장만이 아니라 일본과 만주를 잇는 교통망의 변화에 의해 초래된 것이기도 했다. 건국 3년 만인 1935년 만주국은 하얼빈-베이안北安-헤이허黑河(아이훈愛琿)를 잇는 '빈북선濱北線'과 '북흑선北黑線'을 개통하여, 옛날 아이훈 조약이 체결되었던 만주의 북쪽 끝 헤이허에서 러일전쟁으로 얻은 만주의 남쪽 끝 뤼순까지 이어지는 만주 남북 종단철도를 마침내 완공했다. 그리고 같은 해 긴 협상 끝에 소련으로부터 동청철도 전 노선을 거액의 자금으로 인수하고 인수 즉시 광궤 선로를 표준궤로 바꾸었다. 이로써 제국 일본은 만주의 동서남북을 관통하는 철도망을 완비하여 러일전쟁 때부터 꿈꿔왔던 만주의 철도망을 완전히 수중에 넣게 되었다. 하지만 이 십자형 철도망의 주도권을 다롄이 쥔 것은 아니었다.

　만주국과 경쟁을 벌이던 조선총독부는 조선 철도와 부산항의 가격 경쟁력을 크게 강화했고, '만철 개조'로 인해 수익성이 악화되고 있던 다롄의 만철은 이에 충분히 대응하지 못했다. 그 결과 1930년대 말에 이르면 부산항의 물동량이 다롄항을 앞지르게 되어, 부산이 제국의 식민지 제1항구의 자리를 차지하게 되었다(한석정, 2003). 게다가 일본 본국과 조선총독부는 경쟁적으로 동해日本海를 횡단하여 일본 본토-북부 조선-북만주를 연결하는 최단거리 해상·철도 교통망을 구축하고자 하면서 함경도 청진·나진·웅기의 이른바 '북선 3항'은 북만주의 관문 역할을 하게 되었다(김백영·조정우, 2014). 이렇게 제국 일본의 만주 관문 다롄은 1930년대 조선 남부의 부산항, 조선 북부의 북선 3항과의 경쟁하면서 그 독점적인 지위를 상실해버렸다.

Ⅵ. 맺음말: 산파되는 제국의 공간 표상과 냉전의 풍경

만주국을 제국의 '쇼 케이스'로 구상(임성모, 2010)했던 제국 일본에게 하얼빈으로 상징되는 만주의 혼종성과 이질성은 순치해야 할 대상이었다. 그래서 만주국의 관료들이 신경의 도시 계획에 그토록 매달리고 서구의 도시보다 더 완벽한 근대 도시를 만들어내고자 노력했던 것은 아닐까? 만주국은 오족협화의 원리로 그 내부의 인종적 복합성을 해소하려 했고 '국제'라는 표상으로 하얼빈이 갖고 있던 무국적성을 뒤덮어버렸다. 만주의 광야는 '개척민의 땅'으로 신생 만주국의 열기를 보여주는 공간으로 포장되었다.

하지만 그 이면의 실상은 참담했다(김경일 외, 2003). 하얼빈은 관동군 특무대의 거점이었고 북만주의 철도는 철저히 군사적 관점에서 부설되었다. 하얼빈의 공장 중 태반은 관동군 특무대가 '특수 임무'로 사용한 유령 회사였다. 하얼빈 외곽에서 731부대는 생체 실험을 하고 있었다. 하얼빈 밖의 흑토 대지는 불온한 기운이 감도는 '특수 지대'로 일반인의 출입은 제한되어 있었다. 관광객은 차창 밖으로 북만주 광야의 분위기를 잠깐 엿볼 수 있었을 뿐이었다(김백영·조정우, 2014). 제국 일본의 구성원들도 이 균열의 낌새를 느꼈는지 '명랑 만주국은 죽음에 대한 상상력'으로 가득 차 있었고 누구도 돌보지 않는 '우크라이나인 공동묘지'에서 만주국의 현실을 목도했다(임성모, 2010; 손유경, 2009; 조은주, 2014).

만주국의 허상은 '이등 신민' 조선인의 생활상만 봐도 쉽게 간파할 수 있는 것이었다(윤휘탁, 2001; 김경일 외, 2003). 문학사 연구들에서 지적하는 것처럼, 조선인 문학가·지식인은 기꺼이 만주를 방문했지만 만주에 도착하자마자 만주국의 이념에 내재한 균열과 모순을 금세 눈치 챘다. 이효석이 조선인 개척촌을 방문하기를 주저하고 백석이 만주국 국무원 직원생활을 6개월 만에 그만둔 것은 그 불편함의 표현이었을 것이다. 1941년 큰 기대를 품고 하얼빈으로 이주한 서정주가 "하르삔시와 같은 것은 없었습니다"라며 조선으로 다시 돌아온 일은 하얼빈의 실상을 극명하게 보여준 것이었다(박수연, 2014: 59-60).

1945년 8월 일본의 패전으로 만주국은 소멸했다. 하얼빈을 점령한 소련군은 곧장 남으로 내려가 뤼순을 다시 점령했고, 북만주 흑토 지대의 일본인 개척 농민은 방기되었다. 만주국이 붙잡고 있던 '국제'라는 표상은 산파散破되어 흘러 나갔다. 방대한 미군이 주둔하게 된 '옥쇄玉碎의 땅' 오키나와의 나하那覇 에 '국제거리国際通り'가 형성되어 미군 물자가 암거래되고 미국 영화를 상영하는 극장과 미군을 상대로 한 유흥시설들이 빼곡히 들어섰다(김백영, 2008). 대륙을 향한 관문 중 하나였던 식민 도시 부산에는 쏟아져 나오는 미군의 물자를 바탕으로 '국제시장'이 형성되었고, 그 바로 옆에는 할리우드 영화와 만주 웨스턴을 상영하는 극장들이 즐비하게 늘어섰다. 선만鮮滿 투어의 필수 코스였던 부산 동래온천의 일본식 료칸은 '국제호텔'이 되었다. 일본 본토의 경우 제국 농업의 재편성과 식민지 개발을 고민하던 도쿄제국대학의 '식민정책학' 강좌는 '국제경제학'으로 이름을 바꾸었다. 일본을 패배시킨 '연합국United Nations'을 뜻하는 UN은 그 속에 'international'이라는 말이 전혀 없음에도 '국제연합'으로 멋대로 번역되었다(田中明彦, 2007). 제국의 소멸로 '제국주의'와 '국제주의'의 양립을 더 이상 고민할 필요가 없게 되자 '국제'라는 기표는 구舊 제국의 곳곳에 냉전의 풍경을 만들어내면서 유행처럼 퍼져 나갔다.

참고문헌

김경일·윤휘탁·이동진·임성모, 2003, 『동아시아의 민족이산과 도시: 20세기 전반 만주의 조선인』, 역사비평사.

김백영, 2008, 「오키나와 도시공간의 문화적 혼종성」, 정근식 외 편, 『경계의 섬, 오키나와』, 논형.

김백영·조정우, 2014, 「가이드북이 그려 낸 제국의 문화지리―일본여행협회의 선만(鮮滿) 공식 관광루트」, 서정완·송석원·임성모 편, 『제국일본의 문화권력 2: 정책·사상·대중문화』, 소화.

김재용·이해영 편, 2014, 『만주, 경계에서 읽는 한국문학』, 역락.

두아라, 프래신짓트(Prasenjit Duara), 2008, 『주권과 순수성: 만주국과 동아시아의 근대』, 한석정 역, 나남.

매코맥, 개번(McCormack, G.), 1994, 「일본사회의 심층구조와 '국제화'」, 함동주 역, 『창작과비평』, 22권 2호, 122-149쪽.

박수연, 2014, 「참담과 숭고, 서정주의 만주체험」, 김재용·이해영 편, 『만주, 경계에서 읽는 한국문학』, 소명출판.

사카이 데츠야(酒井哲哉), 2007, 『근대일본의 국제질서론』, 장인성 역, 연암서가.

손유경, 2009, 「만주 개척 서사에 나타난 애도의 정치학」, 『현대소설연구』, 제42호, 191-227쪽.

야마무로 신이치(山室信一), 2011, 「帝国形成における空間認識と学知」, 『한림일본학』, 제19집, 35-84쪽.

요시미 순야(吉見俊哉), 2007, 「제국 수도 도쿄와 모더니티의 문화정치」, 『확장하는 모더니티』, 소명출판.

윤휘탁, 2001, 「〈만주국〉의 '2등 國(公)民', 그 실상과 허상」, 『역사학보』, 169호, 139-171쪽.

윤휘탁, 2013, 『만주국: 식민지적 상상이 잉태한 '복합민족국가'』, 혜안.

이경훈, 2010, 「식민지와 관광지」, 동국대학교 한국문학연구소 편, 『제국의 지리학, 만주라는 경계』, 동국대학교출판부.

이동진, 2005, 「민족, 지역, 섹슈얼리티: 만주국의 조선인 '성매매종사자'를 중심으로」, 『정신문화연구』, 100호, 25-59쪽.

임성모, 2010, 「팽창하는 경계와 제국의 시선」, 동국대학교 한국문학연구소 편, 『제국의 지리학, 만주라는 경계』, 동국대학교출판부.

정종현, 2010, 「근대문학에 나타난 '만주' 표상」, 동국대학교 한국문학연구소 편, 『제국의 지리학, 만주라는 경계』, 동국대학교출판부.

조은주, 2014, 「공동묘지(共同墓地)로의 산책」, 『만주연구』, 제18집, 103-134쪽.

팁튼, 엘리스(Tipton, A.), 2012, 「카페, 1·2차 세계대전 사이 일본의 근대성의 경합장」, 이상우 외 역, 『제국의 수도, 모더니티를 만나다』, 소명출판.

프랫, 메리 루이스(Pratt, Mary L.), 2015, 『제국의 시선: 여행기와 문화횡단』, 김남혁 역, 현실문화연구.

하세가와 레이(長谷川怜), 2013, 「근대 일본의 만주 수학여행과 만주 인식—가쿠슈인(學習院)의 사례를 중심으로」, 『만주연구』, 제16집, 141-169쪽.

한석정, 2003, 「지역체계의 허실: 1930년대 조선과 만주의 관계」, 『한국사회학』, 제37집 제5호, 55-79쪽.

한석정, 2007, 『만주국 건국의 재해석: 괴뢰국의 국가효과 1932~1936』

(개정판), 동아대학교출판부.

Duus, Peter, 1992,「植民地なき帝国主義—「大東亜共栄圏」の構想—」, 藤原帰一 譯,『思想』, no.184, 岩波書店.

姜克實, 2006,「「滿洲」幻想の成立過程—いわゆる「特殊感情」について」, 國際日本文化研究センタ紀要『日本研究』, 32.

高媛, 2002a,「『楽土』を走る観光バス—一九三〇年代の『満洲』都市と帝国のドラマトゥルギー」, 吉見俊哉ほか 編,『近代日本の文化史6　拡大するモダニティ』, 岩波書店.

高媛, 2002b,「『二つの近代』の痕跡—一九三〇年代における『国際観光』の展開を中心に」, 吉見俊哉 編,『一九三〇年代のメディアと身体』, 青弓社.

上野貴子, 2007,「哈爾濱の日本人」, 山本有造 篇,『満州:　記憶と歴史』, 京都大学出版会.

西澤泰彦, 1996,『圖說「滿洲」都市物語：ハルビン・大連・瀋陽・長春』, 河出書房新社.

小林英夫, 2005,『滿州と自民黨』, 新潮社.

永見文太郎, 1937,『新京案內』, 新京案內社.

越沢明, 2004,『哈爾浜(はるぴん)の都市計画—1898-1945』, 筑摩書房.

有山輝雄, 2002,『海外観光旅行の誕生』, 吉川弘文館.

日本旅行協會, 1928・1931,『旅程と費用概算』.

田中明彦, 2007,「東アジアの国際関係における近代語彙の成立」, 第5回　東京大学東洋文化研究所・成均館大学東アジア学術院共同セミナー〈語彙から考える—東アジアの近代〉發表資料集.

中村宏, 2006, 「戦前における国際観光(外客誘致)政策―喜賓会, ジャパン・ツーリスト・ビューロー, 国際観光局設置―」, 『神戸学院法学』, 第36巻 2号.

哈爾濱商品陳列館, 1926, 『ハルビン案内』.

荒山正彦, 2010, 「「内地」と「外地」をめぐる海上ツーリズム―戦前期における日本一周船と日支周遊船」, 『関西学院史学』, 37号.

荒山正彦, 2011, 「忘れられた植民地ツーリズムの軌跡」, 『時計台』, no.81, 関西学院大学.

荒山正彦, 2012, 「『旅費と費用概算』(1920年～1940年)にみるツーリズム空間―樺太・台湾・朝鮮・満州への旅程―」, 『関西学院大学先端社会研究所紀要』, 8号.

『朝日新聞 満洲版』(復刻板).

소련군의 다롄 점령·통치·철수와 기념비

정근식

I. 문제 제기: 뤼순의 충격

많은 사람들에게 랴오둥반도의 끝에 있는 도시, 다롄大連은 러일전쟁
의 전장이라는 이미지로 남아 있는 듯하다. 다롄을 처음으로 답사했던

* 진저우의 소련군 묘지를 찾는 데 도움을 준 다롄대학의 장샤오강(張曉剛) 교
수와 최봉룡(崔峰龍) 교수, 그리고 뤼순의 소련군 묘지 특히 한국전쟁 참전 군
인들의 이야기를 들려준 랴오닝사범대 장대현(張大賢) 교수께 감사를 드린다.

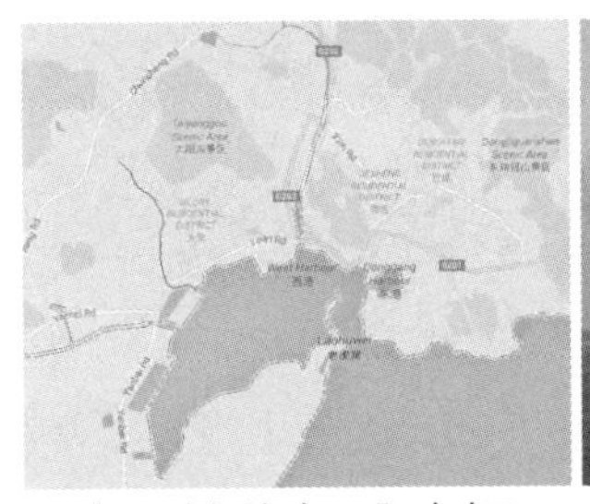

그림1 뤼순항과 노호미반도

2011년, 필자는 안중근 의사로 인해 널리 알려진 뤼순감옥과 함께 러일전쟁의 격전지로 알려진 뤼순의 203고지를 보기 위해 그곳에 들렀다. 그 후 단둥에 있는 항미원조기념관抗美援朝記念館에 대해 연구(Jung Keun-sik, 2015)를 진행하면서, 나는 소련군이 묻혀 있는 선양의 묘지를 보게 되었고, 2014년 청일전쟁에 관한 연구(정근식, 2014)를 하면서 당시의 주민 학살의 현장이었던 뤼순의 만충묘萬忠墓를 답사했으며, 뤼순의 소련군 묘지를 처음으로 살펴보았다. 이 묘지는 단지 소련군 묘지라고 부를 수 없는, 제정러시아의 흔적이 기층에 깔려 있고 그 위에 소련군의 흔적이 층층이 쌓여 있는 역사의 현장이었는데, 이 소련군 묘지는 필자에게 큰 충격을 주었다. 여기에 묻혀 있는 소련군은 1945년 8월의 일본군과의 전투에서 사망한 병사들뿐만 아니라 1950년 한국전쟁에 참전했던 군인들이었기 때문이다.

필자는 2015년 7월 다시 다롄을 찾아 소련군 묘지들을 좀 더 자세히 살펴볼 기회를 가졌다. 소련군 묘지와 기념비는 뤼순에만 있는 것이 아니라 진저우金州와 다롄 시내에도 있었다. 이와 함께 1945년부터 1955년까지의 뤼다旅大지구의 소련군 주둔과 철수를 기념하여 건립된 기념비들을 보면서, 뤼순을 포함한 다롄 연구는 중국의 근대사를 넘어서서 한국 현대사를 포함하는 동아시아 근현대사의 중요한 현장임을

그림2 뤼순 만충묘 기념관 입구(◀), 뤼순 만충묘(▶)

실감했다.

오늘날 다롄, 특히 뤼순구에 가면 '뤼순의 근대사는 중국 근대사의 절반'이라는 표현을 쉽게 볼 수 있다. 실제로 1880년대의 북양함대 창설, 1894년 청일전쟁, 1898년 러시아의 조차와 도시계획, 1904년 러일전쟁과 일본의 지배, 1945년 8월의 소련군 점령, 1950년 한국전쟁을 거쳐 1955년 소련군 철수 때까지의 숨 막히는 역사와 이를 증언하는 각종 기념비는 이러한 표현이 결코 과장이 아님을 증언한다. 기념비가 과거의 대사건을 현재로 끌어당겨 특정 장소에 물질적인 결정을 만들고 동시에 미래를 여기에 묶어두려는 것이라면, 이 '기념비 숲'의 도시는 동아시아의 질서를 만들어간 '창법적 폭력'들의 흔적일 뿐만 아니라 좌절과 야망이 배어 있는 '핵심적 상징 공간'이다. 다롄은 도심에 있는 유명한 교차로처럼 세계사와 동아시아 지역사, 중국 국가사, 그리고 다롄 지방사가 맞물려 있던 다중적 교차로였다.

이 글은 한편으로는 다롄에 관한 장기사적 연구의 일환으로 제2차 세계대전 이후 10년간의 다롄을 다루며, 다른 한편으로는 세계적으로 흩어져 있는 소련군 기념비에 관한 연구의 일환으로 이 도시에 있는 기념비들을 다룬다. 필자는 동북아시아의 소련군 기념비들에 대해 전체적인 윤곽을 그리는 글을 썼지만(2015), 다롄의 사례는 다른 지역과

   다롄연구: 초국적 이동과 지배, 교류의 유산을 찾아서

특별히 구별되므로 별도로 다룰 필요가 있다. 그것은 1945년 8월의 희생과 전승뿐만 아니라 10년간의 점령 기간에 이루어진 여러 가지 변화를 기억하고 기념하려는 것이기 때문이다. 물론 소련이나 중국은 그 10년간을 '점령'으로 표현하지 않고 모호하게 처리하고 있는데, 그 정확한 의미를 파악하기 위해서는 소련군의 대일전 참전과 점령하에서 이루어진 사회 변동, 기념비 건립의 구체적 맥락을 이해하지 않으면 안 된다. 여기에는 소련군의 한국전쟁 참전과 한국전쟁에서 사망한 소련군 유해의 안장 과정, 그리고 이들의 묘비나 기념비에 얽힌 에피소드가 포함된다. 나는 뤼순 소련군 묘지에 안장되어 있는 소련군의 개별적인 에피소드에 관해 랴오닝사범대 교수이자 중소우호협회 회원인 장대현張大賢 교수의 설명을 들었다. 그는 러시아의 유족들로부터 사망한 가족의 묘지를 찾아달라는 요청을 받고 이 '능원'에 안장되어 있는 군인들을 찾아서 확인하고 대조하는 작업을 했기 때문에 상당한 이야기를 전해줄 수 있었다.

Ⅱ. 소련군의 다롄 점령과 중소우호동맹조약

1. 중소우호동맹조약

중국 랴오둥반도의 남단은, 1981년 2월 중국 국무원이 다롄시로 통합 개칭하기 전까지 뤼순과 다롄을 합해 뤼다旅大시로 불렸다. 뤼다지구는 1880년대에 산둥반도의 웨이하이와 함께 청이 해군기지를 건설한 곳으로, 19세기 말 열강의 중국 분할 과정에서 러시아의 최대 관심 지역이었다. 뤼순과 다롄은 하얼빈에서 남하하는 중동철도 지선의 종점으로 전략상 요지여서 1898년 러시아가 이곳을 조차하고 도시 개발을 시작한 곳이다. 일본은 1894년 청일전쟁의 과정에서 조선의 평양, 압록강 유역을 넘어 이곳을 유린했다. 뤼다지구는 러일전쟁에서 다시 한번 최대의 격전지가 되었으며, 이후 40년간 일본의 지배를 받았다.

이곳의 운명은 태평양전쟁 막바지에 소련의 이곳에 대한 관심 때문에 다시 한 번 바뀌었다. 그것은 1937년 중일전쟁의 발발에 따른 중국 동북 지역의 상황 변화로부터 설명되어야 한다. 소련군은 1938년 두만강 유역의 장구펑張鼓峰에서 일본군, 정확하게 말하면 나남羅南에 주둔했던 조선군과 충돌하고,[1] 이어 1939년 몽골과 만주국의 경계에 있던 할힌골에서 관동군과 대규모 전투를 벌였다.[2] 그러나 소련은 동유럽에, 일본은 동남아시아에 대한 관심이 더 컸으므로 각자의 이해관계에 따라 1941년 일소중립조약을 맺었다. 일본이 미국을 공격하면서 시작된 태평양전쟁은 이 일소중립조약이 있었기 때문에 가능했다.

이 시기 소련은 독일과의 전투로 인해 동아시아를 돌아볼 여유가 전혀 없었지만, 스탈린그라드 전투 이후 전쟁 상황이 유리해지기 시작하자 미국으로부터 대일전 참전을 요청받기 시작했다. 언제부터인지 알 수 없지만, 스탈린의 동아시아에 대한 관심은 부동항의 획득에 있었고, 이에 대한 요구가 1943년 11월에 열린 테헤란회의에서 나타났다. 스탈린은 러일전쟁에서 상실했던 다롄에서의 이익의 회복을 염두에 두고 있었고, 루스벨트는 이에 대응하여 다롄항을 자유항으로 하자고 제안했다. 이후 뤼순과 다롄의 조차를 요구한 소련과 이들의 자유항으로의 전환을 제안한 미국 사이에 절충이 계속되다가, 1945년 2월 미국과 영국과 소련의 지도자들이 모인 얄타회담에서 미국과 영국은 중국의 양해를 받지 않고 소련의 대일전 참전의 대가로 뤼순 조차

---

1   이 전투를 일본은 장고봉 전투, 소련은 하산호 전투라고 부른다.

2   이 전투를 일본은 노몬한 전투, 소련은 할힌골 전투라고 부른다.

와 해군기지로의 사용이라는 소련의 요구를 받아들였다. 그 대신 소련은 독일과의 전쟁이 종료된 이후 3개월 내에 일본과의 전쟁에 참여하기로 약속했다.

1945년 8월 6일 미국이 히로시마에 원자폭탄을 투하했는데, 이틀 후인 8일 소련은 일본에 대해 선전포고를 했고 9일부터 극동 소련군은 세 갈래로 나뉘어 만주와 북한 그리고 사할린의 일본군을 공격하기 시작했다. 만주국 수도였던 신경新京(창춘)에 대한 공중 폭격도 처음으로 이루어졌다. 소련군의 공격을 받은 관동군과 만주국 정부는 본부를 퉁화通化로 이전하고 저항했으나 소련군의 빠른 진격에 일본군의 방어선이 쉽게 무너졌고, 8월 17일 관동군사령부는 전선의 각 부대에 정전 명령을 내렸다. 소련군의 만주 점령을 종종 '8월의 폭풍'이라고 부르는데, 이것은 전투가 매우 전격적인 양상으로 전개되었음을 나타낸다. 8월 18일 만주국 황제가 퇴위하고 만주국은 소멸되었다. 소련군은 8월 19일 뤼순을 점령했고, 22일에 다롄을 점령했다.

이런 소련군의 점령은 중국의 공공역사public history에서 어떻게 재현되고 있는가? 다롄시에 최근에 설립된 다롄근대박물관이 2013년 4월에 전시한 '근대 다롄'의 역사는 1840년부터 1949년까지의 기간을 다섯 부분으로 나누고, 여기에 이 100년간의 문화 교류와 융합, 그리고 인민의 투쟁을 더해 일곱 개의 기본 진열을 구성하고 있는데, 그 마지막 전시 주제가 1945년부터 1949년까지의 '다롄 해방과 인민 정권의 건립'이다.[3] 이 시기의 소련군에 관한 전시는 중국 입장에서 보면

---

3   2002년에 개관한 이 박물관은 현재 국가이급박물관(国家二级博物馆), 국가 4A급려유경구(国家4A级旅游景区), 전국과보교육기지(全国科普教育基地), 성·시애국주의교육기지(省·市爱国主义教育基地), 성·시과보교육기지(省·市科普教育基地)로 지정되어 있다.

매우 미묘한 문제인데, 한동안 이에 대해 별로 언급하지 않았으나 근래에 이를 공공역사에 포함시킨 것이다. 물론 소련군은 1945년 8월부터 1955년 5월까지 다롄에 주둔했으므로 전시 대상 기간을 이에 맞추어 규정할 수도 있지만, 이 전시도 다른 대부분의 중국 역사박물관처럼 신중국이 성립하는 1949년까지를 공식적으로 다루고 있다. 여기에서 전시는 "1945년 소련 홍군이 '중소우호동맹조약'에 의거하여 뤼다지구에 진주했고, 다롄은 중국 최초의 해방 도시의 하나가 되었으며, 중국 공산당이 실제로 영도하는 특수해방구가 되어 전국 해방전쟁의 최후의 승리를 만들어낸 특수한 역사적 공헌을 했다"고 쓰고 있다. 소련 홍군이 뤼다지구에 진주한 것은 '중소우호동맹조약'에 의거한 것이며, 8월부터 10월 사이에 인민민주정권이 건립되었다는 사실이 강조되고 있다.

이처럼 소련군의 대일전 참전 특히 만주 진격의 최종 목적지는 다롄이었고, 이를 둘러싸고 중국과 구체적인 이해관계를 조정한 것이 1945년 8월 14일 맺어진 중소우호동맹조약이다. 이 조약은 장제스와 스탈린 사이에 맺어진 것으로, 중화민국은 몽골인민공화국의 독립을 승인하는 대신 소련은 국공 내전에 개입하지 않을 것이며 중국 국민당과 협력할 것을 약속하는 것이었다. 오래전에 이시이 아키라石井明(1990)는 왜 소련이 집요하게 뤼다지구를 확보하기 위해 노력했는가, 그리고 이에 대해 중화민국 정부가 어떻게 대응했는가를 탐구했다. 그는 당시 스탈린이 일본 군국주의가 반드시 부활할 것이라는 신념을 가지고 동아시아 정책을 구상했다고 주장했고, 이와 함께 당시 장제스가 중소우호동맹조약 체결 과정에서 불평등조약의 핵심이었던 조계라는 명칭을 받아들이고 뤼순 군항의 공동 사용이라고 표현하기는 했으나 실질적으로 소련군의 단독 사용을 인정했던 상황에 관해서 언급하면서, 이 조약 체결 후 국민당 정부가 뤼다지구의 접수를 위해 외교적인 노력을 했으나 실패했다는 점도 밝혔다.

1945년 2월의 얄타회담 이후 소련과 중국은 대일전 참전의 대가에 관한 구체적인 협상을 진행했다. 6월 12일 장제스는 충칭重慶에서 소련의 페트로프 주중 대사에게 중국인은 조차지라는 용어를 사용하는 것을 수치스럽게 생각하니 이를 사용하지 말라고 요구하고 군항을 중국과 소련이 공동 사용하는 것을 양국 간 우호협력으로 생각한다고 제안했다. 그 후 장제스는 주중 미국 대사에게 미국의 공동 사용을 제안했으나 미국이 거부했다. 7월 1일 스탈린과 쑹쯔원宋子文의 회담에서 '조차'라는 용어를 사용하지 않기로 하고, 소련이 뤼순을 해군기지로 사용하는 것을 인정했다. 스탈린은 지속적으로 일본의 재기 가능성을 지적하고 국방 계획을 중국 측에 설명했는데, 이에 따르면, 뤼순구에 강력한 해군기지를 만들고 블라디보스토크 이북에도 강력한 해군기지를 만들어 이들을 소련의 철도로 연결하는 방안이었다. 소련 주재 미국대사 해리만은 중국의 외교부장 쑹쯔원에게 미국이 오키나와의 섬들을 영구히 점령하는 입장에서 소련의 제안을 무조건 거절할 수 없으므로 뤼순 문제를 받아들일 것을 권유했다. 쑹쯔원은 뤼순의 관리권을 중국이 갖는다면 중국은 소련이 뤼순에 군사시설을 설치하는 것에 동의한다고 양보하면서도 이를 수치스럽게 여겨 외교부장직을 사임했다. 이 교섭에 미국의 적극적 개입이 있었던 셈이다. 8월 5일 미국의 밴스 국무장관은 해리만 대사에게 소련에 대한 희망사항을 전달하고 스탈린에게 만주의 문호 개방정책을 존중하도록 주문할 것을 지시했다. 필요하다면 다롄의 자유항 관리를 중·소·미·영이 함께하는 방안을 강구할 수 있다는 의견도 제시했다.

이런 상황에서 8월 6일 미군은 히로시마에 원자폭탄을 투하했다. 소련은 8월 8일 일본에 대한 선전포고를 하면서 9일부터 전투를 시작했다. 8월 7일부터 쑹쯔원은 신임 외교부장 왕스제王世杰와 함께 모스크바에서 중소우호동맹조약 체결 교섭을 다시 시작했는데, 스탈린은 결코 차르 시대의 정복과 같은 야심이 없다고 하면서도 전후에 일본이 반드시 재기할 것이며 이에 대비해야 한다고 주장했다. 8월 8일 중국은 뤼순항의 중·소 공동 사용안을 제출했다. 이어 중국 국민당 정부는 뤼순 군항 구역의 중국의 관리권과 소련의 사용권을 골자로 하는 안을 작성했다.

우여곡절 끝에 소련은 중국과의 협상을 매듭짓고, 8월 14일 중소우호동맹조약을 체결하고 그 부속 협정을 맺었다. 이를 통해 제2차 세계대전 이후 스탈린의 동북아시아에서의 전략적 목표가 드러났는데, 그 핵심은 첫째, 외몽골을 중국의 영향권으로부터 독립시켜 안전지대를 확보하는 것, 둘째, 러시아가 중국 동북 지역에서 갖고 있던 영향력을 회복하여 태평양으로 진출할 수 있는 부동항을 확보하는 것이었다.

이 조약은 다롄항에 관한 협정과 뤼순구에 관한 협정을 포함하고 있다. 전자는 다롄항을 자유항으로 하되 부두와 창고를 지정하여 소련에 무상 대여하며, 다롄 행정권은 중국에 귀속시키되 중국 창춘철도 지배인을 소련인으로 임명한다는 것, 이 협정은 30년간 유효하며, 중국이 보유한 시설을 제3국에 양도하지 않는다는 것을 내용으로 한다. 후자는 일본의 재침략을 방지하기 위해 뤼순항을 중·소가 공동으로 사용하는 해군기지로 하되, 이 공동 사용권은 2명의 중국인과 3명의 소련인으로 구성하는 중소군사위원회에서 처리하기로 하고, 해군기지 구역의 민정은 중국에 속한다는 것으로, 이 협정은 30년간 유효하다는 것이었다. 이 조약의 조인식은 8월 15일 오전에 이루어졌다.

이처럼 중소우호동맹조약은 그 명칭처럼 중국과 소련 양국 간의 우호 증진을 목적으로 체결된 것이 아니고, 1945년 2월 미국·영국·소련 3국 수뇌의 얄타협정에서 합의된 소련의 대일전 참가와 그 조건을 얄타회담에 참가하지 않은 중국에게 승인하도록 하기 위해 미국이 중개자가 되어 일본의 항복 전날 정식 조약으로서 성립시킨 것이다. 조약의 본문에서는 대일전의 완수, 단독 강화의 부인, 일본 군국주의 부활 저지의 공동 조치 등을 규정했다.

2. 소련군 점령하의 다롄

중소우호동맹조약은 8월 14일 조인되고 25일에 비준되었으며 12월 3일에 발효되었다. 이 조약은 뤼순과 다롄의 행정권과 사용권 문제 외에 소련군의 만주 점령 3개월 이내의 철수, 러일전쟁 당시 러시아가 소유했던 재만 철도의 중소 공동 경영과 이를 위한 중국 창춘철로공사의 설립을 주요 내용으로 한다.

그렇다면 이 조약에 따라 소련군이 점령한 뤼다지구에서는 어떤 상황이 전개되었는가? 보리소프Oleg Borisove는 중소분쟁의 국면에서 1945년부터 1970년까지의 중소관계를 연구하면서(1975; 1977), 당시의 마오쩌둥주의적 관점을 비판하고 소련군의 뤼다지구 주둔이 중국 혁명에서 매우 중요했다고 보는 관점을 제시했다. 그는 중국 혁명의 중심이 옌안延安에서 1947년 이후 동북으로 이전되었다고 보고, 특히 국민당군이 뤼순으로 군대를 상륙시키려 했으나 소련군이 반대하여 좌절됨으로써 랴오선遼瀋(랴오둥과 선양) 전역에서 패배했다고 보았다. 이것은 중국 혁명에서 소련군의 다롄 점령이 갖는 중요성을 강조한 것이다. 그 후 이시이 아키라(1990)는 미국의 국민당 지원에 비해 소련의 공산당 지원이 미미했음에도 불구하고 공산당이 승리했다는 점을 강조하면서, 보리소프의 관점을 비판했지만[4] 뤼다지구의 중요

---

4 쩡청(鄭成, 2011)은 양자 모두 중앙의 관점이라고 보고 지방적 관점을 강조했

성을 강조하는 것은 다르지 않았다.

1945년부터 1955년까지 소련군 점령기의 다롄에 관한 연구에서 초점은 이 시기의 중소관계에 관한 연구, 그리고 보다 범위를 좁혀 뤼다지구에서의 중소관계에 관한 연구로 구분할 수 있다. 이에 관해서는 중국에서 이루어진 양쿠이쑹楊奎松의 연구(2010)와 선즈화沈志華 등의 연구(2011), 그리고 웨스타드Odd Westad의 연구(2003) 등이 대표적이지만, 에나츠 요시키江夏由樹 등이 편집한 책(2005)은 소련군의 뤼다지구 점령 10년을 총괄하는 좋은 길잡이다.[5] 이 책에서 이시이 아키라(2005)는 중소우호동맹조약 체결 교섭 과정에서의 뤼다 문제, 1945년부터 1947년까지 중화민국정부와 소련 간의 뤼순과 다롄의 접수 교섭, 중국 성립 이후의 뤼다 반환과 소련군의 철수 등을 언급했다. 그는 일찍부터 뤼다지구의 소련군은 국민당군의 뤼순 상륙에 반대함으로써 내전의 양상을 국민당에 불리한 방향으로 이끌어갔으며, 뤼다의 중소관계가 국공내전의 향방에 큰 영향을 미쳤다고 보았다. 쉬에헝톈薛衡天은 뤼다에서의 중공 후방기지 건설과 소련군과 중공 뤼다위원회의 협

다. 그에 의해 다롄의 실제 상황을 분석하는 연구가 진척되었다.

5 1990년대에 이루어진 일본에서의 만주 연구는 안도 히코타로(安藤彦太郎)를 중심으로 하는 만철연구그룹, 아사다 교지(淺田喬二)를 중심으로 하는 식민지경제연구그룹, 야마모토 유조(山本有造)의 교토대 인문과학연구소 연구반의 만주국 연구가 있다. 1991년부터 '근·현대 중국 동북 지역사 연구회'가 조직되어 활동했고, 이어 '근·현대 동북아시아 지역사 연구회'로 개칭하여 활동했으며, 이들의 연구 성과가 에나츠 요시키(江夏由樹) 등이 편집한 책(2005)이다. 1부는 기업의 영리 원칙과 일본의 국책의 관계, 2부는 외교와 국제관계, 3부는 전후의 중국 동북 지역에서의 국민정부의 정치적·경제적 접수 실태와 공산당의 권력 장악 과정을 다루고 있다.

력이 국공내전의 향방에 큰 영향을 미쳤다고 보았다. 뤼다지구에서 소련군의 중국 주민에 대한 영향을 주목하는 연구, 특히 소련 모델에 대한 선망과 동경을 강조하는 연구(C. Hess, 2010)도 있다.

이와는 달리 왕차오광汪朝光(2010)은 소련군과 중공 뤼다위원회의 관계가 항상 협력적인 것은 아니었다고 지적하면서 오히려 대립과 충돌에 주목했다. 쩡청鄭成(2012)은 뤼다에서의 소련군과 중공의 관계는 매우 복잡했다면서, 당시 소련군이 출판했던 지역 신문 『시화바오實話報』를 자세히 분석했다. 그는 소련군 진주 초기의 중공과 소련의 접근, 양자의 공동 행정 운영, 경제 분야에서의 협력과 대립, 대외 선전에서의 협력 등으로 나누어 상세하게 고찰했다.

1945년 10월 13일 제1차 중소대표자회의가 열렸을 때 국민당 정부는 행정기구 접수와 공업시설 접수 시 소련의 협조, 국민당 군대의 진주를 위한 해상수송로에 대한 소련의 협력과 다롄항 사용 허가, 소련군 철수 이전 치안 유지를 위한 소수 부대의 선양 및 창춘 공수 허가와 협력 등을 요청했다. 소련군은 이런 요청에 대해 거부하거나 아무런 반응을 보이지 않았다. 야마모토 유조山本有造(2005)는 국민당과 소련군 사이의 교섭 문제를 전리품 문제, 소련군 철수 이후의 경제 상황, 국민당의 동북 산업 부흥 계획으로 나누어 검토했다.

이시이 아키라의 「제2차 세계대전 종결기의 중소관계: 뤼순-다롄 문제를 중심으로」(2005)는 그 이전에 발표한 「중소관계에서의 뤼순-다롄 문제」(1990)를 넘어서 제2차 세계대전 말기부터 신중국 건국 초기까지의 중·소 협의 문제를 새로운 자료에 입각해 재검토하면서 왜 소련이 뤼다의 반환에 동의했는가에 대한 답으로 소련의 대일관 및 대외정책 변화의 배경을 분석했다.

마루야마 코지丸山鋼二(2005)는 제2차 세계대전 후 중국 내전에서

중공이 승리한 요인에 관한 설명에서 군사사와 정치사 구별의 필요성
을 지적하고, 내전이지만 총력전의 양상으로 진행된 총력전적 내전,
흔히 마오쩌둥의 사상이나 중공의 대중노선 또는 사상교육에 초점을
맞추고 이를 강조하는 입장이 주류이나 만주국의 붕괴라는 정치적 진
공상태에서 경제적 유산을 누가 어떻게 차지하느냐를 둘러싼 경쟁의
문제로 접근할 것을 주장했다. 동북이라는 지리적 호칭보다 만주라는
역사적 호칭을 사용하는 이유는 중공도 1945년 이후 만주라는 호칭을
사용했지만, 소련이 자신의 특수 권익을 최대화하여 가상적으로 '만주
인민공화국'을 수립할 가능성이 있었다고 보았기 때문이다. 그에 따르
면, 내전기 중공군의 무기 조달 루트는 일본 관동군의 무기 획득, 소련
의 군수물자 구입, 국민당군의 무기 탈취, 자력갱생 등 네 가지다. 만
주에서의 중공군의 군수 생산은 제1기 1945년 10월부터 1946년 7월
까지 자재 수집과 후방기지 건설로 아직 자체 군수 생산은 하지 못하
는 단계, 제2기 1946년 8월부터 1947년 10월까지 탄환 생산과 병기
수리가 이루어지는 단계, 제3기 1947년 10월부터 1948년 9월까지 총
탄의 규격 통일로 대량생산이 이루어지는 단계, 제4기 1948년 10월부
터 1945년 5월까지 중화기의 대량생산이 시작되는 단계로 구분했다
(丸山鋼二, 2005: 302).[6]

마루야마 코지는 1946년 5월 3일 뤼다지구를 제외한 동북 지역에
서 철군을 완료하기까지 중공군에 대한 소련군의 태도는 다섯 차례 변
화했다고 보았다. 최초의 첫 달 동안 소련군은 중공군에게 협조적이었
다. 9월 중순부터 9월 말까지 소련은 비협력의 자세를 보였고, 10월 초

---

6   그는 이 시기 북한의 중국 공산당에 대한 지원, 후퇴로와 무기 지원에 대해서
    는 언급하지 않았다. 이에 관해서는 이종석의 연구 참조.

부터 11월 중순까지는 적극적인 자세를 보였다. 다시 11월 하순부터 1946년 2월까지 배척적인 자세로 돌아섰다가 3월부터 5월까지 대담한 지원을 하고 돌아갔다. 마루야마 코지는 초대 중공 동북국 서기 평전彭眞의 회고에 기초하여 중공의 만주 전략 또한 다섯 차례 변했다고 지적했다. 1945년 9월 하순부터 10월 상순까지의 후방 근거지 건설을 위한 변경으로의 고도 분산, 10월 중순부터 11월 하순까지의 남만 집중과 진저우 결전 계획에 따른 국민당군의 동북 진주 저지, 11월 하순부터 1946년 1월까지의 중앙의 대도시 철수 노선과 동북국의 대도시 탈취 노선의 분열에 따른 남만 대기의 시기, 1946년 1월 하순부터 5월까지의 병력 집중에 의한 대도시 제패 방침과 최후의 일전 시기, 1946년 6월 이후의 마오쩌둥 혁명 노선에 기초한 농촌 근거지 건설 시기다. 소련군이 적극적으로 중공군을 지원한 시기는 1945년 10월의 진저우 결전 구상에 따라 산하이관山海關과 진저우의 랴오시전역遼西戰役, 그리고 1946년 봄의 쓰핑四平전역이 치열해진 시기다. 쓰핑전역은 선양과 창춘 사이에 위치한 쓰핑에서 국민당의 진군을 막아 동북의 해방구를 확보하기 위한 대전투로 매우 중요한 의미를 지닌 것이었다. 마루야마 코지는 소련군이 중요한 시기에는 '암묵적'이거나 공공연하게 협력을 했다고 보았다. 이것은 소련이 만주에서의 권익을 지키고 미국이나 국민당 정부의 견제세력으로 중공을 육성하려고 판단했기 때문이라고 보았다(丸山鋼二, 2005: 320-321). 또한 이 기간에 중공은 소련의 권고에 충실히 복종하고 있었다고 보았다.

소련군의 동북 지방 점령 후의 경제 상황은 얄타협정과 중소우호동맹조약에서 규정된 조항들을 넘어선다(井村哲郎, 2005: 274). 만주의 산업시설에 대한 소련군의 철거와 반출이 자행되었기 때문이다. 소련군은 이를 전리품으로 간주했고 뤼다지구에서도 유사한 상황이 전개되었다. 그러나 1946년 4월 소련군이 철수했던 동북 지역과는 달리 뤼다지구는 소련군이 그대로 주둔했고 민정은 공산당을 중심으로 하는 집단에 의해 주도되었다. 이무라 데츠로井村哲郎(2005)는 뤼다지구의 산업 실태를 자세히 검토했다. 1945년 다롄의 인구는 약 80만 명이었는데, 일본인은 20만 명을 넘었다. 패전 후 만주의 여러 도시나 농촌에서 일본인 피난민이 몰려들었으며, 주택이 없던 중국인은 주택조정운동을 통해 일본인이 거주하고 있는 집을 분배했다. 다롄에서의 일본인 송환은 1946년에 시작되었는데, 1949년 9월까지 약 20만 명이 돌아갔고 11월에 잔류 일본인은 1,044명으로 축소되었다(井村哲郎, 2005: 288). 뤼다지구에 진주한 소련군은 약 30만 명이며 국민당군은 뤼다지구에 들어오지 못했다. 뤼다지구는 공산군 및 해방구의 후방기지로서 역할을 시작했다.

일본 패전 후 다롄의 기업은 생산 정지 상태였다. 소련군은 기계를 철거하여 반출해갔고 남아 있는 중요 산업시설을 접수했다. 다만, 생산 가능한 기업은 공영기업으로 전환되었기 때문에 여기에서는 비교적 일찍 조업이 재개되었다. 1946년 봄에 이르러 중국 내전이 격화되면서 국민당군은 1946년 6월부터 11개월간 뤼다지구를 봉쇄했다. 이에 따라 뤼다지구의 식량·연료·공업원료의 사정은 크게 악화되었다. 이 상황에서 소련 군표가 대량으로 유입되었고 인플레이션 현상이 극심했다. 이에 따라 배급제가 실시되었지만, 3만~5만 명의 노동자가 기아 상태에 빠졌다. 중공 동북국은 1947년부터 식량 증산과 함께 군수품 생산을 독려하기 시작했다. 이후 다롄은 동북 해방구와 함께 중공군에 대한 군수품을 지원하는 후방기지가 되었다. 중공 뤼다지구위원회와 다롄시정부는 소련군과 교섭하여 반출된 생산시설을 돌려받고 1947년 1월부터 4월까지 '51창모운동'을 전개하여 원료 절약과 초과 생산을 장려했다(井村哲郎, 2005: 289). 동북 지역에서 1947년 후반부터 국민당군이 열세에 처하자 1948년부터 다롄에 대한 육·해군의 포위망이 해체되면서 다롄의 공업 생산은 증가하기 시작했다. 1949년 1월 다롄관동공서는 1950년 말까지 일제 패전 전의 생산수준을 회복할 것을 목표로 경제 건설 계획을 수립했다.

소련군은 뤼다지구의 공업시설을 접수한 후 일부는 반환하여 소련이 직접 경영하는 기업과 중소합작기업으로 구분되었다. 전자는 소련군이 경영하는 것과 소련 국가통상부가 경영하는 것으로 구분되는데, 후자에는 조선소 및 항만이 속했다. 중소합작기업은 중소조선공사, 원동중소전업에 소속된 16개 공장, 원동중소염업, 중소석유공사 등이었다. 1949년 4월 당시 중소전업의 총 종업원은 1만 552명이었는데, 그중 일본인은 97명, 조선인은 10명이었다.

1947년에는 기계류를 생산하는 건신공사와 소련군이 직접 관리했던 방직이나 조선 등의 기업을 토대로 관동실업공사가 창립되었다. 건신공사는 1947년 6월 군수품 생산을 담당하는 기업이 되었으며, 1948년 8,700명을 초과하는 노동자를 고용했다. 다롄에서 군수품 생산은 1946년 9월 동북민주연군 부사령 샤오진광蕭勁光이 제안하여 11월 중공 중앙군사위원회가 결정한 것으로 무기·탄약·약품 생산과 함께 소련·북한·홍콩과의 무역 및 내전 지원물자 구매를 결정했다. 이에 따라 1947년 5월 위화공창裕華工廠이 설립되어 포탄을 생산했고, 6월에는 신관信管을 개발·생산하는 홍창공창宏昌工廠이 설립되었다. 이들 공창은 한국전쟁이 발발하자 합병되어 81공창으로 개칭되었다(井村哲郎, 2005: 290-291). 이 밖에 다롄 화학공창, 강철공사, 기계공창 등도 무기와 약품을 생산했는데 상당수의 일본인 기술자를 활용했고 중국인 기술자들에게 기술을 이전했다. 건신공사는 이렇게 생산된 군수품을 홍콩을 통해 여러 해방구와 전선에 공급했다. 뤼다지구는 동북 지방으로 들어가는 현관이자 보하이 만과 홍콩으로 연결되는 해운상 요충지라는 지정학적 이점을 이용하여 중국 내전의 무기 공급기지로 전환되었다.

소련군과 국민당 및 공산당 간 뤼다지구의 접수 교섭(1945~1947)에 관한 왕차오광의 연구(2004; 2010)가 있다. 그에 따르면, 8월 22일 소련군 공정부대가 진주한 이후 5년간의 군사관제하에서 뤼다지구는 중국 내전 중의 공산당에게 은밀한 지원기지로 작동했으나 처음부터 그것이 명확했던 것은 아니었다. 8월 18일 일본에 협력했던 사람들을 중심으로 결성된 다롄지방자치위원회는 8월 23일 다롄중국인회로, 9월 12일 다롄지방치안위원회로 개칭되면서 국민당 세력을 결집했다. 이들은 10월 27일 다롄시 자치정부를 출범시키고 다롄상회 회장이었던 치즈췬遲子群을 시장으로 옹립했고, 소련군은 공산당에 부시장 인선을 제안하여 동의를 얻어냈다. 그러나 중소군사위원회 설치 문제는 난항을 겪었다. 소련은 중국 국민당 정부의 뤼다지구에 대한 행정권을 인정했지만 국민당군의 상륙은 허가하지 않았다. 1947년 4월 중국군은 육군을 뤼다지구로 남하시키고 해군을 해안에 상륙시키는 계획을 수립했으나 실행되지 못했다. 소련군은 대일강화조약이 체결되지 않아서 전쟁 상태라고 주장했다. 중국 정부는 사실상 뤼다지구를 경제적으로 봉쇄했다. 1947년 4월 3일 뤼다지구에서 제1회 인민대표대회가 열렸다. 랴오둥반도의 150만 인구를 지배하는 행정기구로 관동공서의 성립을 결의했다. 4월 4일에는 소련군사령부의 대표가 "뤼순과 다롄은 소련군의 영구 주둔지로, 어떤 나라도 간섭할 수 없고 어떤 나라도 군대를 주둔할 수 없다"는 연설을 했다.

소련군은 중국 국민당군의 진주에 반대했으나 중국 정부의 대표가 뤼다지구를 시찰하는 것은 인정했다. 이에 따라 국민당 동얀핑董彦平 중장을 단장으로 하는 대표단이 뤼다지구를 시찰하고, 시찰결과를 보고하면서 행정권 회수가 비관적이라는 의견을 냈다. 이 보고서에 따르면, 공산당은 관동공서를 이용하여 전면적인 지배권을 획득했고 뤼순·다롄·진저우의 소련군은 보병 2개 사단과 공군비행기 500기, 해군 함정 31척을 보유하고 있었다.

1947년 8월 중화민국 정부는 소련에게 강한 불쾌감을 표시하고 제3국 선박의 입항을 금지시켰다. 뤼다지구는 국민당의 행정력이 미치지 않은 지역이 되었고, 이것은 중국 동북 지역에서 국공내전의 양상에 큰 영향을 미쳤으며 공산당의 권력 기반을 공고히 하는 데 기여했다. 왕차오광은 국민당군의 뤼다지구 접수 실패의 요인을 국민당의 전략적 시각의 부재, 즉 동맹조약 체결 시 구체적인 동북 접수의 단계를 협의하지 않고 소련의 원조에 의존하려는 태도를 보였다는 점을 지적했다. 왕쩐王眞(2003)은 소련군의 뤼다 정책은 단지 국민당군의 진주를 저지하는 것을 넘어서서 미국 세력의 침투를 저지하는 방벽을 만드는 것이었다고 해석했다.

1948년 11월 25일 중소국경의 만저우리滿洲里에서 뤼순·다롄까지의 철도교통이 재개되었다. 이는 중국의 동북 지방은 중국 공산당이 지배하고 소련군이 이용하는 지역으로 전환되었음을 의미한다. 뤼다지구의 접수는 공산당의 몫으로 전환되었다. 내전의 결과가 뚜렷해진 상황에서 연합국의 일원이었던 중화민국과 소련은 1949년 10월 3일 최종적으로 단교했다.

Ⅲ. 중소우호동맹호조조약과 한국전쟁

1. 중소우호동맹호조조약의 성립과 뤼다지구

1945년 8월의 중소우호동맹조약은 장제스와 스탈린 사이에 맺어진 것으로, 이후의 상황 전개를 보면 장제스는 기대하는 것을 얻지 못했고 스탈린은 중국 동북 지방(만주)이 국민당 지배하에서 반소反蘇 기지화하는 것을 막을 수 있었다. 그러나 1949년 중국 공산당의 내전 승리로 이 조약은 사실상 효력을 상실하고, 1950년 2월 중소우호동맹상호원조조약中蘇友好同盟相互援助條約(중국어로는 中苏友好同盟互助条约)으로 대체되었다.

　이 조약은 오랫동안 그 내용이 공개되지 않다가 소련의 해체 이후 이 시기에 관한 자료들이 공개되면서 중·소 간 협상 과정이 명확하게 밝혀지기 시작했다. 이에 관한 웨스타드의 연구(2003)와 선즈화의 연구(2010; 2014)가 있다. 선즈화는 러시아 자료를 수집·공개했고, 왕쩐도 「중소전략동맹과 뤼다(1950-55)」(2003)를 발표했다.

　1949년 초 소련의 미코얀은 중국을 방문하여 마오쩌둥과 뤼순구 문제에 관해 협의했는데, 그는 중국의 어려움을 감안하여 소련의 원조가 불가피함을 강조하면서 "소련은 제국주의 세력이 아닌 공통의 이익을 지키는 사회주의 세력으로서 중동철도와 뤼순구에 왔다"고 말했다.

그림3　1950년 중화인민공화국이 중소우호동맹 상호원조조약의 체결을 기념하기 위해 발행한 우표

1949년 10월 1일

신중국이 수립된 후, 마오쩌둥은 새로운 중소관계를 구축하기 위해 1949년 12월 16일 모스크바를 방문했다. 스탈린은 이 자리에서 1945년의 우호동맹조약을 실질적으로 수정할 용의가 있음을 밝혔고, 여기에서 소련군의 철수 시기를 대일평화조약 체결 이후로 할 것인가 아니면 이전으로 할 것인가에 관해 논의했다. 마오쩌둥은 소련군의 철수 시기보다는 실질적인 군사 협력에 더 많은 관심을 기울였고 경제 원조에 대한 요구를 많이 했다.

1950년 1월 20일 중국의 총리 겸 외교부장이었던 저우언라이周恩來가 모스크바를 방문하여 구체적인 협의를 계속했다. 결국 2월 14일 저우언라이와 비신스키가 중소우호동맹호조조약을 체결했다. 이것은 일종의 공수동맹攻守同盟 으로 30년간 유효한 것이었다. 이 조약은 본 조약 및 2개의 부속 협정과 교환 각서로 이루어져 있는데, 1950년 2월 14일 모스크바에서 조인되고 4월 11일 발효되었다.

이 조약은 전문前文과 6개 조로 구성되어 있는데, 일본(또는 그 동맹국) 제국주의의 침략을 공동으로 저지하고 세계 평화를 보위하기 위한 정치·군사연맹을 결성하며, 양국의 경제·문화 관계의 발전과 확고한 토대를 위한 상호 지원 등을 규정하고 있다. 이 조약은 형식적으로는 종전의 '중소우호동맹조약'을 대체하여 그것을 계승·발전시킨 것이지만, 내용적으로는 구舊조약과는 달리 미국의 중개 없이 중국과 소련 양국 간에 체결된 조약이다.

선즈화는 이 조약의 협상 과정에 관해 상세히 연구(2007)했는데, 그는 중·소 쌍방이 조인했음에도 불구하고 공표되지 않은 문서가 있음을 지적했다. 그것이 '중소우호동맹상호원조조약의 보충협정'과 '중국 창춘철도, 뤼순·다롄에 관한 의정서'다. 보충협정은 중국 측의 반대에도 불구하고 소련 측의 강한 요구에 의해 체결된 것으로, 제3국의 직·간접 투자를 제한하는 내용이었다. 이것은 미국의 영향력이 중국 특히 동북 지역에 미치는 것을 방지하는 목적을 가진 것이었다.

또한 부속 협정이었던 중국 창춘철도, 뤼순·다롄에 관한 중·소 협정은 첫째, 대일강화조약이 체결된다면 소련군은 1952년 말까지 뤼순 해군기지에서 철수하며 중국은 1945년 이후의 복구비용을 갚는 데 동의한다는 것, 둘째, 대일강화조약이 체결된 후 중·소 양국은 다롄 문제를 해결할 것을 약속하고 소련군 관할 재산을 중국 정부에 양도하기로 한다는 것을 내용으로 한다. 또한 창춘철도, 뤼순·다롄에 관한 의정서를 합의할 때 중국군의 철도를 이용한 신장新疆으로의 이동 등 철도를 이용한 병력 수송 문제에서 격론이 있었고, 이것은 후일 중소분쟁의 작은 씨앗이 되었다.

이 조약이 체결된 후 4개월 만에 한국전쟁이 발발하면서 1952년까지 철수하기로 한 소련군 문제가 미묘해졌다. 중국은 '항미원조抗美援朝'를 위해 소련군의 지원이 필요했다. 1951년 1월 16일 다롄시에서 중소합동위원회의 공고가 있었다. 다롄에서 누리던 소련의 특권과 뤼순에서 소련군이 관리하던 재산을 무상으로 중국에 인도하는 내용이었다. 뤼순에서 소련군은 1952년 말까지 철수하기로 했으나, 한국전쟁은 이 협정의 이행을 지연시켰다. 일본은 샌프란시스코회담에서 강화조약의 대상으로 중화인민공화국이 아닌 중화민국을 선택했다. 1952년 4월 28일 화일華日평화조약이 체결됨으로써 중·일 간의 조기 강화는 불가능하게 되었다. 1952년 8월 저우언라이가 소련을 방문했을 때 스탈린에게 일본과의 평화협정 불발과 한국전쟁의 진행 상황을 고려하여 소련군의 철수 시기를 연기할 것을 요청했고 스탈린은 이를 승인했다. 9월 15일 중·소 양국은 일·중 강화조약과 일·소 강화조약이 이루어질 때까지 "양국이 뤼순 해군기지를 공동 사용하는 기간을 연장하고 소련군이 뤼순에서 철수하는 시간은 별도로 합의한다"고 결정했다. 중소동맹이 겨냥하는 주적은 일본이 아닌 미국이 되었다는 것이 왕쩐의 주장이다(2003).

2. 소련군의 한국전쟁 참전과 전사자 처리

이 시기의 뤼다지구에 관한 연구에서 1950년 6월에 발발한 한국전쟁과 소련군의 참전 문제를 빼놓을 수 없다. 1945년 미군의 오키나와 점령과 소련군의 뤼다지구 점령이 냉전의 형성과 함께 서로 마주보는 군사적 거점으로 변화했고, 한국전쟁의 발발과 함께 이들의 지정학적·군사학적 의미가 명확해졌다.

냉전기에 미·소 모두에서 비밀로 간주되어 부각되지 않았던 소련군의 한국전쟁 참전 문제는 1990년대 탈냉전과 함께 새롭게 공개된 자료에 의해 사실로 인정되고, 한국전쟁 발발의 최종 책임이 북한에 있는가 아니면 소련에 있는가가 민감한 쟁점이 되었다. 그러나 상대적으로 소련군이 점령하고 있던 뤼다지구에 관해서는 별다른 논의가 없었다. 최근의 연구들에 따르면, 미군은 한국전쟁 당시에 소련군의 참전 사실을 알고 있었지만 전쟁의 확산을 우려하여 이를 비밀로 했다는 견해가 설득력을 갖는데, 왜 전사한 소련군의 유해가 소련이 아닌 뤼순에 묻혔는가에 관해서는 논의가 없었다.

소련군의 한국전쟁 참전은 1989년 페레스트로이카 정책하의 소련에서 처음으로 공개되었고, 1992년 러시아 국영방송은 이에 관한 다큐멘터리를 제작·방송했다. 1992년 김덕중은 이를 주목하여 소련군 참전 사실을 발표했고 언론인들도 이를 보고하기 시작했다.[7] 2000년

7　『월간조선』, 1995년 8월호.

을 전후하여 이에 관한 많은 연구가 이루어졌다(기광서, 2000; 선즈화, 2000; 이용권, 2001). 특히 전현수(2001)는 제64전투비행군단에 관한 연구를 통해 미그15기를 중심으로 하는 소련 공군의 역할을 자세히 밝혔다. 김덕중(2006)은 그때까지 소련군의 한국전쟁 참전에 관해 밝혀진 사실들을 열거하면서 한국전쟁의 의미를 재규정할 필요가 있다고 주장했고, 참전 소련군에 대한 증언을 더 많이 확보하고 묘지의 위치 확인이 필요한 과제라고 밝혔다.

2010년 6월 10일 한국 국방부의 '6·25전쟁 제60주년 기념사업단'은 중국 뤼순항이 한국전쟁 기간 소련군의 전진기지로 활용됐다고 밝혔다.[8] 이에 따르면, 6·25전쟁이 발발하자 서해에서 작전하던 미군은 뤼순항에서 기동하는 소련군의 동향에 주목했다고 한다. 최초의 격돌은 1950년 9월 4일 뤼순기지를 발진한 소련 폭격기(A-20 헤이벅 쌍발기)를 미국 F4U 콜세어기가 추락시킨 사건이다. 미국이 제2차 세계대전 때 소련에 원조했던 이 폭격기가 미군 편대에 격추되는 아이러니한 운명을 맞은 것이다. 격추된 현장에 접근한 미 구축함 허버트 토머스 함은 폭격기 승무원 사체 1구를 수습해 소련인임을 확인했다. 이 사건은 당시 소련과의 충돌을 원하지 않았던 미군 당국에 의해 장기간 비밀로 분류됐다. 소련에서도 참전 사실을 비밀로 하기 위해 조종사들에게 중국군 군복을 입도록 했다고 한다.

미소간의 마지막 충돌은 1953년 7월 26일 휴전협정 체결을 하루 앞두고 뤼순 기지를 이륙해 북한 상공으로 비행한 소련의 IL-12 수송기를 미군이 격추한 사건이다. 미 공군의 F-86 편대는 만주에 있던 공산기들이 북한 지역으로 전개했는지를 정찰하기 위해 압록강 남쪽으

---

8 연합뉴스, 2010년 6월 10일.

로 출격했다. 휴전협정에 유엔군 측과 공산군 측은 한반도에 더 이상 무기를 반입하지 않기로 했기 때문에 이를 감시하기 위해 정찰에 나선 것이다. 당시 미군기 편대는 북한의 강계와 만포진 상공을 날던 소련제 IL-12 수송기를 추락시켰는데, 이 수송기는 한참을 더 비행해 중국 영토에 추락했다. 21명이 탑승한 수송기는 뤼순 기지에서 만주 남방 지역을 가로질러 소련의 한 극동 기지로 비행 중이었다. 이에 격분한 소련은 사건 발생 사흘 뒤인 7월 29일 블라디보스토크 인근 공해상에서 정찰 비행하던 미국의 RB-50 정찰기를 격추했다. 미그기를 동원해 보복 공격에 나선 것이다. 소련은 미군이 국경을 넘어와 불법으로 격추했다고 발표했다. 7월 28일 저녁에는 대청도 남방 해저에서 기동하던 소련군 잠수함(250톤급)이 격침됐다. 당시 백령도 근해에서 기동하던 6척의 미국 구축함에 의해 뤼순 기지에서 출항한 소련의 잠수함이 발각되어 격침된 것이다(연합뉴스, 2010년 6월 10일). 그런데 국방부 연구팀은 뤼순이나 진저우의 소련군 묘지를 언급하지 않았다. 또한 소련군에 의한 미군의 피해도 언급하지 않았다.

뤼순과 진저우에 있는 소련군 능원의 묘비들을 분석해보면 당시 소련군의 참전 상황과 피해, 그들이 세운 '전공'과 피해가 부분적으로 드러난다. 6·25전쟁에 참전했다가 사망한 소련군의 묘비에는 그들이 속했던 군대의 종별 표시가 있는데, 공군은 비행기, 해군은 닻이 표시되어 있다. 또한 포병은 대포, 공병은 도끼가 새겨져 있고, 대공포를 새겨 넣은 레이더병도 확인된다. 묘비에 탱크를 새겨 넣은 탱크병도 있다. 지금까지 소련군 참전에서 공군과 대공포병의 참전은 비교적 널리 알려져 있지만, 그 밖의 부대의 참전은 별로 알려져 있지 않았다. 장대현의 설명에 따르면, 소련 공군은 청천강을 남방 작전 한계선으로 설정했고, 대공포병은 압록강의 수풍댐을 방어하기 위해 참전했으며,

그림4 뤼순과 진저우의 한국전쟁참전 소련군의 묘비들(탱크병, 공군, 포병, 공병)

  다롄연구: 초국적 이동과 지배, 교류의 유산을 찾아서

레이더병은 공군과 포병을 지원하기 위해 유일하게 평양까지 내려와서 작전에 참가했다고 한다.

근래에 한 소련 측 비공식 자료는 한국전쟁에서의 소련 공군의 역사를 크게 네 단계로 나누었다.[9] 1단계는 1950년 11월부터 1951년 3월까지로 3개 부대(151st Hyades, 28th and 50th IAD)가 참전했고 1명의 전투영웅을 배출했다. 2단계는 1951년 4월부터 1952년 2월까지로 소련 공군의 전성기이며, 64비행군단 소속 2개 부대와 기타 여러 부대가 싸웠고 많은 전투영웅을 배출했다. 3단계는 1952년 2월부터 8월까지로 소련 공군으로서는 최악의 시기로 1명의 영웅만이 배출되었다. 1952년 8월부터 1953년 7월까지가 마지막 4단계로 2명의 영웅이 배출되었다. 64군단 방공포부대는 1954년 11월까지 압록강 국경 지대를 방어했다.

비교적 초기에 참전한 공군 파일럿으로 한국 언론과 인터뷰하여 자료를 남긴 사람이 크라마렌코다.[10] 그는 1950년 11월 제176근위전투항공연대 소속의 대위로 다른 조종사 31명과 함께 자원해 중국 동북부 지역으로 가 1951년 4월부터 1952년 1월 말까지 전투에 참가했다. 주로 미군의 F-84, F-86 세이버(일명 쌕쌕이) 등의 전투기와 B-29 폭격기 등을 상대했다. 그는 모두 149회 출격해 미군 F-86 8대, F-84 3

9　HEROES "Normandy-NEMAN" You must know and remember all(pilot-forums.net, 2014.12.10).

10　연합뉴스, 2013년 6월 24일(한국언론 미디어협동조합). 취재한 유철종에 따르면, 세르게이 크라마렌코는 1941년 4월 공군에 입대해 1981년 5월 소장으로 퇴역했는데, 한국전에 참전한 1천여 명의 소련 조종사 가운데 지금까지 생존해 있는 3명 중 1명이다. 나머지 2명은 건강이 좋지 않아 그는 당시 상황을 증언할 수 있는 유일한 조종사였다.

대, 호주군 F-8 미티어 2대 등 모두 13대의 유엔군 전투기를 격추했다. 이 같은 전공으로 전투에 참여 중이던 1951년 10월 소련 시절 최고의 영예인 '소련 영웅' 훈장을 받았다. 종전 뒤에는 김일성의 초청으로 북한을 세 차례나 방문하기도 했다. 그에 따르면, 한국전 기간 중 소련이 파견한 공군은 모두 12개 비행사단, 24개 연대, 참전한 조종사는 1천여 명에 달했다. 그 가운데 125명의 조종사가 전사했고 325대의 전투기가 격추당했다.[11] 러시아 국영 RTV의 〈알려지지 않은 전쟁들〉에서는 소련군은 한국전쟁에서 299명의 전사자를 냈다고 밝히고 있다. 당시 한국전에 참전한 에브게니 페페라에프 제196전투비행연대장의 증언과 소련 국방부 비밀문서에 의하면 소련 공군은 335대의 비행기를 잃었다고 한다.[12]

아르촘 산지예프와 엘레나 김이 2013년 7월 27일 'Russia 포커스'에 특별 기고한 글에는 한국전쟁에 소련 공군의 대공포부대로 참전한 야누스 카노프의 증언이 있다.[13] 그는 1952년 8월 레닌그라드 근교의 푸시킨전파공학전문학교를 마치고 중위로 임관한 후 수풍수력발전소 방어를 맡은 제10고사조명연대에 배치됐다. 그 후 그는 평양 인근 마을에 배치되어 남한에 있는 23개 비행장을 감시하는 일을 맡았다. 그의 회고는 다음과 같다. "우리는 미군 비행기들의 접근을 최대한 신속

11　소련 측 자료에 따르면, 3년간 소련 공군의 피해는 비행기 335대 격추, 조종사 최소 120명, 저격병(gunners) 68명의 사망이다. 같은 자료에서 미군기의 피해는 약간 부풀려진 것이지만, 공중전으로 1,100대, 대공포로 150대, 합계 1,250대로 집계되었다. Smirnov, A., 2013, "Memoirs of a covert Soviet soldier in the Korean War," July 26, 2013, Artofwar.ru.

12　미래한국, 2012년 6월 22일. futurekorea@futurekorea.co.kr

13　russiafocus.co.kr/society/2013/07/27/42585.

하게 통보하기 위해 전진 배치돼 있었습니다. 미군 비행기가 이륙하기가 무섭게 우리는 이 정보를 아군 비행장으로 즉각 전달했습니다. 하루에 비행기 400~500대가 지나갔습니다."[14]

한국전쟁에서 전사한 소련군은 모두 뤼순과 진저우에 묻혔는가? 정확한 것은 아니나 한국전쟁에 참전했던 멜테시노프Nikolay Melteshinov의 증언에 따르면, 소령급 이상은 소련으로 보내졌고 다른 군인들은 '다롄 묘지'에 묻혔다고 한다.[15] 뤼순 묘지에서 한국전쟁 전사자들의 묘지는 묘역 하단부에 조성되어 있다. 이들을 소련이 아닌 뤼순에 묻은 이유를 소련군이 참전 사실로 비밀로 하기 위한 방편으로 해석하는 경우도 있다. 이들이 어떻게 그곳으로 운구되어 묻혔는지에 관한 정보는 아직 없다. 소련군 병사나 장교들의 묘비에는 붉은 별이 장식되어 있고 전투영웅으로 지정된 사람들의 묘비에는 노란 별이 세워져 있다.

전투영웅으로 뤼순 묘지에 묻혀 있는 사람 중에 공군 대위 스텔마크Yevgeny Stelmach가 있다. 그는 1951년 6월에 참전하여 곧 전투영웅이 되었으나 전사했다. 1989년 6월 25일, 한국전쟁 발발 39주년에 비로소 소련 국방부의 기관지 『붉은 별Red Star』에 제64비행군단의 참전 사

---

14   russiafocus.co.kr/society/2013/07/27/42585.

15   Smirnov, A., 2013, "Memoirs of a covert Soviet soldier in the Korean War," July 26, 2013 Artofwar.ru. 제2차 세계대전에 참전한 바 있는 멜테시노프(Nikolay Melteshinov)는 1952년 10월 76밀리 대공포부대의 성원이 되어 국경 마을 그로데코보(Grodekovo)에서 소련군 장교복을 중국군 군복으로 갈아입고 참전했다. 다롄으로 가서 한 달간 훈련 후에 부대 본부가 안동으로 이동했다. 여기에서 소련의 전설적 비행사 코제두프(Ivan Kozhedub)가 중국군 및 북한군 조종사들에게 미그15기 조종 훈련을 시켰다.

그림5 소련 전투영웅 스텔마크의 묘비(뤼순)

실과 전투영웅 스텔마크 대위에 관한 기사가 보도되었다.[16] 그는 거의 40년간의 침묵 끝에 소련군의 참전 사실이 최초로 보도될 때 그 주인공이 된 셈이다. 그는 벨루로시 파일럿의 역사에서 최초이자 유일하게 28세에 금성훈장을 받은 공군 조종사였다. 1951년 3월 26일 그가 속한 303부대는 선양 비행장으로 간 후 미야구Myaugou 비행장으로 재배치되었으며, 미 공군과의 최초 전투는 1951년 5월 28일에 이루어졌다. 이 부대는 8명의 파일럿과 15대의 미그15기를 잃었으며, 미군 비행기 92대를 격추했다. 1952년 2월 24일 이 부대는 러시아로 귀환했지만, 그는 죽어서 뤼순으로 갔다.

---

16 HEROES "Normandy-NEMAN" You must know and remember all(pilotforums.net 2014.12.10).

노란 별로 장식된 묘비의 또 다른 주인공인 사하로프는 6대의 비행기를 격추시켜 전투영웅이 되었다. 드물기는 하지만 묘지 조성 후 동료 군인들이 단체로 방문하여 찍은 사진이 있고, 1990년대 이후 유가족들이 오랫동안 잃어버렸던 가족 성원을 찾아 이곳 묘지를 찾아오기도 했다. 장대현은 결혼 직후 참전했다가 사망한 장교의 부인 루드밀라가 이곳을 찾아온 이야기를 길게 설명해주었다. 근래에는 이들의 묘지 앞에 꽃이 놓이는 경우가 증가하고 있는데, 이는 이 묘지가 러시아에서 완전히 잊힌 것이 아님을 말해준다.

Ⅳ. 소련군 철수와 기념비 건립

1. 묘지와 기념비의 조성

소련군의 다롄 점령기에 관한 대부분의 연구는 1945년부터 1949년까지의 시기에 초점을 맞추고 있어서 뤼다지구에 주둔한 소련군의 한국전쟁에서의 역할이나 1955년 소련군의 철수와 이를 기념하는 기념비 건립에 대한 연구는 이시이 아키라의 언급(2005)을 제외하면 거의 없다.

오늘날 다롄에는 세 지역에 소련군 묘지와 기념비가 분포되어 있다. 묘지는 뤼순, 다롄 칭윈지에靑雲街, 진저우에 있다. 이 지역에는 1945년 이전부터 러시아인 및 소련인의 묘지가 존재했고, 1945년 이후 소련군 점령 시기에 사망한 사람들의 유해가 추가되었다. 그중에서 가장 규모가 크고 오래된 묘지는 뤼순에 있으며, 여기에는 격식을 갖춘 소련군 추모탑과 추모 동상들이 세워져 있다.[17]

---

17 격식을 갖춘 소련군 묘지와 추모탑은 베를린 트렙토(Treptow)에 있는 것이

그림6 구 러시아묘지의 정문

　뤼순의 소련군 묘지의 기원은 1898년 러시아가 최초로 다롄을 조차했을 때로 거슬러 올라간다. 원래 이 묘지는 현재의 소련군 능원의 좌측(서쪽) 상단에 조성되어 있었고 정문이 현재와는 다른 방향으로 나 있었다. 조차기에 사망한 사람들의 묘지 사이로 러일전쟁에서 사망한 군인과 가족들의 묘지가 뒤섞여 있고, 러일전쟁 이후 일본군이 러시아 병사들의 묘지를 조성하기도 했다. 일본군이 조성한 기념비는 규모가 큰데 1907년 일본 정부가 건립했다는 표식이 있고, 묘지에는 십자가에 한자로 '露兵之墓'라고 새겨져 있다. 러시아 제국 시기에 조성된 묘지에는 러시아정교의 십자가 표시를 한 대리석 묘비들이 많이 서 있고, 러시아인뿐만 아니라 유대인이나 그 밖의 서양인들도 소수이지만 묻혀 있다. 이 묘지의 표지판에 따르면, 이 시기에 여기에 묻힌 사

대표적이다. 묘역 입구에 정문이 있고, 중간에 추모 동상들이 세워져 있으며, 그 안에 위계적으로 묘지들이 배치되어 있다. 묘역의 맨 윗부분에 대형의 소련군 동상이 세워져 있다. 이에 관한 자세한 내용은 Köpstein, 2006 참조.

　다롄연구: 초국적 이동과 지배, 교류의 유산을 찾아서

그림7 일본정부가 세운 러시아군 추모비

람은 1만 4,873명이었다.

소련은 제2차대전의 막바지였던 1945년 8월, 동아시아 전쟁에 개입했다. 소련은 이 전투를 원동遠東 전역으로 부르며, 전장은 만주와 내몽골, 북한, 그리고 사할린에 걸쳐 있었다. 소련은 여기에서 사망한 소련군을 1만 2,031명으로 집계하고 있는데, 이들의 묘지는 전장 전체에 조성되어 있다. 뤼다지구의 소련군 묘지는 기존의 러시아묘지에 추가적으로 조성된 것으로, 여기에는 소련군의 다롄 점령 과정에서 희생된 병사들도 묻혀 있지만 점령 기간에 사망한 사람들이 더 많다. 1946년과 1947년에 전염병이 창궐하여 많은 러시아인이 사망했고, 그들 중에는 어린이가 많았는데 그들의 작은 묘지들이 이곳에 많이 분포하고 있다. 한국전쟁에 참전했던 소련군도 다수 묻혀 있다. 이 묘지는 규모가 커서 소련군열사능원으로 불리는데, 1개의 공동묘지와 1,323개의 좌묘에 2,030명이 안장되어 있으며, 군인은 1,400명, 이들의 가족이 630명 이상이라고 소개되어 있다.[18]

---

18 그러나 장대현의 조사에 따르면, 1898년부터 1945년까지의 묘지 529기,

다롄의 칭윈지에青云街에도 러시아인 묘지가 있는데 정식 명칭은 칭윈지에 소군열사묘원이다. 이 묘지는 1898년에 처음 마련된 것으로 보이는데, 일제 지배 하에서도 러시아인 및 외국인 묘지로 사용되었다. 1946년의 전염병에 의한 사망자들이 많이 묻혀 있고, 소련군이 철수한 이후 1956년부터 안장이 정지되었다. 총 612기 중 소련군 병사가 371명, 그 가족이 54명이며, 나머지는 러시아 민간인이거나 기타 외국인이라고 한다.

오늘날 다롄에 속하는 진저우의 난산南山에도 소련군 묘지가 있다. 이 소련군 묘지는 오늘날에는 열사능원이라고 불리지만, 원래 1905년에 조성된 곳으로 러일전쟁(일아전쟁)기념비와 함께 러일전쟁에서 사망한 병사들이 묻혀 있다. 이 묘지에서 뤼순의 묘지와 유사하게 러시아정교의 표시가 있는 묘지석들을 확인할 수 있다. 제정러시아 시기의 묘지는 검은 벽돌을 사용해 이후에 조성된 묘지나 묘비들과 구별된다. 이 묘지에서 약간 떨어진 산 위에는 일본군에 의해 세워진 러일전쟁 승전기념비가 있었는데, 정확하게 언제 파괴되었는지는 알 수 없지만 기념비의 흔적은 남아 있다. 아마도 이 기념비는 소련군 점령 기간이나 문화혁명 기간에 파괴된 듯하다.

진저우의 러시아군 묘지도 소련군의 점령 이후 다시 활용되어 이 시기에 유행했던 전염병에 희생된 어린이들과 함께 사망한 군인이나

1945년 8월 이후 1955년까지의 묘지 1,316기를 합해 총 1,845개의 묘지가 있다. 이 묘지는 많은 경우 군부대나 다른 단위별로 집단 묘지를 포함하므로 전체 관련 사망자들은 이보다 훨씬 많다. 1900년까지 사망자 25개 군, 1904~1905년 러일전쟁기의 1만 5,048명, 1945년부터 1955년까지 2,045명(1945년 170명, 1946~1949년 643명, 1950~1953년 244명의 군인 포함), 총 1만 7,176명이 묻힌 것으로 추산하고 있다.

 다롄연구: 초국적 이동과 지배, 교류의 유산을 찾아서

가족들이 묻혀 있는데, 총 670기의 묘지가 있다. 그중에는 한국전쟁에 참전했다가 사망한 소련군들의 묘지가 포함되어 있다. 군인 및 그 가족들이 1,000명 정도이며, 공유 묘가 637기다.

다롄지역에는 제정 러시아나 소련시기의 소련군과 소련인의 이동의 응결로서의 기념비들이 묘지와 별도로, 때로는 묘지 안에 세워져 있다. 다롄 기념비들의 가장 큰 특징은 중국 동북의 다른 지방도시들과는 달리 기념비의 종류와 디자인이 다양하다는 점이다. 특히 뤼순 시내에는 희생된 군인들을 추모하는 열사기념비 뿐 아니라 해방기념탑, 승리탑, 우의탑이 산재해 있다. 뤼순의 가장 높은 바이위산白玉山 정상에는 일본군이 세운 포탄 모양의 대형 기념비(바이위산탑白玉山塔)가 있는데, 소련군이나 중국 정부가 이를 해체하지 않고 그대로 두었으므로 소련군 기념비들은 항상 이 바이위산탑과 대비되어 혼종적 풍경을 만들어낸다.[19]

다롄이나 뤼순에서 소련군 기념비는 동북 지역의 다른 도시들보다 늦게 건립되었다. 가장 일찍 세워진 것은 다롄의 스탈린광장(현 인민광장)에서 제막식을 했던 승리기념탑이다. 이 탑은 1946년 1월 6일 "일본제국주의를 상대로 한 소련의 승리를 기념하기 위해" 만든 것인데, 1949년 3월 30일 뤼다중소우협旅大中苏友协이 7억원(당시 사용했던 관동 화폐)을 기부해서 1949년 9월 3일의 전승기념일에 다시 세운 듯 하다.[20] 이 승리기념탑은 1953년 3월 진저우 역 앞으로 이전되었고,

---

19 뤼순에서의 대표적인 혼종적 건물은 뤼순감옥으로, 건물의 아래 부분은 러시아인들이 사용한 회색 벽돌이, 윗부분은 일본인들이 사용한 붉은 색의 벽돌이 사용되었으며, 이런 색깔의 혼성은 뤼순과 다롄의 초국적성을 상징하면서 이국적 분위기를 자아내는 원천으로 작용한다.

20 2차대전의 전승기념일은 러시아에게는 5월 9일이지만, 중국에게는 9월 3일이다.

이 빈 자리에 '소련군 열사탑'이 들어서게 된다. 중국 동북 지방의 가장 중요한 도시들인 선양·창춘·하얼빈 등에 소련군이 1945년 11월에 대형 추모 기념비를 세운 데 비해 뤼다지구에는 4년이나 늦게 세웠다. 이를 어떻게 해석할 수 있는가? 필자는 이 기념비들이 3개월 점령 후 철수를 전제한 점령과 30년 주둔을 전제로 한 점령의 차이를 보여준다고 생각한다. 소련군은 자신들이 점령한 도시들의 주요 광장과 거리를 '해방'과 연관시켜 명명했는데, 이는 다롄의 도시들에도 적용된다. 특히 뤼순의 주요 거리는 승리로, 해방로, 우의로 등으로 명명되었으며, 이 명칭은 현재까지도 유지되고 있다.

소련군은 오늘날 다롄으로 편입된 진저우에 1945년 8월 22일 진주하여 위수사령부가 설치하였고, 항일연군 간부를 부사령으로 임명했다. 소련군은 국민당군을 의식하여 그에게 합법적 지위를 부여했는데, 그는 공산당 세력이 강한 농촌에 가서는 팔로군으로 행세했다. 소련군 점령기에 주둔군을 97클럽이라고 불렀다고 한다. 진저우역 앞 광장에서 우측으로 진저우의 소련군 위수사령부(1927년 일본인이 세운 민정서 건물)가 있었고, 그 앞에 다롄에 있던 소련군 기념비를 1953년에 옮겨 세웠다. 이 기념비는 돌벽돌로 되어 있는데, 탑신 상단부에 별이 그리고 그 아래에는 망치와 낫이 새겨져 있다. 여기에는 "1945년 일본 제국주의를 타격하다가 영용하게 희생된 소련군 열사들의 영수불후를 빈다"는 내용이 러시아어로 적혀 있다. 진저우에서도 주요 광장이나 도로를 해방광장이나 해방로 등으로 개칭했는데, 뤼순과 마찬가지로 이 지명은 아직도 사용되고 있다.

다롄의 다른 소련군 기념비들은 모두 소련군의 철수와 관련하여 조성되었다. 소련군 철수와 기념비 건립에 관하여 좀 더 자세히 살펴보자. 소련군의 뤼다지구의 철수, 뤼순 해군기지의 반환은 한국전쟁이 휴전된 이후인 1954년에 결정되었다. 스탈린 사후 소련공산당 제1서기였던 흐루시초프가 1954년 9월 말 중국 건국 5주년을 기념하여 중국을 방문했을 때 중·소 간 대등한 관계를 수립하는 문제와 뤼순 철수문제를 논의했다. 흐루시초프는 이때 중국의 독립국으로서의 지위를 존중하고 외국 군대가 주둔하면 안 된다는 원칙을 확인했다. 그는 뤼순과 다롄을 방문했고 러일전쟁의 격전지였던 203고지를 방문했다. 흐루시초프는 소련군이 철수하기 전에 기념건축물을 만들 것을 지시했다. 10월 12일 중소회담의 성과로 뤼순 해군기지에서 소련군이 철수하고 중국 정부에 완전히 기지를 이관한다는 공동 성명이 발표되었다. 소련군의 철수와 뤼순 해군기지의 설비를 중국에 이전하는 것은 1955년 5월 31일 이전까지 이루어진다고 합의했다. 상호호조조약의 명분이었던 일본의 위협론은 언급되지 않았다.

이에 따라 중국 국무원과 중앙군사위원회는 회의를 개최하여 소련군으로부터 기지를 반환받고 뤼순 해군기지를 건설하는 문제에 대해 연구하고 조치를 취하기 시작했다. 1955년 초 중소연합군사위원회가 성립되었다. 다롄 주재 소련군 사령관 베로보드로프 대장과 중국 국방부 부부장 겸 해군사령관 샤오진광이 협상 책임을 맡았고, 외교부장을 겸임하고 있던 저우언라이는 반환 업무를 총지휘했다. 국무원은 부총리 겸 국방장관인 펑더화이彭德懷를 단장으로 하고, 쑹칭링宋慶齡·허룽賀龍·궈모뤄郭沫若·녜룽전聶榮臻 등을 부단장으로 하는 위문단을 뤼순에 보내어 소련 장병을 위문했다. 4월 15일 중소연합군사위원회는 '랴오둥반도협의지구 해군방어업무인수인계증서'에 서명했다. 5월 3일 국무원은 나회생羅會生과 팽림彭林을 뤼순기지의 사령관과 정치위원으로 임명했다. 이로써 뤼순은 60년 만에 중국의 주권이 미치는 영토가 되었다.

뤼순에 있는 승리탑의 공식 표지판에 따르면, 1955년 1월 30일 소련 정부는 자신의 재원으로 뤼순 전승탑, 추모탑, 러시아 시기의 태평양함대 사령관 마치로프 중장 기념비, 둥지관산東鷄冠山 뤼순 요새 사령관 기념비 등의 건립을 중국 정부에 통보했는데, 중국 정부는 이 가운데 러시아 시기를 기념하는 것은 침략을 정당화하는 것이라고 거부했다고 밝히고 있다. 중국 정부의 입장이란, 1955년 2월 17일 저우언라이가 소련의 유진 대사를 만났을 때 소련군 철수 전에 이를 기념하는 기념비를 세우는 것은 충분히 이해하지만 중국 영토에 러일전쟁 기념비를 세우는 것은 제국주의 전쟁을 기념하는 것이어서 적합하지 않다고 말하면서 소련 공산당 중앙에 그 뜻을 전달할 것을 주문했다는 것이다. 이때 저우언라이는 소련군 승리탑과 소련군 진망장사기념탑陣亡將士記念塔(추모탑)은 중국의 부담으로 건립하기로 했다고 통보했다. 소

그림8 1955년에 세워진 뤼순해방기념탑과 승리탑(동북해방기념탑)

  다롄연구: 초국적 이동과 지배, 교류의 유산을 찾아서

련은 이를 받아들여 러일전쟁 기념물 건축을 취소하고, 소련군 열사탑, 중소우의탑, 중소우의기념비를 건축하는 것으로 바꾸었다.[21] 소련군은 약속대로 1955년 5월 26일 뤼순 해군기지에서 완전 철수했다.

소련군은 철수하기 전인 5월 7일 다롄시의 스탈린광장(현 인민광장)에서 소련군열사기념탑을 제막했다. 이 기념탑은 양쪽 벽면을 배경으로 하여 중앙에 한 명의 소련군 병사가 가슴에는 훈장을 달고 총을 들고 서 있는 모습이다. 이 소련군열사기념탑에는 1953년에 쓴 비문이 새겨졌다. 이 비문은 '영원한 영광'이라는 제목 하에 "1945년 영용한 소련 군대는 독일의 파시즘 군대를 분쇄하고 동방으로 방향을 바꾸어 중국 동북 지방에서 일본 제국주의의 정예 관동군을 일거에 섬멸하고 중국 인민의 항일전쟁을 최후의 승리와 세계 인민의 위대한 반파시즘 전쟁을 승리로 끝내도록 이끌었다. 세계 평화와 인류의 자유와 존엄을 지킨 소련 군대는 길이 남고, 일본 제국주의를 격퇴하는 과정에서 희생된 소련군 열사들은 영원하라. 중·소 양국의 형제적 우의 만세,

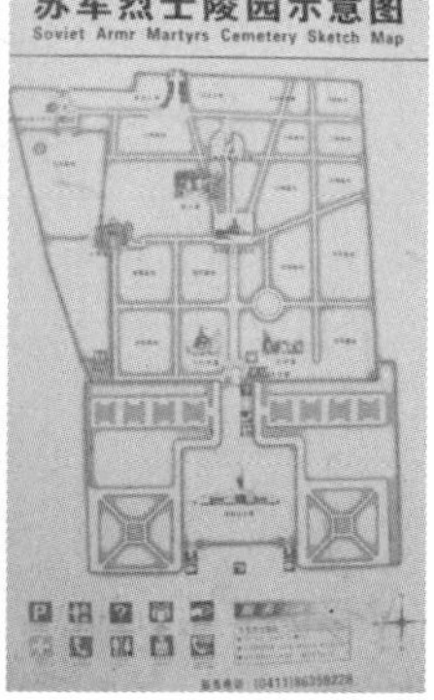

그림9 뤼순 소련군묘지의 추모탑과 안내표지판

---

21 朱瑞眞, 「1954年 赫魯曉夫訪華」, 『中共黨史資料』, 2003年 第2期, 102頁(石井明, 2005: 236).

1953"이라고 적었다. 또한 기단의 좌측에는 소련군 진주 당시 중국 인민들이 환영하는 모습을, 우측에는 소련군을 환송하는 모습을 부조로 만들었다. 주민들이 환영하는 모습으로 중국의 소녀들이 소련군 비행사나 탱크병에게 꽃을 선물하는 장면, 소련군 병사가 중국의 어린이를 안아 올리는 장면들이 새겨져 있고, 환송하는 모습은 소련군이 다롄의 재건을 도와 건설한 농장이나 공장을 배경으로 하고 있다. 이 기념상은 누가 설계했는지 밝혀져 있지 않지만 중국의 조각가들이 이를 만들고 있는 사진이 남아 있다.

뤼순 바이위산 아래의 우의공원에는 '소련홍군 뤼순해방기념탑'이 1955년 5월 24일에 세워졌다. 이 기념탑의 탑관塔冠은 붉은 별이고, 탑신의 하반부에는 망치와 낫을 표현한 소련기와 랴오둥반도의 지도가 그려져 있으며, 그 아래쪽 좌측에는 러시아어 그리고 우측에는 중국어로 전체 뤼순 인민의 이름으로 된 "일본 제국주의의 노예상태에서 해방시킨 뤼순의 소련군에게 감사한다"는 헌사가 새겨져 있다.

뤼순 소련군 묘지(능원)의 홍군열사기념탑은 철수 직전인 1955년 5월 24일에 건립되었다. 묘지가 능원으로 단장되어 있고, 15미터 높이의 12각형 화강암雪花石으로 된 탑신은 소련식 문양으로 매우 아름답게 만들어졌는데, 탑관에는 금빛별이 장식되었다. 열사기념탑의 좌우로 소련군 육군병사와 해군병사가 각각 소련 깃발을 들고 무릎을 꿇고 희생자들을 추도하는 모습의 조각상이 배치되어 있다. 이 조각상들은 1949년에 조성된 베를린 트렙토Treptow의 소련군 묘지 입구 좌우에 배치되어 있는 청동상과 유사한 분위기를 만들어내지만, 형태는 약간 다르다.

뤼순에 있는 승리탑, 정확하게 말하면 '소련홍군 동북 해방 전승탑'은 1951년 9월 15일 기초공사를 시작하여[22] 1955년 9월 3일 전승 10

---

22   이를 기념했던 작은 표지석이 뤼순 소련군기념관에 진시되어 있다.

주년을 기념하여 낙성식이 이루어졌다. 이를 보면 1955년에 건립된 소련군 기념비들이 모두 1955년에 만들어지기 시작한 것은 아님을 알 수 있다. 이 전승탑은 아래 기단, 중간의 탑신, 상층의 탑관의 3층 구조이며, 탑관은 황금색 뿔형으로, 맨 상층부에 금빛별을 벼이삭으로 둘러싸고 있는 장식이 있는데, 벼이삭은 우의를, 별은 승리를 상징한다고 설명되어 있다. 이 전승탑은 높이 45미터로 기반에 오각형의 기둥들이 세워져 있고, 탑신은 육각주이며, 탑관은 뾰족한 15미터의 뿔형으로 되어 있다. 탑신의 상부에는 러시아로, 하부에는 중국어로 "1945년 8월부터 9월에 영용적 소련 무장역량이 중국 무장역량과의 배합하에 일본 제국주의의 정예부대 관동군을 분쇄하고 일본 침략자들의 손에서 중국 동북을 해방했다"고 적힌 동판이 붙어 있다. 이 탑의 남쪽 측면에는 "소·중 양국 인민의 위대한 우의 만세", 동북 측면에는 "일본 제국주의에 승전을 거두고 원동의 평화를 지킨 소련 인민과 그 무장역량에게 영광이 있기를"이라고 새겨져 있다. 이 탑을 설계하거나 조각한 사람은 밝히지 않았다. 이 탑의 제막식에서는 탑신에 마오쩌둥과 소련 임시 서기장이었던 푸얼카니의 초상을 걸었고, 중국 국방부 부장副長 소극蕭克과 소련 원동군 대표 시메로프 소장, 그리고 약 3,000명의 시민이 참석했다.

뤼다지구에서 마지막으로 건립된 것이 중소우의기념탑(인민우의탑)이다. 이 탑은 1955년 2월 23일 기공식을 거행했는데, 기초 기념비를 저우언라이가 썼으며 쑹칭링과 펑더화이가 참석했다. 우의탑은 이로부터 2년 후인 1957년 2월 14일에 낙성했다. 우의탑은 탑두에 금빛으로 장식된 비둘기가 있고, 그 아래로 왼편에는 소련, 오른쪽에는 중국을 상징하는 깃발을 새긴 연꽃형 조각이 있으며, 이를 떠받치는 12면체 기둥 형식의 대리석으로 몸체를 구성했다. 비문은 저우언라이가 기초했다. 탑의 높이는 22.2미터이고, 정방형의 이중 계단식 구조

그림10 중소우의탑과 여기에 새겨진 조선족 처녀

로 둘레의 길이는 22미터다. 둘레석은 새와 모란 문양의 장식돌로 네 기둥에 각각 21개씩 쌓여져 있다. 탑좌는 정방형으로 5미터 높이이고, 각 면이 4.6미터로, 남쪽 정면에는 꽃 위에 천안문과 크렘린궁이 함께 새겨져 있고 하늘을 날고 있는 새의 모습이 새겨져 있다. 동쪽 면에 안강鞍鋼의 철강 고로, 서쪽 면에 중소우의농장에서 곡식을 기계로 수확하는 장면, 북쪽 면에 뤼순 승리탑이 새겨져 있다. 탑신은 12면 입주형으로 높이는 12미터다. 탑신 아래 부분에 중·소 우의의 모습이 부조되어 있는데, 중국 인민 중에는 조선인, 위구르인 등 소수민족들이 새겨져 있고, 소련인이 아코디언을 연주하고 조선족 처녀와 소련 처녀가 함께 춤을 추고 있는 모습이 부조되어 있다. 중국 국무원은 중소우의기념탑을 1961년 3월 4일 전국중점보호문물단위로 지정했으며 이 우의탑의 주변을 보호지구로 정하여 보존하고 있다.

이처럼 중국과 소련은 뤼다지구에서의 소련군 점령 10년을 기념비의 건립을 통해 기념하고 이를 오랫동안 기억하려고 했다. 소련군은 러일전쟁 시기부터 50년의 역사를 보존하려고 했지만, 중국은 10년의 역사만을 기념 대상으로 했다. 그러나 소련군은 이 기념비 건립을 통해 전승군·해방군·우의군이라는 3중적 이미지를 형상화하는 데 성공했고, 중국은 적어도 1950년대에는 이를 수용했다. 이런 기념비 모델은 곧바로 한국전쟁 종료 후 5년 만에 철수한 중국군에도 적용되었다. 중국과 북한은 1958년 중국 인민지원군의 북한 철수에 맞추어 평양에 우의탑을 건설하기로 합의하여 이듬해에 건립했다. 그러나 소련이 뤼순에 전승탑을 세웠던 것과는 달리, 중국 정부는 전승탑은 북한에 세우지 못하고 1993년 자신의 영토인 단둥에 이를 세워 기념했다(정근식, 2015).

2. 기념비의 이전과 뤼순 소군기념관의 개설

우의를 다짐하며 소련군이 뤼다지구에서 철수했지만, 1960년대 문화대혁명 이래로 중국과 소련의 대립이 격화되면서 중소우호동맹 상호원조조약은 유명무실화되었고, 마침내 1979년 4월 중국은 1980년 4월의 기한 만료 후 본 조약을 연장하지 않을 것을 결정했다. 이곳의 소련군 묘지와 기념비들도 문화혁명 시기에 방치되었고, 다롄의 인민광장에 있던 소련군 동상에 붙어 있던 훈장이 훼손되기도 했다. 그러나 1979년 5월 14일 다롄시 정부는 인민광장의 소군열사기념비와 뤼순의 소군열사기념탑을 시급문물단위로 지정했다.

아이러니하지만 탈냉전과 함께 러시아와 중국의 관계는 점차 회복되기 시작했다. 1980년대 후반부터 다롄의 소련군 묘지와 기념비들은 다시 정비되기 시작했다. 1988년 뤼순 소련군 능원은 랴오닝성 정부에 의해 성급문물보호단위로 지정되었다. 1990년대부터 러시아의 유족들이 산발적으로 이들의 묘지를 찾기 시작했다. 1993년 3월 다롄시 정부는 진저우의 소련군 묘지를 러일전쟁 유적지와 함께 시급문물보호단위로 지정했다. 소련군 기념비는 진저우역 앞 도로를 확장하면서 길옆에 노출되었는데, 진저우 시민들이 이를 '불길한 일이 일어날 징조'로 해석하면서 불안해했기 때문에 1993년 이 기념비를 난산에 있

그림11　진저우 소련군기념비와 뤼순 소련군묘지 앞으로 옮겨진 다롄 소련군기념비

는 소련군 묘지 앞으로 옮기고 작은 전시관을 마련했다.

가장 큰 변화는 보시라이薄熙來가 다롄시장으로 재임하던 1999년 4월 10일, 인민광장의 소련군열사기념비를 뤼순으로 옮긴 것이다. 기념비를 둘러싸고 있던 외부 벽은 인민광장에 그대로 남겨두고 뤼순 소련군 능원 앞으로 소련군 동상을 포함한 기념비를 옮겼는데, 2007년 4월 에스토니아 탈린에서 발생했던 청동 군인상 이전에 대한 저항 같은 논란은 일어나지 않았다.[23]

23　이를 2007년 에스토니아 탈린의 소련군 병사상(청동 병사상) 이전과 비교하면 흥미롭다. 중국에서는 하얼빈역의 소련군 기념비를 해체했고 선양의 소

2001년 옐친 전 러시아 대통령이 뤼순의 소련군 묘지를 방문했고, 메드베데프는 부총리였던 2006년과 대통령이었던 2010년 두 차례 그곳을 방문했다. 2010년 메데베데프의 방문은 특별한 의미를 지닌다. 2008년부터 러시아의 기금을 바탕으로 하여 뤼순의 소련군 능원 정비와 함께 열사기념비의 하단에 있는 넓은 공간을 활용해 '뤼순 소군기념관'이 만들어졌기 때문이다. 이 소련군 능원은 2008년부터 2010년까지 '안드레이 스코치Andrei Skoch(安德烈-斯科奇) 인문기금회'[24]에 의해 대대적으로 정비되었다. 러시아 측 보고서(Charity foundation 'Pokolenie', 2011)에 따르면, 이 재단은 해외에 있는 러시아의 유산을 보존하고 홍보하는 것을 목적으로 활동한다.

2010년 9월 메드베데프 대통령은 뤼순에 있는 옛 소련군 병사 묘지를 방문한 데 이어 제2차 세계대전에 참전했던 중국과 러시아 양국의 퇴역 군인들과 면담했다. 메드베데프 대통령은 이 자리에서 일본과의 영토 분쟁을 언급하면서 "(중·러 양국은) 함께 다음 세대의 (전쟁의) 기억에 대해 우려해야 한다"며 "모든 역사적 사건을 왜곡하는 것은 용납하지 않겠다. 제2차 세계대전의 사건에 대해 진실을 주장하지 않으면 안 된다. 역사적 사실을 왜곡하려는 자세가 존재하고 있다"고 말했다.

련군 기념비를 기차역 광장에서 교외의 소련군 묘지로 이전했는데, 이에 대한 사회적 반발이 없었다. 그러나 탈린에서는 여기에 거주하는 러시아인들을 중심으로 큰 반발이 일었다. 이를 본다면, 기념비의 정치에서 발생하는 저항운동은 그 주체가 되는 소수자집단으로서의 러시아인의 존재가 중요한 변수임을 알 수 있다.

24 러시아에서는 이를 재생 자선재단(Charity foundation 'Pokolenie')으로 표기했다.

새롭게 정비되어 개관한 뤼순 소련군기념관은 다롄 근대박물관보다 소련군 주둔 시기를 훨씬 더 구체적으로 보여주고 있다. 이 기념관의 전시는 크게 5단원으로 구성되었는데, 제1단원은 반파시즘 전쟁 승리의 서광으로 얄타회담·포츠담회담 등을 전시하고 있다. 제2단원은 소련군의 대일 선전포고와 8월 9일부터의 전투를 전시하고 있는데, 여기에는 소련군의 '동북 전역戰役' 양상을 밝히고, 얄타회담에 의거하여 소련은 원동에서의 이익을 고려하여 참전했다고 밝히고 있다. 소련군 최고 지휘자들의 사진과 함께 소련군의 '동부 전역 출병 경로'를 보여주는 지도, 소련군이 중국 도시들, 예컨대 무단장牧丹江이나 하얼빈 등을 해방시키는 장면을 담은 사진 등이 전시되어 있다. 물론 8월 22일의 다롄 해방 장면으로 잘 알려진 사진이 전시되어 있는데, 이 사진은 다롄 시민이 소련군 탱크부대를 환영하면서 탱크 위에 올라가 환호하는 장면을 담은 것이다. 8월 23일 다롄에서는 대규모 환영식이 열렸다. 제3단원은 우호합작을 주제로 한다. 소련군 점령기에 공업, 농업, 학교교육, 의료 등 여러 방면에서 진행된 소련군의 중국인에 대한 원조와 기술교육 등을 밝히는 사진으로 구성되어 있다.

제4단원은 소련군 철수에 관한 것이다. 소련군은 1955년 5월 1일 철수를 시작하여 5월 26일에는 육·해·공군 장교와 병사들의 철수를 완료했다. 이를 환송하는 중국인의 모습을 전시했다. 철수하는 소련군을 환송하는 장면을 그린 대형 그림도 전시했다. 제5단원은 영구적 기억懷念이다. 소련 홍군의 공적을 기념하고 양국 간 우의를 발전시키고 공고하게 만들기 위해 '열사능원'과 열사기념탑, 해방기념탑, 승리기념탑, 우의탑 등을 세우는 과정을 전시하고 있다.

뤼순 소련군 묘지는 2009년부터 2012년에 걸쳐 정비했고 2015년에 다시 수리했다. 진저우의 소련군 능원 앞으로 옮겨진 소련군 기념

비는 2014년 9월에 정비되었고,[25] 묘지와 전시관은 2015년 7월 방문
당시에 정비 중이었다. 2015년 7월 다롄 칭윈지에의 소련군 묘지는 새
로 정비되고 있었지만 인근 지역은 대규모 개발로 과거의 경관이 사라
졌다.

Ⅴ. 맺음말

한국 현대사 연구에서 다롄 지역에 대한 관심은 크지 않았지만, 최근
의 동아시아 냉전사의 맥락에서 바라본다면, 뤼순을 포함한 다롄은 매
우 중요한 지역이다. 근대 한국과 중국의 운명을 가른 청일전쟁(1894
년 동북아시아전쟁)과 러일전쟁은 공통적으로 한반도와 랴오둥반도를
전장으로 했다. 정확하게 말하면 동아시아 지역 전쟁의 전장은 한국에
서 시작되어 중국의 랴오둥반도로 연장·확산되었다. 청일전쟁 패배
후 조선의 주권이 심하게 위태로워졌지만, 삼국간섭으로 잠시 숨을 고
를 수 있었던 1898년 랴오둥반도의 끝 다롄을 점령한 러시아군이 대
안의 산둥반도에 있던 독일군과 영국군을 겨냥하고 있었다.

　1945년 제2차 세계대전의 마지막 국면에서 소련군은 이 지역에 다
시 들어왔고, 미군은 필리핀과 오키나와를 거쳐 일본과 한국에 들어왔
다. 냉전이 뚜렷해지면서 다롄의 소련군은 중국 내전의 운명을 좌우하
는 '혁명의 근거지'를 중국 공산당에게 제공했지만, 그들의 시선이 단

25　진저우 소련군 묘지가 정비됨에 따라 2014년 9월 3일 중국의 전승기념일에
　　부외상 청궈핑(程國平)과 다롄 부시장 취샤오페이(曲曉飛), 그리고 주중 러
　　시아 대사 안드레이 데니소프(Andrey Denisov)가 참석한 가운데 기념식을
　　열었다.

지 중국 내부로만 향하고 있었을까? 1950년 6월 한국전쟁이 발발했을 때 미군이 다롄의 소련군을 의식했던 것처럼 소련군 또한 멀리 황해를 가로질러 오키나와의 미군 기지와 일본의 동향을 굽어보고 있었고, 결국 이들은 공군과 해군뿐만 아니라 공병, 포병, 레이다병 등을 움직였다. 이들의 흔적은 뤼순과 진저우의 소련군 묘지에 남아 있었지만, 우리는 그것을 최근에야 확인할 수 있었다. 동아시아 냉전사에서 소련군의 다롄 점령 10년은 재평가될 필요가 있다. 그것은 냉전 형성기에 남쪽의 오키나와를 굽어보면서, 북쪽 극pole으로서 위치했기 때문이다.

다롄의 소련군 묘지와 기념비들은 중국의 근대가 현재로 전환되는 길목에 있었던 대사건들의 기억의 창고이자 초국경적 이동과 월경의 힘들을 특정한 시공간에 고정시키고 결정화한 흔적들이다. 이들에 대한 사회사적 연구는 이제 조금씩 진전되고 있지만, 이들을 설계하고 건축한 사람들의 미학적 기술과 세계관은 아직 베일에 싸여 있다.

다롄의 소련군 묘지와 기념비들은 시간에 따라 다른 의미를 만들어냈다. 다롄의 소련군 묘지는 다른 곳과는 달리 제정 러시아 시기에 조성된 묘지 위에 추가된 것이다. 그럼에도 불구하고 이들은 소련군의 '희생'을 물적으로 보여주는 증거이자 '해방군'으로서의 의미를 생산하는 근거지다. 이 도시의 기념비들은 1945년 11월에 세워진 다른 도시의 기념비들과는 달리 주로 소련군 철수와 관련하여 1955년을 전후로 세워졌다. 이들은 단지 추모와 해방뿐만 아니라 승전과 국제적 우의를 드러내는 특정화된 기념비들이다. 이들이 자리 잡고 있는 장소의 의미는 변화하고 그 중요성은 양국 관계의 변화에 따라 부침한다. 오늘날 전반적으로 기념탑보다는 묘지를 더 중시하는 경향이 있지만, 소련군 묘지와 기념비들은 러시아와 중국 간 우의의 장소로 선택되고 확인하는 장소가 되었다.

    다롄연구: 초국적 이동과 지배, 교류의 유산을 찾아서

다롄 지역의 소련군 묘지와 기념비들은 세계적 시각에서의 비교연구를 자극한다. 동북아시아에서 소련군의 유해는 북한과 중국, 사할린, 몽골에 흩어져 있고, 유럽에서는 오스트리아와 독일을 비롯하여 불가리아, 헝가리, 폴란드와 발틱 3국에 광범하게 흩어져 있다. 세계적 질서를 주형화한 창법적 폭력의 하나로서의 소련군의 흔적은 탈냉전 이후에도 의연하게 살아남아 있을 뿐만 아니라 그것을 둘러싼 논쟁은 70년 전에 형성된 세계질서가 언제 어디서 그리고 어떻게 부식腐蝕되고 있는가를 보여주는 시험지라고 할 수 있다.

2007년 에스토니아 탈린의 '청동 병사' 논쟁(Kattago, 2009), 그리고 2011년 이후부터 지속되고 있는 불가리아 소피아의 소련군 기념비에 대한 희극적 조롱(Ivanova, 2014)과는 달리, 북한과 중국에서 이들이 오히려 더 중시되고 있는 상황은 무엇을 의미하는가? 동유럽과 동아시아의 민족국가 형성의 시기나 경로의 차이인가, 아니면 탈냉전이나 신냉전의 지정학적 차이인가? 좀 더 숙고해보아야 할 문제임에 틀림없다.

참고문헌

강진아, 2008, 「중국과 소련의 사회주의 공업화와 전후 만주의 유산」, 한석정·노기식 편, 『만주, 동아시아 융합의 공간』, 소명출판.

김덕중, 2006, 『소련군의 한국전 참전』, 경기대학교출판부.

김동길, 2010, 「1945-1950년 중·미관계와 "중국 상실론" 비판」, 『東洋史學研究』第111輯, 267-311쪽.

서양중, 1989, 「1945년 중소우호조약과 외몽고독립승인」, 『중소연구』, Vol.13(1), 45쪽.

선즈화, 2014a, 『조선전쟁의 재탐구: 중국·소련·조선의 협력과 갈등』, 김동길 역, 선인.

선즈화, 2014b, 「극동에서 소련의 전략적 이익보장: 한국전쟁의 기원과 스탈린의 정책결정 동기」, 『한국과 국제정치』, Vol.30(2), 1쪽.

이지연, 2008, 「기념비와 스탈린 신화: 권력의 재현적 공간으로서의 소비에트 예술과 삶」, 『러시아문학연구논집』 29, 343-375쪽.

정근식, 2014, 「중국 갑오전쟁기념관에서 보는 청일전쟁과 동학농민혁명: '1894년 동북아시아전쟁'의 개념화를 위하여」, 『아시아리뷰』 4-1, 서울대 아시아연구소, 39-71쪽.

정근식, 2015, 「냉전과 소련군기념비: 중국과 북한에서의 형성, 분화, 영향」, 『아시아리뷰』 5-1, 서울대 아시아연구소, 195-230쪽.

정형아, 2015, 「同盟에서 提訴로: 중화민국의 소련제소안 내용연구」, 『歷史와實學』第57輯, 309-354쪽.

정형아, 2008,「전후 중공의 동북지역 선점과 ‘동북항일군’의 역할」, 『歷史와實學』第37輯, 315-340쪽.

한석정·노기식 편, 2008,『만주, 동아시아 융합의 공간』, 소명출판.

江夏由樹 等編, 2005,『近代中國東北地域史研究の新視角』, 東京: 山川出版社.

唐戈, 2010,『俄羅斯文化在中國』, 北方文藝出版社.

栾景河·李福生, 2004,「中苏友好同盟条约与中苏友好同盟互助条约之比较」,『当代中国史研究』第11卷 第2期, 94-103頁.

李嘉谷, 1998,「关于1941年苏日签订中立条约谈判的新揭秘档案」,『世界历史』第5期, 83-98頁.

马维颐·胡凤斌, 1995,「苏联红军出兵东北的战略特点及意义」,『北方文物』3, 6-11頁.

徐焰, 1993,『蘇聯出兵中國東北紀實』, 香港: 天地圖書.

徐焰, 1993,『一九四五年 滿洲進軍: 日そ戰と毛澤東の戰略』, 朱建榮 譯, 東京: 三五館.

石井明, 1990,『中ソ關係史の研究: 1945~1950』, 東京: 東京大學出版會.

石井明, 2005,「제2차 대전 종결기의 중소관계: 뤼순·다롄 문제를 중심으로」, 江夏由樹 等編,『近代中國東北地域史研究の新視角』, 東京: 山川出版社.

石井明, 2012,「書評: 鄭成,『国共内戦期の中共·ソ連関係—旅順·大連地区を中心に』」,『アジア研究』58(1·2), 107-110頁.

松村史紀, 2012,「滿洲國崩壞後の東アジア: 二つの中ソ同盟からの考察」,『만주연구』제13집, 73-101쪽.

沈志華, 2002, 『蘇聯歷史檔案選編』, 社會科學文獻出版社.

沈志華, 2007, 『毛澤東, 斯大林與朝鮮戰爭』, 廣東人民出版社(선즈화, 2010, 『마오쩌뚱, 스탈린과 조선전쟁』, 최만원 역, 선인).

沈志華 編, 2003, 『朝鮮戰爭 : 俄國檔案館的解密文件』, 臺北: 中央研究院近代史研究所.

沈志華 主編, 2011, 『中蘇關係史綱 1917-1991』, 社會科學文獻出版社.

安峰熠, 2002, 「朝中友谊塔」, 『东疆学刊』第19卷 第4期, 38頁.

楊奎松, 2010, 『'中間地帶'的 革命-國際大背景下看中共成功之道』, 山西人民出版社.

杨静水, 2007, 「苏联红军公墓在国外」, 『环球军事』15, 19-21頁.

杨昌, 2005, 「苏联红军出兵东北内幕揭秘」, 『世纪桥』9, 64-67頁.

汪朝光, 2004, 「戰後旅大接受問題交涉研究」, 『中俄關系的曆史與現實』, 河南大學出版社.

汪朝光, 2010, 『1945-1949 國共政爭與中國命運』, 社會科學文獻出版社.

王眞, 2003, 「中蘇戰略同盟與旅大」, 『中共黨史資料』第2期, 110頁.

张天怡·朱琳, 2013, 「苏联的三座卫国战争纪念碑」, 『公共艺术』第4期, 86-93頁.

田志和, 2009, 『碑陵的震撼』. 吉林人民出版社.

田志和 編, 2010, 『永恒的悔念: 中國土地上的蘇聯紅軍碑塔陵園』, 大連出版社.

鄭成, 2012, 『国共内戦期の中共·ソ連関係ー旅順·大連地区を中心に』, 御茶の水書房.

井村哲郎, 2005, 「戰後ソ連の中國東北支配と産業經濟」, 江夏由樹 等編, 『近代中国東北地域史研究の新視角』, 山川出版社.

朱瑞眞, 2003, 「1954年 赫魯曉夫訪華」, 『中共黨史資料』第2期, 102頁.

秦九鳳, 2011, 「周恩來堅決不同意蘇聯在旅順建日俄戰爭紀念碑」, 『黨史博覽』第3期, 43-44頁.

平井友義, 1987, 「ソ連の初期対日占領構想」, 日本国際政治学会, 『国際政治』第85號, 7-24頁.

许明纲, 1991, 「旅順中苏友谊塔」『辽宁大学学报哲学社会科学版』第1期, 64頁.

丸山鋼二, 2005, 「戰後滿洲における中共軍の武器調達: 蘇聯軍の'暗黙の協力'をめぐつて」, 江夏由樹 等編, 『近代中国東北地域史研究の新視角』, 山川出版社.

Borisov, O. B., 1977, *The Soviet Union and the Manchurian Revolutionary Base(1945-1949)*, trans. by David Fidlon, Moscow : Progress Publishers.

Borisov, O. B. & B. T. Koloskov, 1975, *Soviet-Chinese Relations, 1945-1970*, Bloomington: Indiana University Press.

Charity foundation 'Pokolenie', 2011, *Port Arthur and other military memorials oversees as an instruments for the advancement of Russia's international reputation*(Report), www.funcommunication.com.

Cheng, Victor Shiu Chiang, 2005, "Imagining China's Madrid in Manchuria: The Communist Military Strategy at the Onset of the Chinese Civil War, 1945-1946, "*Modern China*, Vol.31(1), pp.72-114.

Clark, K., 2003, "Socialist Realism and the Sacralizing of Space, "

Dobrenko, E. and Eric Naiman(eds.), *The Landscape of Stalinism: The Art and Ideology of Soviet Space*, Seattle & London: University of Washington Press.

Clark, K. and E. Dobrenko, 2007, *Soviet Culture and Power: A History in Documents, 1917-1953*, New Haven & London: Yale University Press.

Goldman, S. D., 2012, *Nomonhan, 1939: The Red Army's victory that shaped World War II*, Annapolis: Naval Institute Press.

Hess, C., 2007, "Big Brother is Watching: Local Sino-Soviet Relations and the Building of New Dalian, 1945-1955, " Paul Pickowicz and Jeremy Brown(eds.), *Dilemmas of Victory: The Early Years of the People's Republic of China*, Harvard University Press.

Ivanova, M., 2014, "The Bulgarian Monument to the Soviet Army: Visual Burlesque, Epic, and the Emergence of Comic Subjectivity, " *Quarterly Journal of Speech*, Vol.100(3), pp.273-302.

Jung, Keun-Sik, 2015, "China's Memory and Commemoration of the Korean War in the Memorial Hall of the 'War to Resist U.S. Aggression and Aid Korea', " *Cross-Currents: East Asian History and Culture Review* 4-1, pp.14-39.

Kattago, S., 2009, "War Memorials and the Politics of Memory: The Soviet War Memorial in Tallinn, " *Constellations*, Vol.16(1), pp.150-166.

Köpstein, H., 2006, *Die sowjetischen Ehrenmale in Berlin*, Berlin: R.O.S.S.I.

Kwon Heonik, 2013, "The Korean War and Sino–North Korean Friendship, " *The Asia-Pacific Journal*, 11(Issue 32, No. 4).

Levinson, S., 1998, *Written in Stone: Public Monuments in Changing Societies*, Durham: Duke University Press.

Lowe, D. and Joel, T., 2013, *Remembering the Cold War: Global Contest and National Stories*, London and New York: Routledge.

O'Neill, Mark, 2000, "Soviet Involvement in the Korean War: A New View from the Soviet-Era Archives, " *OAH Magazine of History*, Vol. 14, No. 3, pp. 20-24.

Pauley, Edwin W., 1946, "Report on Japanese assets in Manchuria to the President of the United States, July, 1946."

Verheyen, D., 2010, *United City, Divided Memories?: Cold War Legacies in Contemporary Berlin*, Lanham: Lexington Books.

Westad, O. R., 2003, *Decisive Encounters: The Chinese Civil War, 1946–1950*, Stanford, CA : Stanford University Press.

Westad, O. R., 2007, *The Global Cold War: Third World Interventions and the Making of Our Times*, Cambridge and New York: Cambridge University Press.

Yampolsky, M., 1995, "In the shadow of monument, " Condee, N.(ed.), *Soviet Hieroglyphics: visual culture in late twentieth-century Russia*, Bloomington: Indiana University Press.

Xiaoming, Zhang, 2002, "China, the Soviet Union, and the Korean War: From an Abortive Air War Plan to a Wartime Relationship,"*Journal of Conflict Studies*, 22(1), Gregg Centre for the Study of War and Society.

사회주의 시기 다롄기차차량창의 전형단위제(典型單位制)

박철현

I. 오래된 유산

개혁기 중국은 시장경제의 급속한 확산과 함께 사회주의 시기 중국 도시 지역 사회조직의 가장 중요한 기초였던 단위체제單位體制가 서서히

---

* 이 글은 기존에 발표된 논문 「사회주의 시기 중국 동북지역의 국가와 기업: 다롄기차차량창의 전형단위제를 중심으로」(만주연구 제20집, 2015)를 수정·보완한 것이다.

약화·해체되었다. 단위는 사회주의 시기 도시 주민이 소속된 직장을 가리키는 것으로, 국가기관단위國家機關單位, 기업단위企業單位, 사업단위事業單位로 나뉜다. 국가기관단위는 중앙과 지방의 공산당·행정부·군대·의회 등을 가리키고, 기업단위는 국유기업國有企業과 집체기업集體企業을 가리키며, 사업단위는 국가가 설립한 교육·과학기술·문화·위생 등의 서비스를 제공하는 조직을 가리킨다. 여기서 사회주의 시기 중국 도시사회에서 가장 중요한 것은 기업단위로 주민의 대다수는 기업단위, 즉 크고 작은 국유기업과 집체기업에 소속되어 있었다. 국가는 정치적으로는 단위 내부에 설치된 공산당 조직을 통해서 인민을 조직·동원했고, 사회·경제적으로 단위를 통해서 인민에게 노동에 대한 대가를 지불하고 식량을 배급했으며, 동시에 주택, 의료, 문화, 교육 등은 물론이고 각종 보험까지 제공하여 인민의 생활을 보장했다. 이렇게 사회주의 시기 중국 도시 주민은 자신이 소속된 직장(=단위)을통해서 국가와 정치·경제·사회적으로 연결되어있었던 것이다.

이러한 단위체제는 중화인민공화국 수립 후 사회주의적 공업화가 시작되는 '제1차 5년 계획第一個五年計劃(1953~1957, 이하 '일오')' 시기에 본격적으로 형성되었는데, 개혁기 시장경제의 확산으로 약화·해체되기 전까지 중국의 모든 도시사회는 단위체제에 의해서 조직되어 있었기 때문에 개인은 단위를 떠나서는 사실상 생활이 불가능했다. 따라서 사회주의 시기 중국에서는 일반적 의미에서의 사회와 사회인社會人이 존재했다기보다는 '단위'와 '단위인單位人'이 존재했다고 말할 수 있을 정도로 당시 중국인의 삶에서 단위는 모든 측면에서 절대적인 존재였다. 이렇게 볼 때 단위체제는 도시 지역에서 국가와 기업의 관계 및 노동자와 기업의 관계, 그리고 그 관계에서 권력과 자원이 배분되고 행사되는 방식을 포괄하는 개념이자 실체였다고 할 수 있다.

중요한 것은 사회주의 시기 중국의 모든 도시사회는 단위에 의해 조직되어 있었지만, 단위체제의 구성요소와 특징이 가장 전형적으로 드러나는 지역은 바로 동북 지역이었다는 사실이다. 동북 지역은 중화인민공화국 건국 이전인 1946년 4월 28일 하얼빈을 시작으로 공산당에 의해 도시들이 '해방'되기 시작했으며, 공산당은 이 지역 도시를 '접관接管(접수와 관리)'하면서 기업들에 공산당 조직들을 설치했다. 이러한 동북 지역에서의 도시 접관 과정에서 형성된 국가-기업 관계 및 기업-노동자 관계는 1949년 중화인민공화국 건국 이후 '일오' 시기에 들어서 공산당이 단위체제를 전국적으로 확산시킬 때 하나의 '모범'으로서 역할을 했다. 건국 이전 동북 지역에서 공산당이 구축한 이러한 국가-기업-노동자 관계와 권력 및 자원의 배분과 행사의 메커니즘은 이후 사회주의 시기 중국에서 본격적인 단위체제를 구성하는 각종 요소의 맹아들을 가지고 있었으며, 전국적 차원에서 단위체제가 형성되는 과정에서 동북 지역에는 단위체제의 구성요소와 특징이 가장 강력하게 드러나는 '전형단위제典型單位制'가 형성되었던 것이다.

관련 선행 연구를 보면, 중국 지린吉林대학 사회학과 톈이펑田毅鵬 교수가 전형단위제의 주요 논자이다. 그에 따르면 1950년대 성립되어 사회주의 시기 내내 중국인의 삶을 지배했으며 개혁기에 들어서 서서히 약화·해체되면서도 여전히 강력한 영향력을 발휘하고 있는 단위체제에 대한 기존 연구는 공산당, 정부기관, 인민대표대회, 인민해방군 같은 '국가기구'에 대한 분석만으로는 제대로 포착할 수 없는 중화인민공화국 건국 이후의 중국 사회의 구조와 동학을 해명했다는 측면에서 의의를 가지고 있지만, 다음과 같은 두 가지 측면에서 보완될 필요가 있다(田毅鵬·漆思, 2005: 38-41).

첫째, 옌안延安과 같은 혁명 근거지에서 공산당의 경험이 건국 이후 사회주의 건설 과정에서 단위체제 구축의 기원이 되었다는 기존 연구의 주장은 기본적으로 타당하지만, 이 주장은 공산당이 1949년 10월 건국 이전에 이미 '해방'시킨 동북 지역 도시들에서 1947년 여름부터 시행하고 있던 기업 관련 정책에 대한 분석에 의해 보완되어야 한다. 즉, 옌안 시기 혁명 근거지에서의 경험이 건국 이후 사회주의 건설의 토대가 되었지만, 그 경험이 바로 건국 이후로 이어진 것이 아니라 건국 이전에 이미 '해방'된 동북 지역 도시들에서 공산당이 축적한 국가-기업-노동자 관계 및 권력과 자원의 배분과 행사의 메커니즘의 경험을 매개로 해서 비로소 건국 이후 사회주의 건설로 이어진 것이라는 점이다. 따라서 건국 이전 1947~1949년 동북 지역 도시 접관 과정은, 공산당이 기존 농촌 중심의 혁명 근거지에서 축적한 '소박하고 단순한' 경험의 수준을 극복하고 건국 이후 전국적 차원에서 본격적으로 도시와 기업을 장악하고 운영할 수 있게 하는 노하우를 축적할 수 있었던 시기였다고 할 수 있다.

둘째, 사회주의 시기 단위체제는 중국 전역의 도시사회를 구성하는 근본 토대였지만, 지역별로 서로 다른 단위체제가 존재했다는 점이 충분히 강조되어야 한다. 즉, 기업 내부에 설치된 당 조직을 통한 노동자에 대한 국가의 정치적 조직 및 동원, 국가가 보조하고 단위가 독점한 자원에 기초한 소속 노동자에 대한 사회·경제적 보장이라는 단위체제의 구성요소와 특징이 지역별로 서로 다른 강도로 나타난다는 것이다. 이러한 지역별 차이는 기본적으로 각 지역이 가진 역사적 조건과 1950년대 건국 초기 상황에서 시행된 국가의 정책에 의해서 생겨난 것이다. 동북 지역에서는 이러한 조건과 정책에 의해서 단위체제의 구성요소가 광범위한 지리적 공간, 폐쇄적 자급자족 공동체, 중앙정부 직속 기업단위, 정치적·사회경제적 자원을 독점한 대형 국유기업이라는 특징들로 나타난다.

이처럼 건국 이전 사회주의 중국의 국가-기업-노동자 관계 및 권력과 자원의 배분과 행사의 메커니즘의 원형이 형성되었고, 건국 이후 이러한 단위체제의 구성요소와 특징들이 가장 강하게 드러나는 전형단위제가 형성되었다는 점에서 동북 지역은 사회주의 시기 중국 단위체제를 이해하는 데 관건이 되는 지역이라고 할 수 있다. 또한 개혁기인 1990년대에 들어서 다른 지역들에서 도시 부문 국유기업에 대한 본격적인 개혁이 이뤄지는 것과는 달리 동북 지역은 2003년이 되어서야 중앙정부 차원의 '동북진흥東北振興' 정책하에서 노후 공업기지 개조에 의한 국유기업 개혁이 본격화된다. 이렇게 다른 지역들에 비해서 국유기업 개혁이 늦춰진 것도 중대형 공업기업을 중심으로 형성된 동북 지역의 전형단위제가 과거 '사회주의 중국'을 대표하는 실체적·상징적 의미 때문에 중국 정부로서도 우선 다른 지역부터 국유기업 개혁을 추진하고 그 과정에서 노하우를 축적한 후 2003년에야 비로소 동북 지역의 개혁을 추진한 것으로 보인다. 이렇게 보면 동북 지역의 전형단위제는 사회주의 시기는 물론 개혁기 중국의 국가-기업-노동자 관계 및 권력과 자원의 배분과 행사의 메커니즘을 이해하는 데 핵심적인 의의를 가졌다고 할 수 있다.

이 글의 목적은 사회주의 시기 동북 지역에 존재했던 이러한 '전형단위제'의 성립 배경과 특징을 파악한 후 랴오닝성 다롄의 대표적인 중공업기업인 다롄기차차량창大連機車車輛廠의 사례를 통해 이러한 전형단위제의 존재 양태를 실증적으로 분석하는 것이다.

다롄기차차량창은 1899년 성립된 중국 최대의 내연기관 차량 제조업체이다. 1898년 러시아가 「뤼순다롄조차조약旅順大連租借條約」에 따라 뤼순과 다롄 지역을 식민화하고 동청철도의 남만선南滿線 부설권을

그림1 다롄기차차량창 작업장

http://epaper.hilizi.com/shtml/bdcb/20130414/24199.shtml
(출처: 半岛晨报)

획득하면서 다롄에 동청철도기차제조소東淸鐵道機車製造所를 만든 것이 그 원형이다. 이후 러일전쟁에 승리한 일본은 1907년 남만주철도주식회사를 설립하면서 동청철도기차제조소를 접수했다. 그 후 제2차 세계대전에서 패배한 일본에 뒤이어 1945년 9월에 소련군이 다롄에 진주하면서 이 공장을 접수했다. 다롄기차차량창은 이후 중국과 소련의 '합영공관合營共管'을 거쳐 최종적으로 중국 철도부로 귀속되었다.[1]

---

[1] 1953년 8월 다롄기차차량공창으로 개명한 후 개혁기인 1994년 다롄기차차량창으로 다시 개명하고, 국유기업 개혁을 거쳐 2003년 말 오늘날의 다롄기차차량유한공사(大連機車車輛有限公司)가 되었다. 중국어로 '기차(機車)'는 기차(汽車)와 같은 궤도차량의 기관차(locomotive)를 가리킨다. 이 글에서는 중국에서 여전히 가장 일반적으로 사용되는 다롄기차차량창이라는 표현을 사용하기로 한다. http://www.dloco.com/LISTS/article/_MAINPAGE/jtgk/default2.aspx?classid=463(검색일, 2015년 11월 5일).

그림2 다롄기차차량창 기관차

http://www.dloco.com/LISTS/article/_MAINPAGE/news/default3.aspx?id=3422
(출처: 中东大连机车车辆有限公司)

　여기서 합영공관은 국공 내전을 배경으로 1947년 4월부터 소련군
과 중국 공산당이 다롄 지역의 공업기업들을 공동으로 경영·관리하여
공산당이 필요한 군수품을 생산한 것을 가리킨다. 다롄기차차량창의
경우 1950년 5월 1일부터 1952년 12월 31일까지 합영공관이 실시되
었고, 1953년 1월부터는 중국의 독립 경영이 시작되었다. 이후 1954
년 다롄조선창大連造船廠에 대한 합영合營을 마지막으로 다롄 지역의 합
영공관은 모두 종료되었다. 당시 공산당으로서는 공업기업의 경영·관
리 경험이 부족했을 뿐만 아니라 국공 내전에서 소련군의 지원을 받
을 필요가 있었기 때문에 이러한 합영공관을 받아들인 것이다(劉志民,
2011: 340-346).

　사회주의 시기 다롄기차차량창은 동북 지역을 대표하는 대형 국유
기업 중 하나로, 광범위한 지리적 공간을 차지하고 있는 폐쇄적·자기

완결적 사회·경제공동체이면서, 중앙정부의 관련 부문에 직속된 기업 단위라는 전형단위제의 주요 특징들을 갖추고 있었다. 또한 19세기 말에 설립되어 현재까지 100년이 넘는 오랜 역사를 가지고 있다는 측면에서 장기간에 걸친 국가-기업-노동자 관계 및 권력과 자원의 배분과 행사의 메커니즘을 동태적으로 분석하는 데도 좋은 연구 대상이라고 할 수 있다. 이 글에서는 건국 이전 1947년 여름부터 건국 이후 본격적인 사회주의 공업화의 시작과 함께 전형단위제가 형성되는 1950년대 중·후반까지를 분석 대상으로 한다.

Ⅱ. 동북 지역의 접수관리와 전형단위제의 특징

1. 동북 지역의 접수관리

동북 지역에서 공산당이 최초로 접관한 도시는 하얼빈이었다. 1946년 4월 28일 하얼빈을 점령한 공산당은 인민의 생명과 재산 및 권리를 보호할 것을 선언하면서 상공업 발전을 통해 일반 시민의 생활을 안정시키겠다는 방침을 내걸었다. 하지만 하얼빈의 접관을 실제로 담당한 공산당 동북국東北局은 도시 노동자와 시민이 과거에 착취당했던 것을 '청산'해야 한다는 것을 가장 중요한 목표로 삼고 있었기 때문에, 기존 만주국과 일본인의 자산을 몰수해 노동자와 시민에게 분배하는 '청산투쟁'에 주력했다.[2] 군중을 동원해서 공장, 학교, 가도街道 등에서 전개

---

2 동북국은 중국 공산당 중앙위원회가 중앙기관 이외의 지역에 설립한 일급 조직기구인 지방국(地方局)의 하나로, 평전(彭眞)을 서기로 해서 1945년 9월 14일에 설립되었다.

된 청산투쟁에 다수의 노동자가 가담하여 임금 인상을 요구하면서 대다수의 자본가들이 큰 타격을 입게 되자 동북국은 청산투쟁의 대안으로 기업의 순이익(홍리紅利)을 노동자에게도 분배하는 '분홍分紅투쟁' 방식으로 좌편향을 방지하면서 자본가들의 이익도 보장하려고 했지만, 분홍투쟁이 진전될수록 노동자의 임금은 계속 증가했지만 자본가들의 몫은 날로 감소되었다.

이처럼 청산투쟁과 분홍투쟁이 급진 노선으로 치닫자 하얼빈을 비롯한 점령 도시들에서 상공업의 보호를 통해 항일전쟁으로 파괴된 생산력을 회복시켜서 국공 내전 상황에서 군대를 지원한다는 공산당의 전략 구상은 실현되기 어렵게 되었다. 이에 공산당 내부에서도 급진 노선에 대한 비판적 재검토가 요구되었고, 공산당의 '도시 공작'은 기존의 계급투쟁보다는 상공업의 보호와 육성에 강조점을 두는 방향으로 전환되기 시작했다.

접관 과정에서 상공업의 보호와 육성을 강조하는 정책들로 도시 공작의 전환이 이뤄진 1948년 봄부터 동북 지역 도시들에는 공유제公有制기업을 중심으로 다음과 같은 단위체제의 맹아가 출현하기 시작했다(田毅鵬·漆思, 2005: 43-52).

첫째, 동북 지역 도시들의 '해방' 과정에서 공산당은 기존 국민당의 도시 정부기구를 없애고 새로이 시정부市政府, 구정부區政府, 가도정부街道政府라고 하는 삼급三級 도시 관리체계를 구축했다. 그런데 실제 접관 과정에서 처리해야 할 업무가 기층 정부인 가도정부에만 집중되어 상당수의 당정黨政 간부들이 대중과 직접 관련된 업무에 투입되어 도시 전체 차원에서 효율적 업무의 조정과 배분이 이뤄지지 않을 뿐만 아니라 상당수의 학교·공장·기업에서는 간부가 부족해서 관련 업무가 방치되어있는 상황이었다. 이에 동북국은 중소 도시에서는 구정부와 가도정부를 모두 폐지하고 시정부만 남겨두고 대도시에서는 가도정부를 폐지하고 시정부와 구정부만 남겨두는 정책을 단행하여 정책 및 법령의 집행 업무를 시정부를 중심으로 다시 배치했다. 이 정책은 몇몇 교외 지역과 농촌 지역을 제외한 동북의 모든 도시에서 시행되었다.

이 과정에서 기층 정부인 가도정부의 간부들은 시정부의 기구나 이보다 기층의 공안파출소, 학교, 공장, 기업 등에 재배치되었다. 그 결과 시정부와 시당위원회는 이제 직접 개별 주민을 조직하는 것이 아니라 학교, 기업, 협회, 공장, 단체 등과 같은 '단위'를 통해 주민을 조직하게 되었다. 이에 따라 시정부와 시당위원회의 업무 중점도 구와 가도가 아니라 공장이나 기업으로, 개별 노동자가 아니라 노동자'계급'으로 바뀌게 되었다. 공산당은 공회工會(노동조합)도 이전처럼 구와 가도를 기준으로 조직하지 않고 업종별로 재분류하여 조직하고 이에 대한 당의 지도를 강화했다.

이상과 같이 동북 지역에는 건국을 전후한 시기에 이미 시정부 층위 이하 구정부와 가도정부 같은 직접적 행정 위계를 통해서 정부와 개인이 연결되는 과거의 '수직적' 방식이 아니라 상호 직접적 행정 위계에 있지 않은 시정부와 학교·공장·단체·협회·기업 등의 '단위'가 '수평적'으로 연결되는 구조가 정착되고 있었던 것이다. 나중에 가거제街居制가 다시 등장한 이후에도 동북 지역에는 여전히 기업을 중심으로 하는 '단위'가 도시에서 핵심적인 지위를 차지하게 되었다.[3]

---

3 가거제는 도시 지역 기층 정부인 구정부의 파출기관(派出機關)인 가도판사처(街道辦事處)와 주민의 자치조직인 주민위원회(居民委員會)를 중심으로 하는 기층 행정체계를 가리킨다. 가도판사처는 관할 지역 내에 존재하는 기업, 협회, 학교 등과 같은 '단위'와 '지도-피지도'의 관계가 아니라 수평적인 '협조' 관계에 있었을 뿐이었고, 각 단위는 단위 내부에 설치된 당 조직을 매개로 상

둘째, 기업복지제도가 수립되었다. 혁명 과정에서 전쟁을 수행하면서 근거지에서는 일상생활에 필요한 물자들에 대해 공급제供給制를 실시했다. 처음에는 식량과 피복만을 대상으로 공급제가 시행되었고 평균주의에 입각해서 지위의 고하를 막론하고 공급량에 차이가 없었으나, 나중에는 공급제의 적용 범위를 주택, 의료, 교통, 교육, 출산, 육아, 양로, 질병, 사망, 부상, 장애 등 생활의 모든 분야로 확장했고 직무와 경력에 따라 상이한 등급의 공급 표준을 정했다.

이러한 혁명 근거지에서의 공급제를 기초로 한 기업복지제도는 동북 지역의 접관 과정에서 공산당이 취한 일련의 조치들에 의해 구체화되었다. 동북국은 1949년 3월 4일 「동북 공영기업 전시 임시 노동보험 조례 시행세칙東北公營企業戰時暫行勞動保險條例施行細則」(이하, 「세칙」)을 발표하여, 노동자의 사망, 부상, 장애, 질병, 퇴직, 육아 등에 관한 전반적인 보장을 세분하여 명문화했다.

주목할 것은, 노동보험을 실시하고 있는 공영公營기업 공장의 정규직 노동자와 그 가족에 대해서는 국적, 민족, 연령, 성별을 가리지 않고 모두 이 「세칙」을 적용하나, 임시 노동자나 부속 공사합작公私合作 또는 사영私營기업의 노동자에게는 이 「세칙」을 적용하지 않는다는 사실이다. 이렇게 노동자의 신분에 따라 '내외內外'를 확실히 구분해서 물질적 보장을 제공하는 복지제도는 이후 폐쇄적 사회·경제적 공동체로서의 기업이 그 내부에 구축한 '단위복지제도'의 기원이 된다. 또한

급 단위와 연결되어 있었다. 한편 주민위원회는 도시 주민 중 단위에 속하지 않은 극소수의 인원(실업자, 장애인, 퇴역군인 등)을 거주지를 기초로 관리하는 조직으로, 단위에 소속된 주민은 이러한 주민위원회의 관리 대상이 아니었다. 따라서 사회주의 시기 중국 도시에서는 단위체제가 가장 핵심적인 사회 관리의 기제였고, 가도판사처와 주민위원회는 보조적인 역할에 머물렀다.

이 「세칙」은 공산당이 동북 지역을 장악하고 도시 접관 과정에서 발표한 최초의 전면적이고 전문적인 사회보험 관련 규정으로 건국 이후 전국적·통일적 도시 지역 사회보험제도의 기초가 되었다. 공산당은 동북 지역의 도시 접관 과정에서 이러한 복지제도를 시행함으로써 노동자를 고무시켜 생산력을 회복하는 동시에 '해방전쟁'을 지원하기 위한 물질적 토대를 마련하고자 했던 것이다.

셋째, 공산당은 기업을 물질 생산을 위한 경제적 실체만이 아니라 도시에서 사회적 동원을 조직하는 정치적 실체로 인식했기 때문에 기업 내부에 공산당 조직을 설치하여 공산당원을 중심으로 노동자를 동원했을 뿐만 아니라 노동자가 공장의 주인이라는 '주인의식'을 배양해 아래로부터의 '혁명역량'을 조직하고자 했다. 1949년 8월 6일 동북국 조직부는 「공장과 광산에서 당 건설에 관한 동북국 조직부의 통지東北局組織部關於在工廠礦山中建黨的通知」를 발표하여 공장과 광산 등지에서 공산당 조직을 건설할 것을 촉구한다. 이 발표에 따르면, 공장에서 공산당 조직은 행정단위 및 생산단위와 작업 성질에 따른다는 원칙에 기초해서 공산당의 지도와 생산목표의 완성이 완전히 결합되는 방식으로 통일적으로 건설되어야 했다. 즉, 작업장마다 하나의 공산당 지부, 공청단共青團 지부, 공회 지회를 건설하고, 공산당원이 이러한 정치 조직의 중심이 되는 것이었다. 이로써 기업은 생산을 위한 조직만이 아니라 당 조직을 중심으로 노동자의 정치적 동원을 위한 조직이 되었다.

1946년 4월 소련군이 철수한 하얼빈에 공산당이 들어오면서 시작된 공산당의 동북 지역 도시들에 대한 접관은 옌안 등의 농촌 혁명 근거지에서 쌓아온 국가-기업-노동자의 관계를 중심으로 하는 권력과 자원의 배분과 행사의 메커니즘을 농촌이 아닌 도시에서 본격적으로 형성할 수 있게 된 계기였다. 공산당은 도시 접관 과정에서 농촌에 기반을 둔 군사조직에서 벗어나서 광대한 지역을 장악하고, 도시에 행정체계를 구축하고, 단위 내부 당 조직을 통해 인민을 동원하고, 국가 경영과 국공 내전 수행에 필요한 물질적 자원을 생산해내기 위한 국가체계를 만들어갔다. 그 과정에서 앞에서 살펴본 지방정부와 '단위'들 사이의 수평적 관계, 기업복지제도, 공산당 조직을 통한 노동자의 정치적·사회적 동원 등과 같은 사회주의 시기 전형단위제의 맹아들이 생겨났다.

2. 전형단위제의 특징

건국 이전 동북 지역의 도시 접관 과정에서 나타난 전형단위제의 맹아들은 1950년대 '일오' 기간에 본격적인 전형단위제의 구성요소를 형성하게 되는데, 관련 연구에 따르면 동북 지역의 전형단위제는 다음과 같은 특징을 가지고 있었다(田毅鵬·漆思, 2005: 52-62).

첫째, 전형단위제를 지닌 기업은 물리적 공간 측면에서 광범위한 면적을 차지했다. 동북 지역의 전형단위제 기업은 건국 초기 비교적 짧은 기간 내에 상대적으로 조밀한 공간에 집중적으로 건설되었다. 또한 기업 공간은 동일한 기업에 근무하는 노동자와 그 가족만이 노동하고 생활하는 곳이기 때문에 거주공간과 기업공간이 중복되어 나타나게 되어 단위(=기업)의 기능이 해당 지역 커뮤니티 기능을 대체해버리는 결과를 낳았다. 이것은 사회주의 시기 중국 도시에서 흔히 얘기되었던 '단위가 사회의 기능을 담당하는單位辦社會', 즉 사회는 없고 단위만 존재하는 현상으로 나타나게 되었다.

중요한 점은 건국 초기인 1950년대 '일오' 시기에 중국의 중공업 발전을 위해 소련이 자금·기술·전문가까지 모두 지원했던 대형 개발 프로젝트인 '156개 중점건설항목重點建設項目' 중 약 35%에 달하는 54

개가 동북 삼성인 랴오닝성(24개), 헤이룽장성(19개), 지린성(11개)에 배정되었으며, 동북 공업기지의 대형 기업 대다수가 이 프로젝트를 통해 만들어졌거나 기존 만주국 시기부터 있던 기업들이 이 프로젝트의 지원을 받았다는 것이다. '일오' 시기에 본격적인 사회주의 공업화의 일환으로 신설된 기업들은 대부분 도시 교외의 텅 빈 황무지에 위치해 있었는데, 기업이 차지하는 물리적 공간 면적이 넓으면서도 그 분포는 조밀한 특징을 가지고 있었다. 또한 생활구역과 생산구역이 함께 있었고 생활구역의 주민은 대부분 해당 기업의 노동자와 그 가족이었다. 이런 기업들로 인해서 동북 지역은 중국 전체 중공업의 중심 지역이 되었고, 이후 공업화의 진전에 따라 여기서 구축된 기업의 입지와 물리적 형태는 다른 지역 공업기업의 '모범'이 되었던 것이다.

둘째, 동북 지역 도시들은 사회공간social space 측면에서 볼 때 상대적으로 폐쇄적인 공간 속에서 기업 소속 노동자들 사이의 일상적인 상호작용이 이루어졌는데, 이는 이후 전형단위제 특유의 사회적 분위기와 관습을 만들어냈다. 따라서 공업기업이 들어선 광범위한 물리적 공간만으로는 전형단위제의 특징을 제대로 설명할 수 없고 이러한 물리적 공간이 가진 사회·정치적 역할과 기능을 해명해야 전형단위체 기업의 사회공간적 의미를 총체적으로 인식할 수 있다.

전형단위제의 사회공간적 의미를 이해하려면 건국 초기 중국 공산당이 도시 중공업을 건설하는 과정에서 노동자 거주지역에 대해 어떤 구상을 가졌는지를 이해하는 것이 중요하다. '일오' 시기 '156개 중점 건설 항목'을 위주로 한 대형 중공업 프로젝트 추진에서 공장 건설은 기본적으로 소련 모델을 모방해서 진행되었다. 따라서 생산구역이 건설되면서 동시에 생산에 종사하는 노동자의 주택이 함께 건설되었다. 소련의 노동자 주택 건설 이념은 '사회주의는 자본주의보다 우월

하다'는 체제 이념에 기초해서 소비·향락·자본가·제국주의라는 특징을 지닌 기존 자본주의의 공간을 사회주의 공간으로 바꾸는 것이다. 이때 사회주의 사회의 주인인 노동자의 거주 조건을 개선하는 것이 가장 중요하기 때문에 공장을 건설할 때도 노동자 주택을 동시에 만들어서 더 이상 노동자가 '구舊사회'에서처럼 열악한 거주 조건으로 고통받지 않는 사회주의 공간을 건설하는 것이었다(김원, 1998: 32-41). 소련의 절대적 영향력하에 있었던 '일오' 시기 중국의 사회주의 공업화 과정에서 중국 공산당이 이러한 이념을 수용한 것은 당연한 것이었다. 또한 경제 발전 전략 측면에서 보아도 농업생산물의 가격을 최대한 낮게 유지함으로써 창출된 잉여를 도시 중공업 부문에 우선적으로 투입하는 '빅 푸시 공업화Big Push Industrialization' 전략을 실현하려면 도농분리都農分離 호구제도를 통해서 농민의 도시 이주를 차단하고 도시 중대형 중공업 국유기업 소속 노동자의 복리후생을 개선하고 보호하는 것이 중대한 과제였다(배리 노턴, 2010: 125). 따라서 노동자 국가를 표방한 중화인민공화국은 건국 초기에 특히 노동자 거주 지역 조성에 많은 관심을 기울였고 이것은 각 지역에서 노동자 주택단지인 '공인신촌工人新村'의 건설로 나타났다.

동북 지역 전형단위제 기업들은 생산구역과 노동자 공동주택이 근거리에 배치되어 있을 뿐만 아니라 주택 주변에는 생활에 필요한 각종 시설이 들어서서 거주지역을 떠나지 않고도 사회·경제적 삶을 유지하는 데 아무런 문제가 없을 정도였다. 중요한 점은 전형단위제가 구현된 대형 국유기업의 사회·경제적 기능과 역할은 전적으로 소속 노동자에게만 제공되었기 때문에 해당 기업을 떠나는 순간 노동자는 아무런 서비스와 보장을 제공받지 못한다는 사실이었다. 이러한 전형단위제 사회공간의 강한 폐쇄성과 배타성으로 인해 서로 다른 부서의 다른 직종에 종사해도 동일 기업 노동자는 생활방식에서 동질성을 유지하고 있었다. 이로 인해 같은 기업에 근무하는 노동자들 사이에는 해당 단위(=기업)의 특성을 반영하는 독특한 커뮤니티 문화가 형성되었고, 이러한 동질적 커뮤니티 문화는 노동자 정체성의 중요한 구성요소였다.

또한 앞서 지적했듯이 '일오' 기간에 설립된 많은 대형 기업은 근교나 원교遠郊에 위치했기 때문에 역사와 전통에 토대를 둔 사회적·인적 관계 같은 유산에서 자유로웠다. 국가의 입장에서 보면 이러한 환경은 '구사회'와는 전혀 다른 새로운 사회를 기업 내부에 구축하는 데 유용하게 작용했다. 즉, 역사와 전통에 영향 받지 않는 '단위인'과 그들 사이의 관계를 구축하는 데 있어서 이들 대형 기업은 최적의 환경을 제공했던 것이다. 초기에는 노동자 개인만이 단위인으로 간주되었으나, 노동자가 안정적으로 생산에 몰두하기 위해서는 가족의 안정이 중요하다는 인식하에 노동자의 가족구성원들도 단위인으로 간주되었다. 이에 따라 공회는 전담부서를 설치하여 가족구성원의 현지 적응과 복리후생 등을 담당했으며, 국가의 동원과 선발에 의해 전국 각지에서 모여든 노동자들에게 부족한 '공동체의식'을 조성하기 위해 이들을 대상으로 하는 '정치수업政治課'을 진행하기도 했다.

이렇게 '가족화'된 기업의 특징은 무엇보다도 기업 내부 노동시장의 형성에서 뚜렷이 나타난다. 사회주의 시기 중국은 노동력 수요와 공급이 국가 계획에 의해 관리되었는데, 실제로는 개별 기업별로 생산에 필요한 인원을 자율적으로 확보했다. 그런데 노동시장이 기업 외부에 독자적으로 형성되어서 기업은 필요한 노동력을 시장에서 구매하고 노동자는 자신의 노동력을 판매하는 것이 아니라, 기업에서 필요한 인력은 기업 내부에서 충원하는 것이 현실이었다. 단위체제의 특성상 동일 기업 내부에서 자신의 직위와 업무를 다른 것으로 바꾸기가 힘들었기 때문에 사망·출산·퇴직 등과 같은 예외적인 경우에 발생한 '공석空席'은 주로 해당 노동자의 자녀가 계승하거나 기업 내부의 다른 인원이 승계했고 기업 외부의 다른 인원이 그 자리에 충원되는 경우는 거의 없었다. 또한 단위 소속 노동자 가족의 일자리를 확보하기 위해서 특별한 생산 수요가 없음에도 불구하고 기업은 가족 일자리 창출용 공장을 세우고 가족들로 자리를 충원했는데, 이러한 '자식공장子工廠'의 경영상 적자는 '모기업'이 메워주는 것이 관례였다. 심지어는 농촌으로 하방되었다가 도시로 돌아온, 공장 소속 노동자의 자녀인 '지식청년知靑'의 일자리를 만들기 위해서 '지식청년공장知靑廠'을 세우기도 했다. 이처럼 기업의 경영과 고용이 생산과 판매의 합리성과 효율에 의해 결정되는 것이 아니라, 폐쇄적·배타적 사회·경제공동체로서의 단위가 소속 노동자와 그 가족들의 복지까지 모두 책임질 필요성에 의해서 결정되었다.

셋째, 동북 지역의 전형단위제 기업은 이와 같은 물리적 공간과 사회적 공간으로서의 특징에 더하여 행정구역으로서도 역할을 했다. "중국의 단위조직은 명령권력과 재산권리를 결합한 국가 통치의 조직화 도구나 수단"(李路路, 2002: 26)인 것이다. 사회주의 시기에 국가는 각종 사회적 자원을 독점했는데, 그 자원을 인민에게 직접 배분하는 것이 아니라 단위조직을 매개로 하여 배분했다. 동북 지역의 전형단위제 기업은 다른 지역의 단위들에 비해 그 규모가 방대하고 공간적으로도 집중되어 있어서 사회적 자원에 대한 점유가 훨씬 더 독점적이라고 할 수 있다.

우선 권력자원의 점유 측면에서 보면, 앞서 지적했듯이 동북 지역 대형 기업들은 초기에 종종 도시의 근교나 원교 지역에 설립되었기 때문에 사실상 지방정부의 통제 밖에 있었다. 이후 이들 기업들이 모여

있는 공업기지가 발달하면서 지방정부는 구정부나 가도판사처街道辦事
處 같은 행정관리기구를 이 지역에 설치했지만, 이들 대형 기업과 해당
지방정부는 수직적 지도관계가 아니라 '수평적 협조관계'였다. 오히려
이들 기업은 보통 중앙정부의 부처나 위원회에 직속되어 있는 '중앙기
업中央企業'이었기 때문에 구정부나 가도판사처보다 행정적 지위가 더
높았다. 또한 자원의 통제 측면에서 보면, 단위는 사회주의 시기에 국
가가 직접 통제·조달하는 식량, 기름, 석탄을 제외한 거의 모든 사회
적 자원을 직접 장악하고 있었다. 예를 들어 창춘제일기차제조창長春第
一汽車製造廠(창춘제1 자동차공장)은 생산공장 말고도 노동자 주택을 건
설하고 병원, 도서관, 탁아소, 수유실, 요양소, 문화학교, 기술학교 등
의 문화·복지시설을 제공하고 있었고 각종 상점과 우체국·은행까지
갖추고 있었다. 이렇게 '요람에서 무덤까지'라고 할 수 있을 정도로 완
비된 기업 내부의 사회적 서비스 체계는 종종 해당 층위의 지방정부가
갖추고 있던 것보다 훨씬 더 풍부했다.

이렇게 동일 층위의 지방정부보다 완비된 사회적 자원을 갖춘 행
정구역으로서의 전형단위제 기업은 그 내부에 공산당 조직이 설치되
어 있었으므로 국가는 단위의 공산당 조직을 통해 인민을 정치적으
로 조직·동원했다. 하지만 이것이 국가가 단위와 소속 인원에 대한 모
든 정보를 장악하고 정치적으로 지배하는 전체주의를 의미하지는 않
는다. 왜냐하면 단위는 조직적인 독립성과 완결성을 가지고 있어서 그
지도자는 사회적 자원의 배분에 대한 해석권과 실질적 통제권을 가지
고 있었기 때문에 사실상 국가가 단위 내부의 모든 사항을 파악하고
전면적으로 통제할 수는 없었다. 또한 단위 내부에서도 위계hierarchy가
존재했을 뿐만 아니라 지도자들 내부에 갈등과 모순이 존재해서 파벌
주의가 만연했고, 이러한 파벌주의는 공식 구조 배후에서 실질적으로

작동하는 권력구조, 이익구조, 행동구조였다. 아울러 사회주의 시기에 단위 지도자가 소속 인원에 대해 평가를 내리고 분배를 결정하는 가장 중요한 기준은 실질적인 성과가 아니라 매우 주관적이고 모호한 '정치적·이데올로기적 충성심과 헌신성'이었기 때문에 국가는 단위가 자체적으로 평가한 이러한 충성심과 헌신성을 검증할 사실상의 수단과 방법이 없었다. 이와 같은 국가와 단위, 단위와 노동자 사이에 각각 존재하는 정보의 비대칭성으로 인해서 단위는 국가에 대해서 그리고 노동자는 단위 지도부에 대해서 '자율적 공간'을 확보할 수 있었다(李培林·李强·馬戎 主編, 2008: 74-75).

Ⅲ. 다롄기차차량창의 전형단위제

1. '특수 해방구' 다롄

1945년 8월 14일 중국 국민당과 소련이 모스크바에서 체결한 「중소우호동맹조약中蘇友好同盟條約」(이하 「조약」), 「다롄에 관한 중소협정中蘇關於大連之協定」(이하 「협정」), 「뤼순구에 관한 중소협정中蘇關於旅順口之協定」(이하 「협정」) 등에 따라 8월 22일 소련군은 뤼순을 '해방'시키고 육군과 해군을 진주시키면서 다롄에 대한 소련의 군사관제軍事管制가 실시되었다. 소련군은 일본이 설치한 시정부기구를 비롯한 식민지 통치기구를 폐지하고 법원, 감옥, 선박, 은행, 우체국, 박물관, 상수도회사 등을 접수했다. 1926~1942년 중국 공산당은 다롄 지역에 조직을 가지고 있었으나 일본의 공격으로 조직이 거의 와해된 상태였다. 1945년 11월 중국 공산당 동북국의 지도하에 시공산당위원회, 시정부, 공안국, 직공총회 등이 설립되면서 다롄은 소련군이 통제하면서도 중국 공산당이 이끄는 정부조직과 대중조직이 병존하는 '특수해방구'가 되었다. 하지만 이때 공산당은 자신의 조직을 공개적으로 드러내지 않았으며, 1949년에 들어서 동북 지역 전체가 '해방'되고 혁명의 승리가 가시화되자 비로소 전면에 나서기 시작했다.

이 시기 동북국의 지시에 따라서 다롄 공산당위원회는 '생산을 발전시키고 민생을 안정시켜서 해방전쟁을 지원한다'는 목표를 설정하고 공업 생산력 회복을 위해서 다음과 같은 정책을 실행했다. 우선, 군수공업을 발전시켜 다롄을 동북 지역 최대의 군수품 생산기지로 만들었다. 1947년 기존의 화학·철강·기계 관련 공장들을 기초로 대형 군수공업 기업인 다롄건신공사大連建新公司를 설립했다. 다음으로, 소련이 상당 부분의 원재료와 자금을 제공하고 향후의 생산품을 예약 구매하는 방식으로 중소합영기업이 설립되었다. 중소조선공사中蘇造船公司, 중소합영원동전업공사中蘇合營遠東電業公司, 석유공사石油公司, 염업공사鹽業公司, 다롄기차차량창 등이 대표적이다. 또한 공산당은 1947년 4월 4일 관동실업공사關東實業公司를 설립하고 이 회사를 통해 방직, 기계, 요업, 염색, 신발 등의 기업들을 접관하고 주민 생활에 필요한 각종 용품을 생산하게 하여 주민생활을 안정시켰다.

다롄의 접관 과정은 다음과 같이 정리될 수 있다. 첫째, 일본의 패배로 제2차 세계대전이 끝났음에도 불구하고 국민당과의 조약을 기초로 소련군이 진주하여 군사관제를 실시했다. 둘째, 소련의 군사관제가 시행되면서도 중국 공산당이 행정기구와 대중조직을 건설하여 사실상 도시를 통치했다. 셋째, 다른 지역에 비해 먼저 해방된 동북 지역 도시 중에서도 유일하게 대규모 해항海港을 보유하여 다른 '해방구'에 필요한 물자를 보낼 수 있는 교통 허브의 역할과 동시에 발달된 근대적 공업을 기초로 '해방전쟁'에 필요한 군수품을 생산하여 홍군을 지원하는 배후지의 역할을 수행했다. 넷째, 도시 접관 과정에서 공산당은 주요 공업기업들을 소련과의 '합영'으로 관리하는 경험을 축적할 수 있었다.

중요한 것은, 2절에서 살펴보았듯이 하얼빈을 비롯한 동북 지역의 접관 과정이 '청산'과 '분홍'을 중심으로 하는 급진 노선에서 1947년 12월 중국 공산당 양자거우楊家溝 회의에서 제기된 비판을 계기로 상공업 보호와 육성에 대한 강조로 바뀐 것에 비해서, 다롄 지역에서는 공산당이 하얼빈을 접관하기 훨씬 전인 1945년 10월부터 이미 생산에 중점을 두는 노선이 실행되었다는 사실이다. 당시 동북국은 한광韓光을 다롄시당위원회 서기로 임명·파견하면서 생산의 회복을 통한 전선 지원과 이를 가능하게 하기 위한 소련의 입장에 대한 고려 및 다른 해방구와는 다른 모델의 채택을 강조하는 업무 방침을 하달했다. 또한 1946년 10월 공산당 뤼다위원회는 「앞으로의 재경 공작에 관한 결정關於今後財經工作的決定」(이하 「결정」)에서 중국 공산당 재정경제체계에서 뤼순·다롄 지역이 해항과 근대적 공업 도시로서 가지는 '특수한 역할'을 지적하면서 "생산을 조직하고, 무역을 발전시키고, 전선을 지원하고, 민생을 개선"할 것을 방침으로 정했다. 특히 「결정」은 공회 조직의 기본 임무를 '생산의 조직화'에 두고 있으며 "혁명적 정권은 생산력을 발전시키는 정권이며 동시에 생산력 발전의 주요한 조건이자 도구"라고 하여, 공산당 조직의 임무가 노동자를 동원한 '청산'이나 '분홍'에 있는 것이 아니라 생산에 있음을 명확히 했다.

이러한 '생산력 중심 노선'은 무엇보다도 '특수 해방구'인 다롄의 조건들에 의해 생겨난 것으로 보인다. 첫째, 앞서 지적했듯이 1945년 8월 14일 소련 정부와 국민당 정부가 맺은 「조약」과 「협정」에 의한 제약으로 다롄에 진주한 소련군은 국민당과의 외교관계를 의식하지 않을 수 없었기 때문에 표면적으로는 다롄에서의 공산당의 활동을 제한하고 감독하면서 공산당 측에게 '비공개적'으로 활동하고 사실상 공산당이 조직한 다렌시정부도 적어도 공식적으로는 '합법적' 행정기관으로 중립을 유지할 것을 요구했다. 둘째, 하얼빈이나 선양 등 동북 지역의 다른 도시들과 달리 다렌은 제정러시아 시기부터 가지고 있던 소련의 이해관계로 인해서 일본의 패전 이후에도 소련군의 군사관제와 중국 공산당의 '비공개적 통치'를 동시에 받았다. 즉, 소련의 목적은 정치·경제적 안정의 유지를 통해 자신의 이권을 확보하는 것이었기 때문에 급진 노선에 의해 정치·사회적 불안정성이 증가하는 것을 원하지 않았고 공산당도 이러한 소련의 정책을 존중할 수밖에 없었다. 셋째, 이러한 소련과 국민당의 관계 및 다렌에서의 소련의 이권에 대한 '이해와 고려'에 더하여, 중국 공산당의 입장에서도 다렌이 가지고 있는 항구라는 교통 허브로서의 지리적 조건과 일본이 남긴 근대적 공업도시로의 인프라를 이용해 동북 지역을 포함한 다른 지역에서의 '해방전쟁'을 물질적으로 지원할 필요가 있었기 때문에 소련군이 진주한 1945년 후반기부터 이미 '청산'·'분홍'투쟁보다 공회를 통해 생산을 조직하는 데 자신의 최우선적인 임무를 부여했던 것이다. 이렇게 보면 소련과의 공동 통치와 전쟁 지원 공업도시라는 '특수 해방구'로서의 성격이 다렌의 접관 과정을 이 시기의 다른 동북 지역 도시들의 접관 과정과 다르게 만든 요인이라고 할 수 있다.

2. 전형단위제의 실제

1) 당 조직을 통한 정치적 동원

제2차 세계대전이 끝나고 두 달이 지난 1945년 10월 중순, 공산당은 다렌시직공총회주비회大連市職工總會籌備會 명의로 공산당원을 파견하여 다렌기차차량창에서 비밀리에 당 조직 건설 작업을 개시했다. 11월 하순에는 중국 공산당 다롄시 사허커우沙河口위원회에 의해 다롄기차차 량창 당 지부가 성립되었다. 이 시기에 다롄은 사회 질서와 생산을 점 차 회복하고 있었고, 국민당 세력이 활동하고 있었기 때문에 공산당은 비공개로 활동하고 있었다. 이에 따라 다롄기차차량창 당 조직은 우선 공회와 경비대警備隊를 장악하고 공장의 생산을 위한 원자재와 설비 등 을 지키는 '호창護廠' 활동에 집중하는 한편, 공장 소속 노동자를 조직하 여 '청산'에 나서도록 선전활동을 전개했다. 1946년 1월에는 공장 차 원의 청산투쟁이 시작되어 만주국 시기의 한간漢奸을 대상으로 하는 군중대회가 개최되었다. 중요한 점은 이러한 청산 과정에서 당 지부는 공장 내부의 각 작업장별로 공회 대표를 선발하여 기층 공회조직을 만 들었다는 것이다. 이후에도 계속된 당 조직의 역량 강화를 거쳐 5월에 는 당 지부가 당 총지부로 바뀌고 그 아래 3개의 지부를 거느리는 조 직으로 확대되었다. 1946년 6월 국공 내전이 발발하고 국민당이 다롄 지역을 봉쇄하는 상황에서 다롄기차차량창은 '생산을 조직하고 자력 갱신한다組織生産, 自力更新'는 공산당의 방침에 따라 필요한 식량과 일용 품을 스스로 조달했다. 1948년부터는 전선 지원을 위한 생산 증가에 집중하여 노동자들 사이에 생산 경쟁 분위기를 조성했다.

중화인민공화국 건국 이후 다롄기차차량창 당 조직의 노동자에 대 한 정치적 조직과 동원은 주로 정치운동과 생산력 증가라는 두 가지 측면에서 진행되었다. 첫째, 정치운동 측면을 보면 다음과 같다. 1950 년 6월 한국전쟁이 발발하자 당 조직은 항미원조抗美援朝를 위한 애국 주의 사상교육운동을 전개했다. 이에 따라 일부 노동자가 직접 참전했 고 나머지는 모금을 통해 '다롄철로공창직공호大連鐵路工廠職工號' 전투기 를 중국인민지원군中國人民支援軍에게 기증했다. 이처럼 당 조직은 공장 노동자를 동원하여 생산력 증가 운동과 함께 건국 초기 요구되던 정치

운동을 주도했는데, 다롄기차차량창에서는 1949년 6월부터 1950년 7
월까지 '반혁명진압운동鎭壓反革命運動'이, 1955년 7월에는 '숙반운동肅反
運動'이 전개되었다.[4] 또한 1951년 9월에는 오직貪汚·낭비·관료주의의
혐의가 있는 공장 간부와 관료를 겨냥한 '삼반운동三反運動'이 전개되었
고, 이들 간부와 관료를 심판하기 위한 '삼반인민법정'이 설치되었다.

둘째, 생산력 증가의 측면은 다음과 같다. 1951년 뤼다시당위원회
가 제출한 문건인 「광공업기업 당위원회의 임무工鑛企業黨委的任務」에는
공장당위원회의 임무를 다음과 같이 몇 가지로 규정했다. ①계획에 따
른 생산임무 완성을 감독한다. ②당의 정책과 국가경제정책의 정확한
집행을 감독한다. ③당원에 대한 사상과 정책 교육을 일상적으로 실시
하며, 생산과정에서 당원이 정책을 집행하고 임무를 완성하는 선진적
모범이 될 것을 요구한다. ④공회의 지도를 강화하고 청년조직 공작
을 지도한다. 또한 중공 동북국이 도시공작회의城市工作會議에서 결의한
「국영기업에 대한 당의 지도에 관하여關於黨對國營企業領導」에 따라 '공장
장 책임제廠長負責制'가 실시되었다.[5] 한국전쟁 시기에도 당 조직은 사상

---

4   "반혁명진압운동"과 "숙반운동" 모두 건국 초기 정부기관, 군대, 민간단체, 학
교, 기업 등에 숨어있는 "반혁명분자"를 색출하여 처벌하기 위한 전국적 규모
의 정치운동이었다.

5   공장장 책임제는 일장제(一長制)라고도 하는데, 공장 내부의 당위원회 책임
자와 공장장의 직위를 하나로 통일하여 동일 인물이 담당하도록 만든 제도이
다. 이 제도는 공장 내부의 권력구조가 다원화되어 '아무도 책임지지 않는(無
人負責)' 현상을 방지할 뿐만 아니라 단일하고 강력한 효율적 생산 지휘와 경
영관리체계를 수립하는 것이 목적이었다. 이것은 건국 초기 생산력 증가를 강
조하는 시대적 분위기를 반영하는 제도였다. 동북 지역에서는 1951년부터 추
진되었고, 다롄기차차량창에서는 1950년 5월부터 1952년 12월 사이에 시행
되었다.

교육과 참전을 위한 운동뿐만 아니라 "공장은 전장이고, 공구는 무기이며, 임무를 완성하고, 미제를 소멸하자工廠就是戰場, 工具就是武器, 完成任務, 消滅美帝"라는 구호 아래 노동자를 동원하여 애국주의 생산 경쟁 활동을 벌였다. 공장 당 조직은 '일오' 시기의 마지막 해인 1956년 '선진생산자운동先進生産者運動'을 전개하여 당해 연도 생산 계획을 시기·생산량·품질 등의 측면에서 모두 100% 이상 완성할 것을 독려하는 활동을 벌였다.

이상과 같이 '특수 해방구' 시기 공산당은 기본적으로 비공개 상태에서 다롄기차차량창에 당원을 침투시켜 비밀리에 공회를 조직하고 공회를 중심으로 당 지부를 건설했으며, 국공 내전 발발 이후에는 '청산'보다는 '생산'에 강조점을 두어 전선을 지원했다. 건국 이후 당 조직은 공회와 간부를 중심으로 노동자를 동원하여 정치운동을 전개하면서도 사회주의 공업화에 필수적인 토대인 생산력 증가를 중시하는 정책을 취했다.

2) 폐쇄적 사회·경제공동체

사회공간으로서 다롄기차차량창은 주민 생활에 필요한 모든 것이 완비된 사회·경제공동체였다. 식량, 기름, 석탄 같은 핵심적인 물자를 국가가 단위를 통해 노동자에게 배분하는 것을 제외하고는, 생활에 필요한 거의 모든 복지를 기업이 직접 공급했다. 제공되는 복지의 범위는 육아, 교육, 의료, 위생, 문화, 주택 등은 물론이고 질병, 양로, 퇴직에 관한 각종 형태의 보험까지 포함했다.

1950년 5월 1일부터 2년 8개월 동안 지속된 합영공관 기간 동안 노동자의 복지를 위한 많은 투자가 이뤄졌다. 주택 수리를 통해서 노동자의 거주를 안정시켰고, 직원식당과 목욕탕을 새로이 만들었다. 또한 노동자구락부工人俱樂部와 오락실을 만들어서 노동자가 문화생활을 누릴 수 있게 했으며, 그 자녀들을 위한 탁아소·유아원·학교를 지었다. 또한 단신 노동자를 위한 기숙사는 물론 기술학교와 그에 부속된 기숙사까지 제공하여 다롄기차차량창 노동자에게 필요한 기술교육은 공장 내부에서 담당하게 되었다.

중요한 것은, 과거 만주국 시기에 일본인이 살던 주택을 압수하여 수리를 거쳐 노동자에게 제공했을 뿐만 아니라 건국 이후에 신규 주택을 대규모로 건설하여 노동자에게 제공했다는 점이다. 또한 다롄기차차량창은 이렇게 늘어난 주택을 관리하는 주택관리위원회를 별도로 만들어서 이 위원회에게 주택의 분배, 조정 및 관리를 전담시켰다. 주택관리위원회는 노동자에게 주택 사용 신청을 받아서 우선순위를 정해서 주택을 분배했으나, 주택 수요가 급증하자 1958년 4월 14일 제5차 직공대표대회職工代表大會를 개최하여 「공장 신규주택 분배방안工廠新建住宅分配方案」을 통과시켜서 주택 분배에 관한 규칙을 명문화했다.

이렇게 온갖 형태의 복지를 제공한 사회·경제적 공동체로서의 특징은 특히 기업 내부에 형성된 노동시장을 통해서 강하게 드러났다. 기업에서 필요한 노동력을 기업 외부의 시장에서 구매하는 것이 아니라 기업 내부에서 충원했던 것이다. 사회주의 시기 중국 도시에서는 노동유동성이 사실상 존재하지 않았기 때문에 기업과 기업 사이의 전직轉職은 물론이고 동일 기업 내부에서도 부서 이동이 매우 엄격히 제한되었다. 공석이 생기면 기업 외부에서 적합한 직무능력을 갖춘 노동자를 고용하는 것이 아니라 기업 내부에서 '적당한' 노동자를 충원했다. 이것은 사회주의 시기 사회경제적 공동체로서의 기업이 가진 특징으로 기업 소속 노동자와 그 가족의 '복지'에 대한 고려가 낳은 결과라고 볼 수 있다.

다롄기차차량창은 노동자와 그 가족의 복지를 위해서 기업에 부속된 집체기업集體企業을 설립했다. 이렇게 기업의 생산과 경영의 경제적 필요와 상관없이 '사회적 필요'에 의해 부속 기업을 설립하는 것은 전형단위제의 주요 특징 중 하나이다. 『철도부 다롄기차차량공창지鐵道部大連機車車輛工廠志, 1899~1987』에도 당시 공장의 집체기업은 주로 직공 자녀와 하방되었다가 돌아온 지식청년의 일자리 문제를 해결하기 위해서 세워졌다고 명시적으로 밝히고 있다. 1968년 10월 당의 결정으로 모든 중학교 졸업생은 농촌으로 내려가서 생산활동을 하면서 농민에게 배우는 상산하향上山下鄕운동에 참가했다. 1972년 다롄기차차량창은 공산당위원회 정치부 선전과에 사무실을 설치하고 상산하향 지식청년을 전담하게 했는데, 1970년대 말까지 5,300명의 공장 소속 지식청년을 랴오닝성 좡허현莊河縣 평산인민공사平山人民公社 등에 내려 보냈다. 또한 1979년 2월 다롄기차차량창은 시정부의 결정에 따라 도시로 돌아온 지식청년의 취업을 위한 집체기업인 보조 재료공장을 만들어서 1,413명의 지식청년을 취업시켰다. 개혁기에 들어선 1980년에 이 보조 재료공장을 종합공업공사綜合工業公司로 확대 개편하여 다시 2,695명의 지식청년에게 일자리를 제공했다. 아울러 1982년 초에는 중공중앙과 국무원이 발표한 「널리 방법을 찾아서 경제를 살리고 도시 취업 문제를 해결하는 것에 관한 약간의 규정關於廣開門路, 搞活經濟, 解決城鎭就業問題的若干規定」에 따라서 다롄기차차량창 내부의 모든 작업장마다 소규모 부문을 신설하여 직공 자녀들을 취업시키고 전담 직원을 배치해서 자녀들을 교육시켰다. 또한 동년 10월에는 두 번째 집체기업인 건물수리회사를 만들고 기존 작업장들과 주요 부서에서 직공을 차출하여 건물수리회사의 주요 직책을 담당하게 하고 직공 자녀들을 고용했다. 이후에도 쌍흥실업공사雙興實業公司와 전자부품공장電子器件廠 등을 세워 직공 자녀들의 취업 문제를 해결했다.

이렇게 철도에서 사용하는 기관차를 생산하는 다롄기차차량창이 기업 본래의 전문 분야와 관련이 적은 여러 회사를 설립한 것은, 생산과 관련된 업무를 세분화하고 각 분야를 담당하는 전문회사를 만들어서 효율성을 제고하려는 목적에서가 아니었다. 『철도부 다롄기차차량공창지, 1899~1987』가 명시적으로 밝히고 있듯이, 학교를 졸업한 직공 자녀들과 도시로 돌아온 지식청년의 취업 문제를 해결하기 위한 것이었다. 전형단위제 특유의 강력한 온정주의paternalism가 직접적 원인이다. 기업 내부에서 상급자와 하급자의 임금 차이가 크지 않고, '연성 예산 제약' 때문에 혁신과 효율성에 대한 동기가 부재하고, 생활에 필요한 모든 자원이 단위 내부에서 완벽히 제공되고, 바깥과는 완전히 분리된 사회공간 속에서 단위 소속 노동자들 사이에는 온정주의가 형성되었고, 기업은 노동력 채용에서 생산성 증대에 대한 기여 가능성보다는 사회경제적 공동체의 유지에 보다 더 큰 관심을 가지게 되었다.[6]

3) 중앙정부에 직속된 대형 국유기업단위

1950년 5월 1일 「중국 창춘철로 뤼순구 및 다롄에 관한 협정中國長春鐵

6 　동유럽 사회주의의 기업은 '사후'에 정부와의 협상을 통해서 정부로부터 적자 부분을 보충할 수 있었기 때문에 예산 제약이 엄격하지 못하다. '연성 예산 제약(soft budget constraint)'이란 이러한 현상을 가리키기 위해 헝가리의 경제학자 야노스 코르나이(Janos Kornai)가 창안한 개념이다. 코르나이에 따르면, 이러한 연성 예산 제약으로 사회주의 기업들은 생산 요소 부족 시 그 추가 구입에 필요한 자금을 국가가 언제나 보충해주어 가격에 대한 기업의 반응성이 둔화되어 있을 뿐만 아니라 혁신의 동기가 사라지고 정부에 대한 로비를 통해 당면한 문제를 해결하려 한다고 비판한다.

路旅順口及大連的協定」을 통해 다롄기차차량창은 중·소 합영공관에 들어 가면서 중장철로공사中長鐵路公司에 속하게 되었다. 중국과 소련이 번갈 아가면서 공장장과 부공장장을 담당했다. 다롄기차차량창은 기관차· 객차·화물차의 수리와 제조를 담당했고, 생산·재무 계획과 생산 임무 는 중장철로관리국 창무처廠務處가 직접 관할했으며, 생산 재료는 재료 처에서 공급했다. 각종 기술 문건, 세칙, 수리 규정 및 제조 표준 등은 공장이 직접 관리했지만, 다른 부분은 중장철로 관련 부처와 중국 철 도부서가 관리했고, 공장의 소득과 이윤은 중국과 소련이 공평하게 나 눴다. 1953년 1월 1일 중·소 합영이 종료된 후 다롄기차차량창은 중 국 철도부에 소속되었다.

중·소 합영공관이 종료된 1953년부터 다롄기차차량창은 중국 중 앙정부 철도부 직속의 중앙기업이 되는데, 다롄기차차량창의 중앙기 업으로서의 특징은 정치부政治部 설립 과정에서 단적으로 드러났다. 1961년 1월 26일 중국 공산당 중앙은 국무원 철도부 당 조직이 만든 「철로계통에 정치공작부문 건립과 관리체제 개선에 관한 보고關於在鐵 路系統建立政治工作部門和改進管理體制的報告」(이하 「보고」)를 비준했는데, 이 보고는 "철로는 국민경제의 대동맥이고 고도로 집중된 기업이며 반半 군사적 성격이 있으니, 모든 권력을 철도부에 집중시켜야 한다"는 점 을 명확히 했다. 「보고」는 다롄기차차량창 같은 철도부 기업은 해당 층위 지방정부나 당 조직의 관리 대상이 아니라 중앙기업이라는 점을 중국 공산당 중앙 차원에서 명확히 한 것이며 동시에 지방에 소재한 기업이라고 해도 중앙기업은 중앙 정부의 해당 부문인 철도부의 지휘 계통에 직속되어 있음을 보여준다.

구체적으로 살펴보면 다음과 같다. 중국 공산당 중앙이 철도부에 설치한 다롄기차차량창 정치부는 공장 내 사상정치공작과 조직공작을

담당하는 부서로, 철도부 당위원회는 중국 공산당 중앙의 위탁을 받아
서 철도부 정치부를 지도한다. 즉, 중앙정부인 국무원의 철도부 당위
원회 및 정치부는 지방 각 층위(성, 시, 자치구)의 당위원회와 함께 해
당 층위의 철로총국, 철로국, 공정국工程局, 설계원設計院 및 철도부 소
속 공장 등에 설치된 정치부에 대해서 이중지도雙重領導를 행사하는데,
국무원의 철도부 당위원회와 정치부에서 수직적 지휘 계통으로 내려
오는 지도가 주된 역할을 하고, 해당 층위 지방정부 당위원회의 수평
적 지도는 부차적인 것이지만 수직적·수평적 이중지도가 이뤄진다.
따라서 국무원의 철도부 직속 단위인 다롄기차차량창의 정치부는 중
앙의 국무원 철도부 정치부의 수직적 지도를 받으면서 동시에 다롄시
공산당위원회의 이중지도를 받는다. 그런데 이러한 중앙과 지방의 이
중지도는 사상정치공작과 조직공작 분야인 정치부에만 해당된다. 따
라서 철도부 내부의 사상정치공작과 조직공작을 제외한 철도부 고유
업무인 운수·생산 지휘, 물자·자금 분배, 설비 조정, 간부 안배, 직공
이동 등은 중앙정부 국무원의 철도부에서 내려오는 수직적 지휘 계통
에 따라서 결정되고, 다롄시 공산당위원회는 이러한 업무에 전혀 개입
하지 못한다.

이렇게 사상정치공작과 조직공작을 제외한 철도부 고유 업무에 대
해서는 중앙의 철도부 당 조직의 수직적 지휘 계통만 작동하고 같은
당 조직이라고 해도 다롄시 당 조직은 지도를 행사하지 못하는 것은
전형단위제의 주요 특징이다. 다시 말해서, 「보고」는 다롄기차차량창
이 사상정치공작이나 조직공작 같은 업무에서는 중앙정부 철도부 정
치부와 다롄시 당위원회가 동시에 개입하는 이중지도를 받지만, 운
수·물자·자금·설비·인사 등과 같은 철도부의 고유 업무에 관해서는
오직 중앙정부 철도부에서 내려오는 수직적 지휘 계통의 지도만 받는

다는 점을 명시적으로 밝힌 것이라고 할 수 있다. 이것은 다롄기차차량창이 다롄이라는 지방에 소재하고 있지만 중앙정부 철도부에 직속된 기업단위이기 때문에 다롄시정부와 당위원회와 어떠한 수직적 지휘 계통에 속해있지 않고 수평적 협조관계를 구성하고 있는 것이 가장 큰 이유이다. 즉, 정치부 업무를 제외한 기관차·객차·화물차의 생산과 수리라는 고유한 업무와 관련해서 다롄기차차량창이 다롄시정부는 물론 시당위원회와 어떠한 지도 및 협조관계도 구축하고 있지 않는 것은, 다롄기차차량창이 대규모의 공장부지, 대량의 노동자, 전면적 기업복지, 폐쇄적 사회·경제공동체라는 특징을 보유한 중앙기업으로서 실제로 동원할 수 있는 사회·경제적 자원의 측면에서나 중앙정부와의 지휘 계통이라는 정치적 관계 측면에서 해당 층위의 지방정부 및 당위원회에 대해서 결코 '약자'의 위치에 있지 않았기 때문이다.

다롄기차차량창의 사례에서 보듯이, 사회주의 시기의 중국 동북 지역은 '전형단위제'가 강하게 표출된 지역으로, 중공업 위주의 중·대형 국유기업들이 거대한 공장과 대규모 노동자를 거느리고 중앙정부에 직속되어 강력한 물질적 자원과 네트워크를 이용해 종종 해당 지역 지방정부보다 정치·경제적으로 우세한 위치에 있는 '약한 정부(국가) – 강한 기업(사회)'이라는 구도를 보여주고 있다. 사회주의 시기의 중국 어디에나 발견할 수 있는 '강한 정부(국가) – 약한 기업(사회)'의 구도가 전형단위제가 지배하는 동북 지역에서는 역전되었던 것이다.

Ⅳ. 결론: 전형단위제로 본 '동북 지역의 사회주의'

1946년 6월 발발한 국공 내전에서 공산당이 가장 먼저 장악한 곳은 랴오닝, 지린, 헤이룽장이라는 동북 지역이었고, 동북 지역 도시들을 접수하고 관리하는 '성시 접관' 과정에서 공산당은 국가-기업-노동자 관계 및 권력과 자원의 배분에 관해 기존 농촌 근거지에 구축한 것과는 질적·양적으로 완전히 다른 경험을 획득할 수 있었다. 이러한 동북 지역 '성시 접관' 시기의 경험은 사회주의 시기 단위체제의 맹아가 되었고, '일오' 시기의 공업화 과정에서 동북 지역에는 사회주의 시기 중국의 단위제를 대표하는 전형단위제가 형성되었다.

다롄은 19세기 말부터 러시아에 의해 군항으로 개발되었고 만주국 시기에 일본 남만주철도주식회사의 본사가 들어서면서 동북 지역을 대표하는 해항과 근대적 공업기지를 갖춘 도시로 발달했다. 1945년 8월 15일 일본의 무조건 항복으로 제2차 세계대전이 종전된 지 1주일 후 소련군은 다롄에 진주했으며 다롄기차차량창은 소련군의 군사관제를 받게 되었다. 1955년 5월 31일 소련군이 완전히 철수할 때까지 다롄은 소련군이 공식적으로 통치하고 중국 공산당이 (비)공개 조직으로 시정부와 대중조직을 장악하는 '특수 해방구'였다. 이 기간 중 건국 이전에 공산당은 다롄기차차량창에 공회와 당 조직을 설치하고 합법적·공개적 방식의 청산투쟁을 전개하는 한편 '생산력 중심 노선'에 강조점을 두는 활동을 통해 전선에 필요한 군수물자를 지원했다. 건국 이후 다롄 지역의 일정한 공업기업들을 대상으로 중국과 소련이 동시에 기업을 경영하고 관리하는 합영공관이 시행되었다.

공산당이 해방한 동북 지역의 다른 도시들처럼 다롄에서 '성시 접관'이 시행되었지만, 소련의 이해관계, 해항, 근대적 공업기지, 전선지원의 필요성이라는 '특수 해방구'로서의 조건이 작용했고, 다롄기차차량창은 1952년 말까지 중국과 소련의 합영공관을 받았다. 이러한 '특수 해방구'로서의 다롄의 조건과 함께 다롄기차차량창에는 공산당의 동북 지역 '성시접관'에서 획득한 경험이 동시에 투영되어 동북 지역 특유의 전형단위제가 형성되었다.

『철도부 다롄기차차량공창지,1899~1987』, 『다롄기차차량창공창 간사大連機車車輛廠簡史, 1899~1999』 등을 통해서 분석한 다롄기차차량 의 실제는 '당 조직을 통한 정치적 동원', '폐쇄적 사회·경제공동체라 는 사회공간', '중앙정부에 직속된 대형 국유기업단위'라는 전형단위 제의 특징이 그대로 나타난다.

2004년부터 중앙정부 차원에서 '동북 진흥' 정책이라는 이름으로 동북 지역의 '노후 공업기지老工業基地 개조'가 추진되었는데, 산업구조 조정과 소유권 개혁을 목적으로 하는 국유기업 개혁이 핵심 내용이었 다. 이러한 동북 지역 국유기업 개혁의 대상은 바로 전형단위제의 해 체라고 할 수 있다. 하지만 동북 지역의 전형단위제는 다롄기차차량창 의 사례에서 드러나듯이 '물질과 제도'로서 존재했던 이 지역 사회주 의의 실체이며, 이 지역의 문화와 화학작용을 하여 사람들의 관념과 습관을 지배했기 때문에 중앙정부 차원의 '개혁'에 의해서 쉽사리 사 라지지 않았다.[7] 그 결과 국유기업 개혁이 시작된 지 10년이 지난 오늘 날 동북 지역에서는 여전히 인구가 감소하고 경제성장률이 전국 최저 를 기록하는 '신동북 현상新東北現象'이 나타나고 있다.

이상과 같은 다롄기차차량창 분석을 통해서 개혁기 중국을 보다 잘 이해하려면 전국적인 추상적 수준의 이념형ideal type과 사상으로서 의 사회주의가 아니라 지역에 실제로 존재했던 구체적인 '물질과 제 도'로서의 사회주의에 대한 분석이 필요하다는 사실을 알 수 있다. 다

---

7 텐이펑은 전형단위제가 기층 사회관리체제의 사구(社區)로의 신속한 전환에 심각한 장애가 된다는 점을 지적하고 있다.

렌기차차량창의 전형단위제에 대한 분석은 중국 연구가 '지역' 연구로서 전국과 지방을 결합시키고 이념 및 사상을 물질 및 제도와 결합시키는 연구방법을 취할 것을 요구하고 있다. 아울러 최근 중국 학계에서는 '노후 공업기지'를 도시 차원으로 확장하여 '노후 공업도시老工業城市'란 개념을 사용하고 있다. 이것은 전형단위제라는 사회주의 시기 동북 지역 국유기업의 구성요소와 특징이 단지 기업 차원에서 머무는 것이 아니라 해당 기업이 속한 도시의 정치·경제·사회·문화의 전반적인 차원을 지배하는 구조로 고착된 것을 가리키는 개념이다. 따라서 이러한 '노후 공업도시' 개념은 동북 지역 연구의 방향이 기업 층위를 벗어나서 기업이 속한 거시적인 '도시 레짐urban regime'에 대한 연구로 나갈 것을 제시하고 있다고 하겠다.

참고문헌

김원, 1998, 『사회주의 도시계획』, 보성각.
배리 노턴, 2010, 『중국경제: 시장으로의 이행과 성장』, 이정구·전용복 역, 서울경제경영.

工廠簡史編委會, 1999, 『大連機車車輛廠簡史(1899~1999)』, 中國鐵道出版社.
大連機車車輛廠黨組織史編委會, 2001, 『中共大連機車車輛廠組織史資料匯編(1921-2001)』, 大連機車車輛廠.
大連機車車輛廠史編寫組, 1962, 『戰鬪的里程—大連機車車輛廠史』, 春風文藝出版社.
劉志民, 2011, 「大連解放初期中蘇合營公司探究」, 『大連近代史研究』 第8卷.
李路路, 2002, 「論單位研究」, 『社會學研究』 第3期.
李培林·李强·馬戎 主編, 2008, 『社會學與中國社會』, 社會科學文獻出版社.
田毅鵬·呂方, 2014, 『单位共同体的变迁与城市社区重建』, 中央编译出版社.
田毅鵬·李珮瑤, 2014, 「計劃始期國企"父愛主義"的再認識」, 『江海學刊』 第3期.
田毅鵬·漆思, 2005, 『"單位社會"的終結: 東北老工業基地"典型單位制"背景下的社區建設』, 社會科學文獻出版社.

Bray, David, 2005, *Social Space and Governance in Urban Chi-*

na, Stanford: Stanford University Press.

Duanfang, Lu, 2006, *Remaking Chinese Urban Form: Modernity Scarcity and Space 1945-2005*, London: Routledge.

Naughton, Barry, 1995, *Growing Out Of the Plan: Chinese Economic Reform, 1978-1993*, Cambridge: Cambridge University Press.

다롄의 대외 개방과
발전전략으로서의 개발구정책

장샤오강(張曉剛)

Ⅰ. 다롄의 개방 과정과 개발구의 발전

다롄은 중국 동북 지역의 유명한 도시로서 지리적 조건이 특히 우월하다. 동북 대륙의 최전방으로 바다를 사이에 두고 한반도 및 일본열도와 마주하고 있으며 산둥반도와 더불어 베이징·텐진 지역의 요충을 굳게 지키고 있다. 다롄은 고대로부터 동북아 지역의 해역 연결망에서 중요한 허브로 작용하고 있을 뿐만 아니라 동북의 중심 지역을 배후에 둔 중국의 가장 중요한 중공업 기지로 풍부한 식량, 목재, 석탄, 석유, 강철 등의 자원을 품고 있다. 다롄은 동북 지역 교통 연결망의 가장 중요한 절점節點으로서 그 특유의 지리적 위치가 동북 지역 개방 창구로서의 지위를 결정지었다.

다롄은 중국 동북 지역에서 가장 이른 시기에 개방된 도시 중 하나다. 이미 20세기 초에 러시아는 다롄을 동북아 지구의 자유항으로 만들고자 계획했고, 일제강점기에 일본은 다롄을 백만 인구의 '도시'로 계획하기도 했다. 개혁개방 이후 중국 정부의 적극적인 개방 정책은 다롄에 새로운 발전의 기회를 제공해주었다. 1984년 대외 경제 협력과 기술 교류를 격려하기 위해 국무원에서는 톈진, 상하이, 다롄 등 14개 연해 도시를 개방하기로 결정했다. 이들 도시는 대외 개방을 통한 국제자금과 기술을 활용해 내향성 경제 모형에서 내외결합 경제 모형으로의 전환을 꾀하고 있다. 이들 도시에서 이루어진 경제적 성과는 중국 본토의 급속한 경제 발전에 상당한 영향을 미칠 것이다.

사실상 다롄은 이미 이전에 개방을 위한 첫걸음을 내딛었다. 1978년 8월 랴오닝대외무역본사가 다롄시 방추이다오호텔棒槌島宾館에서 다롄 수출상품 교역회를 개최했는데, 이는 다롄 커우안口岸(출입국사무소)이 개방된 이래 규모가 가장 큰 무역 활동이다. 1981년 8월 일본 미쓰이물산주식회사三井物産株式會社가 다롄에서 사무소를 설립했는데, 이는 랴오닝성 내에 설립한 첫 외상外商 상주기구다. 다롄의 개방과 발전은 랴오닝성보다 앞서가고 있으며 나아가 동북 지역 전체에서 선두적 위치에 있다.

1984년 다롄이 연해 개방 도시로 거듭난 이후 국무원에서는 다롄경제기술개발구의 건설을 비준했다. 다롄경제기술개발구의 위치를 우선 다롄시 중심 지역에서 동북 방향으로 30킬로미터 떨어진 곳으로 선 정했는데, 이는 그 당시 계획 중에 있는 다야오완大窯灣 컨테이너부두 와 인접하고 있다. 다롄경제기술개발구는 대형 항구와 맞닿아 있으며 공업 무역 수출기업을 주체로 중외합자·중외합작 기업과 외상 독자기 업을 인입하여 중외합작의 과학기술개발기구를 중심으로 경제정보센 터를 수립해서 국제 중계무역을 진행하는 종합기술개발구이다. 다롄 경제기술개발구의 첫 공정은 불과 5킬로미터였고 수출액도 15만 달러 였다. 하지만 대외 경제 활동의 활발한 진행과 더불어 5년 동안 수출액 은 1억 5,022만 달러로 늘어났고 수입 총액도 4,482만 달러에 달했다.[1]

1990년대에 들어서 다롄경제기술개발구는 쾌속 발전의 단계에 진 입했고 10여 년의 건설 작업의 노력 끝에 개발구는 외자 유치와 경제 건설 측면에서 장족의 발전을 이루었다. 1996년에 이르러 개발구의 연 간 수출입 총액은 10억 달러를 초과했는데, 이는 전국 동업종 개발구 에서도 선두를 달리는 수치다. 1990년대 하반기부터 세계 경제의 불 경기와 아시아 금융위기의 영향으로 개발구의 경제 구조에 새로운 변 화가 생기기 시작했다. 일본 및 한국 투자기업이 날로 증가하고 일반 장비 및 전자산품산업의 성장이 비교적 빠르게 나타났다. 이러한 추세 에 힘입어 개발구 설립 20주년을 맞아 수출입 총액은 이미 80억 달러 를 초과했다.

21세기에 들어서면서 많은 유럽과 미국 기업 및 세계 500대 회사, 그리고 제조업 영역에서 선진 기술과 경험을 구비한 기업들이 개발구 에 진입해서 투자를 시작하면서 전 지역의 외향성 경제 발전을 추진시 켰다. 그 성과로 2008년에는 전 지역 수출입 총액이 110억 달러를 초

---

1   赵介, 「大连开发区对外经济贸易发展30年解析[J]」, 『中国经贸』, 2015(20).

과했다. 2010년에 이르러 세계 경제 부흥의 기력이 부족하고 외수外需가 지속적인 감소 추이를 보이는 등 불리한 요소들이 작용하고 있는 와중에도 다롄경제기술개발구는 "증장을 유지하고保增長, 구조를 조절하며調結構, 평형을 촉진하자促平衡"라는 이념을 철저히 관철하여 일정한 규모의 성장을 지속적으로 유지하면서 2013년에 이르러 수출입 총액이 250억 달러를 초과했다. 2016년까지 개발구는 이미 28평방킬로미터 단지를 건설했고 고정자산의 누적 투자액 386억 위안을 달성했을 뿐만 아니라 총 40개 나라와 지역의 1,200여 개의 외상 투자기업이 투자하여 계약 금액이 90여억 달러를 초과했다. 아울러 동북 지역에서 가장 크고 가장 중요한 개방 지역으로 되었다.

다롄경제기술개발구는 다롄의 개방 여정에서 선두적인 역할을 했다. 다롄경제기술개발구의 부단한 발전은 다롄시 개방형 경제 수준의 부단한 제고를 추진했다. 1984년부터 다롄의 개방은 전면적인 발전의 시대에 들어섰다. 홍콩의 도시 기능을 참고하여 다롄경제기술개발구를 주체로 이미 건설되거나 건설 중인 세 개의 항구―다야오완, 다롄완大連灣, 녠위완鮎魚灣―에 의존하여 다롄을 공업무역, 과학정보를 위주로 하는 다기능성 종합 항구로 건설하려고 노력했다. 1990년대 후반에 다롄시는 "외향으로 이끌기外向牽動, 커우안口岸 경제, 과학기술로 도시 진흥科技興市, 지역공동발전區域共同發展"등 4대 전략을 수립하고 다롄을 해항·공항을 중심으로 하고 철도·도로를 보조로 하는 교통 인프라로 발전시킴으로써 항구의 물동량 집산기능을 대폭 증가시키고 금융·여행 등 임항臨港산업의 장기적이고 안정한 발전을 가져와 동북아 지역 경제 중에서의 지위가 더욱 확고하게 되었다.[2]

---

2   解秀铃, 「全面提升大连开放型经济水平」, 『大连干部学刊』, 2008(11).

21세기에 들어서 다롄의 개방은 한 단계 더 나아갔다. 2003년부터 동북 노후 공업기지의 전면적인 진흥 전략을 거치면서 다롄은 발전을 위한 절호의 기회를 얻었다. 다롄은 동북아에서 가장 중요한 항운센터로서 자리매김하는 것을 목표로 삼았다. 국무원 사무소의 「동북 노공업기지의 촉진 방안과 대외 개방의 진일보 확장에 관한 실시 의견关于促进东北老工业基地进一步扩大对外开放的实施意见」에서는 특별히 다롄을 동북아 국제 항운센터로 건설할 것을 제시했다. 구체적인 내용을 살펴보면 다음과 같다. 첫째, 항구시설 건설을 강화하고 다롄 커우안의 개방 정도를 제고하며 외자를 흡인하고 항운 요인을 취집하는 능력을 증가한다. 둘째, 다롄 지역 항구 연동 시범의 범위 확장을 연구해야 한다. 이에 따라 외국 기업이 투자한 대형 항구부두, 임강공업, 물류 프로젝트 등에 대해 정책적 지지를 제공해주었을 뿐만 아니라 우선적인 심사 자격

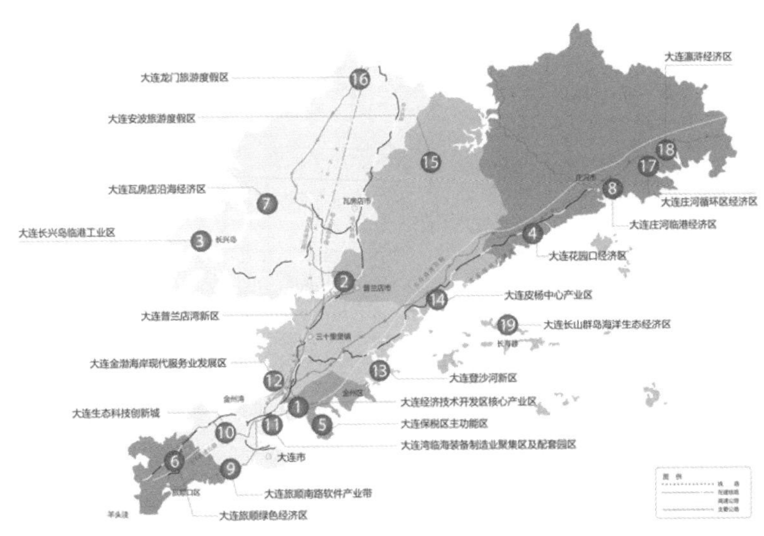

그림1 다롄시 연해중점지역 분포도

도 부여해주었다. 이로써 다롄을 동북아 중요 국제 항운센터로 구축하는 건설 목표는 국가 전략의 수준으로 상승되었다.

다롄의 대외 개방은 30여 년의 부단한 발전을 거쳐 전방위·다차원의 개방 구조를 형성했다. 아울러 다롄은 동북 지역 나아가서 동북아 지역에서 영향력을 지닌 국제화 수준이 비교적 높은 개방 도시로 간주되고 있다. 21세기에 진입한 이래 다롄은 이미 수출입 총액에서 300억 달러를 초과했고 국가급 경제기술개발구를 소유하고 있으며 동북 지역의 유일한 보세지역 및 수출가공지역으로 되었다. 다롄은 중국 외상 투자기업, 경외境外회사와 금융기구가 가장 집중된 5대 도시 중 하나이며 그중에서도 다롄개발구, 보세지역, 까우신취高新區의 외자 점유율은 전 시의 60%를 차지하고 개발구지역 산출 총액은 전 시의 20%를 초월함으로써 개방 선도구는 다롄, 나아가 랴오닝성의 경제 성장의 극지極地로 자리매김했다.

Ⅱ. 다롄 및 다롄개발구 발전의 특징

다롄이 동북 지역 대외 개방의 용두로 된 것은 자체의 우세가 지극히 중요하게 작용했기 때문이다. 다롄은 전면 개방 초기에 이미 비교적 완벽한 현대화 기초시설과 성숙된 교통체계, 편안한 생활조건을 구비하고 있었다. 대외 개방의 심화에 따라 다롄은 점차적으로 다롄 특유의 대외 개방 경험을 형성하고 있다. 우선, 다롄은 대외 개방 선도구로서 그 역할을 충분히 해냈을 뿐만 아니라 경제기술개발구가 다롄 대외 개방의 과정에서 정책실험구·체제창신구·고신기술(하이테크놀로지)응용구로서의 역할도 제대로 수행하고 있다. 아울러 국제 수준의 가공·제조기지와 국제 물류기지를 갖추기 위한 건설 작업을 촉진시켰으며 외자 이용과 수출 무역 발전에도 적극적인 인도 작용을 했다. 다음으로, 다롄의 개방은 시종일관으로 항운센터를 중심으로 진행되었다. 항구 기초시설의 건설을 가속화하고 더욱 막힘이 없는 운수체제를 수립하며 임강산업을 대대적으로 발전시키고 항구 연동을 확대하여 동북 지구의 중요 해양출구(出海口)로서 그 역할을 수행하고 있다. 또한 현대 서비스업을 대폭적으로 발전시키는 것을 통해 개방 영역을 확대했다. 다롄은 금융, 무역, 물류, 중계, 노무아웃소싱 및 여행 등의 영역에서 외자 이용률을 확장하고 국외 서비스업의 현대적인 개념과 선진적인 경영관리 경험을 받아들였으며 산업구조 조정을 가속화하고 국제화 수준을 제고했다. 2012년 말에 이르러 다롄시의 서비스아웃소싱 기업은 988개, 종사자는 총 11.98만 명에 달하는데, 세계 500대 회사 중 80여 회사가 포함되고 있다. 2012년에는 다롄의 해외 이전 아웃소싱서비스 계약 금액이 17억 달러를 초과하는 등 연 증가율이 41%에 달했으며, 소프트웨어와 서비스아웃소싱 산업 산출은 억만 위안을 돌파하여 전국 1위를 차지했다.[3]

다롄은 점차적으로 동북아의 중요한 국제 항운센터로 구축되고 있으며 항구와 철도를 기반으로 하는 입체적 교통 네트워크를 형성하여 '원스톱' 통관 서비스 플랫폼을 건설했다. 소프트웨어, 하드웨어 시설의 발전은 다롄 항운의 지속적이고 쾌속적인 발전을 보증했다. 2013년 다롄 항구의 화물물동량은 4억 톤, 컨테이너 물동량은 1000만 톤에 달했다. 다롄국제물류중심의 건설은 국제항운중심의 건설과 더불어

---

3   马苹·刘忠和,「构建开放型经济新体制打造大连市对外开放新优势」,『辽宁大学学报』(哲学社会科学版), 2014(5).

쾌속적인 발전 단계에 들어섰다. 다롄 물류의 과학기술화와 정보화는 전국 범위에서 앞장서 있으며 물류 서비스 체계를 부단히 완성하고 있다. 2012년 다롄시의 물류업 산출은 전 시 지역 총산출의 9.85%를 차지하여 전 시 물류 총액이 1.7만억 위안에 도달했다.[4]

국제항운중심과 물류중심의 건설과 원활한 운영은 기능이 완비된 금융중심의 지지를 필요로 한다. 2004년 이후 다롄시는 지역성국제금융중심區域性國際金融中心을 건설하기 시작했다. 2013년 다롄시의 외화 대출 잔액은 1만억 위안을 넘어섰고 직접융자가 2,600여억 위안에 이르러 금융 증가액이 다롄시 GDP의 7%를 차지하게 되었으며 금융중심지수가 전국 동급 도시 중에서 6위를 차지했다. 중국은행, 교통은행 등이 다롄시에 분행을 설립했고, 금융 업무의 방사작용이 전체 동북 지역으로 확산되어 타지방 예대 업무가 은행 업무의 30%를 차지했다. 다롄은 증권감독관리위원회에서 지정한 전국 첫 번째의 보험 발전 시행 도시로 많은 외자 보험기업들이 본사를 다롄에 설립했다. 다롄의 선물시장과 대종상품무역大宗商品交易도 빠른 발전 추이를 나타내고 있다. 다롄의 대두 선물시장은 이미 아시아 1위, 세계 2위의 대두선물무역중심으로 올라섰고, 다롄상품무역소에서 장내거래 한 무역량은 전국의 37.6%를 차지했다.[5]

동시에 다롄의 대외 무역 수출 규모와 속도도 상승 추세를 보이고 있다. 수출 무역 구조는 나날이 최적화되고 있으며, 2011년 고신기술 상품과 기계전자상품의 수출액이 끊임없이 제고되어 기계전자상품의

---

4   王荣琦, 「大连东北亚国际物流中心建设创新提速」(http://liaoning.nen.corn.en/systern/2013/09/17/010809925.shtml).

5   「大连市政府工作报告(摘要)」, 『大连日报』, 2014年 1月 8日(A02).

수출액이 전 시 수출 총액의 54%, 고신기술상품의 수출액이 전 시 수출 총액의 14.9%를 차지했다. 같은 시기에 소프트웨어 아웃소싱 및 출항 서비스 아웃소싱이 23% 증가했으며 2012년 말에 이르러 전 시 서비스 아웃소싱 기업수는 약 천여 개, 종사자는 11만 명 남짓 되었다.

다롄의 전면 개방과 발전은 특색 있는 단지의 발전과 산업 집결 효과를 떠날 수 없다. 다롄경제기술개발구, 보세구, 고신기술산업단지 등이 잇달아 건설되었고 환보하이해 연안에 개발된 창싱다오長興島임강공업단지, 화위안커우花園口공업단지 등의 임항·임해 공업단지들은 다롄의 보다 나은 발전을 위해 거대한 가능성을 제공해줬다. 그러나 다롄 개방의 전면성에 반해 다롄개발구는 주로 가공무역을 위주로 하고 있다. 2013년 가공무역의 수출액이 전구全區 수출 총액의 69%를 차지했고, 일반 무역의 수출액이 전구 수출 총액의 30%를 차지했다. 업종 차원에서 봤을 때, 다롄개발구 내의 기업은 주로 전자공업·화학공업·설비제조업에 가장 많이 집중되어 있고 식품가공업과 패션업이 그 뒤를 잇는다. 최근에는 자동차제조업과 자동차부품제조업도 수출 강세를 보이고 있다. 외자내원外資來源으로 봤을 때 일자기업日資企業은 이미 다롄개발구의 주요 기업으로 자리매김했다. 2013년에 선정한 전구 수출 50대 기업에 일자기업 30개가 입선되었고 일자기업의 전년全年 수출액이 전구 수출 총액의 44%를 차지했다. 이 밖에도 일본은 다롄개발구의 가장 큰 생산품 수출시장이기도 하다. 통계에 따르면, 2011년 개발구 수출 총액의 30%를 일본으로 수출한 상품이 차지했다. 하지만 2013년에는 세계적인 경제 불황과 정치적 요인의 영향으로 일본이 차지하는 비율은 25%로 감소했고 대신 미국, 싱가포르, 한국 등을 상대로 수출하는 비중이 점차 증가하고 있다.

일자기업의 투자액과 수출액이 지속적인 감소 추이를 보이고 있는 와중에도 개발구 나아가 다롄 지역의 투자 기술 수준이 제고되었고 경영 패턴도 어느 정도 변화를 가져왔다. 예컨대 투자 방향을 살펴보면, IT기술기업이 차지하는 비중이 계속 증가했으며 다롄에 지역본부 또는 기술개발센터를 설립하는 경우가 증가했다. 또한 다롄개발구 및 다롄 지역에 대한 한국 기업의 투자액이 부단히 증가하고 있다. 비공식적인 통계에 따르면, 2005년에서 2010년까지 수천 개의 한자기업韓資企業이 다롄에 유입되었는데 그중 한국 독자기업이 800여 개에 달했다. 이런 한자기업들이 설립한 영역들은 전력·가스공급, 농農·임林·목牧·어漁업을 비롯해 정보 서비스, 소프트웨어 아웃소싱, 과학 연구, 기술 서비스 그리고 문화오락, 상업, 부동산, 제조업까지 기업 경영 업무의 다원화 양상을 나타내고 있다. 일자기업이 전자, 정보 등 고기술산업에 집중한 데 비해 한자기업의 투자가 가장 많은 업종은 제조업, 부동산업, 산매업零售業이다. 이 세 가지 업종의 총 투자액이 한자기업이 다롄에 투자한 총액의 95%를 차지한다.[6]

2005년부터 2009년까지 다롄의 한자기업은 매년 빠른 속도로 증가하고 있다. 같은 기간 동안 칭다오 등의 한자기업이 대량으로 철거한 상황과 결부해보면 다롄 지역의 한자기업 증가 속도는 굉장히 빠른 편이다. 하지만 다롄 한자기업의 발전에는 몇 가지 문제점이 있다. 무엇보다도 한국 기업은 전통적인 노동집약형 가공·제조업에 집중하고 있는 것으로 나타나는데, 이는 다롄이 추구하는 고신기술산업프로젝트高新技術產業項目와 고부가치수출프로젝트高附加值出口項目의 정책 방향과 어긋난다. 다시 말해서 이러한 정책 방향은 한자기업의 성장과 발

---

6 韓卫星·郑杰·李宁, 「韩国企业对大连经济建设的影响及对策研究」, 『辽宁经济』, 2012(1).

전에 걸림돌로 작용하고 있다.

요컨대 다롄 및 다롄개발구의 빠른 발전은 다롄의 우월한 지리적 위치뿐만 아니라 일본이나 한국 같은 선진 국가의 자금과 기술의 유입, 그리고 다롄을 경유해서 수송되는 중국 동북 지역과 극동러시아의 자원과 밀접한 연계를 맺고 있기에 가능했다. 이토록 우월한 조건과 더불어 국가·성·시 3급 정부의 우대정책까지 결합되어 다롄에서는 중국의 다른 지역에 비할 수 없는 다롄 특유의 우세를 자랑하게 되었다. 1980년대 이후부터 국가급·성급 발전 전략에서는 다롄을 지극히 중요한 지위로 선정되었다. 이로써 다롄이 랴오닝 지역에서 나아가 전체 동북 지역에서의 발전핵심과 경제 선두 역할로서의 지위가 확고해졌다.

Ⅲ. 다롄개발구의 발전 전망과 전략

다롄개발구는 일련의 고속 발전 단계를 거친 뒤 2010년에 이르러 개발구 발전의 주관적·객관적 조건과 국내외 환경의 거대한 변화를 맞이하게 되었다. 우선 국제적 배경부터 살펴보면, 경제의 글로벌화와 지역집단화 양상이 선명해지면서 무역보호주의가 강화되고 시장 독점 요인이 증가되었다. 이는 모두 다롄개발구의 경제 무역 규모의 확대에 불리한 영향을 미치고 있다. 더구나 국내 환경을 살펴보면, 전국·전방위全方位의 대외 개방을 실행하게 됨으로써 개발구를 대상으로 제정한 우대정책의 흡인력이 점차 떨어지기 시작했다.

이와 같은 대내외 환경의 변화에 직면한 다롄개발구는 우선 다롄 진저우구와 합병해 진저우신구金州新區를 설립했고, 2014년에는 다롄

그림2 다롄 진저우구 및 개발구의 위치

보세구保稅區와 푸완신구普湾新區를 합병해 국가급의 진푸신구金普新區를 설립했다. 진푸신구의 전체 면적은 2,299평방킬로미터로 10개의 국가급 신구 중에서 1위를 차지하고 있다. 지역 내의 상주 인구가 150여만 명에 달하고 지역 생산 총액은 2,800억 위안으로 다롄시 생산 총액의 36%를 차지하고 있다.

합병 이후 진푸신구의 산업체계가 나날이 개선되어 고급장비제조업, 항구물류업, 전자정보산업 등을 포함한 산업군을 형성하여 마침내 다롄 신흥산업의 핵심 집거구로 거듭났다. 최근 전체적인 전략 차원에서 다롄시는 푸란뎬만普蘭店灣 연안 지역의 건설과 진저우구의 최적화 발전을 도모하는 것에 개발 중심을 두었다. 아울러 진푸신구의 중·장기적 발전 목표를 '2핵·7구兩核七區'의 조화로운 발전 구조 형성에 두었다.

여기서 '2핵'이란 푸완신구에 속한 두 개 성구城區, 즉 푸완성구와 진저우성구를 가리킨다. 다롄시 정부의 목표는 바로 이곳들을 본부경

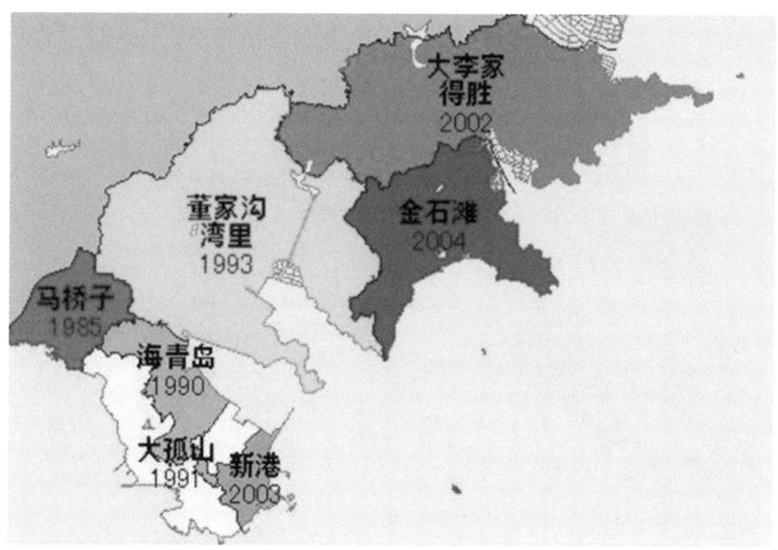

그림3 다롄시 개발구의 발전과정[7]

제總部經濟와 연구개발의 핵심 지역으로 육성하고 동시에 효율적이고 편이한 행정업무교육문화센터로 건설하며 높은 수준의 인재와 과학기술을 집중시켜 동북아 지역에서의 산업기술 인재 협력의 핵심 지역으로 구축하는 것이다.

'7구'는 다샤요요오완구大小窯灣區, 진스탄구金石灘區, 덩샤허-싱수툰구登沙河-杏樹屯區, 진보하이안구金渤海岸區, 치딩산-싼시리푸구七頂山-三十里堡區, 푸저우만-파오타이구復州灣-炮台區, 화자-덩샤허구華家-登沙河區를 가리킨다. 다샤오야오완구는 동북아 국제항운센터高端航運服務集聚區의

---

7 1984년 국무원에서는 진쎈마챠오즈(金县马桥子)가도에서 다롄경제기술개발구를 설립할 것을 제기하였다. 따라서 구 진저우구 소속인 뚱쟈꺼우(董家沟), 따리이쨔(大李家), 더썽(得胜) 등 가도들은 경제기술개발구의 관리 하로 임시 배정되었다.

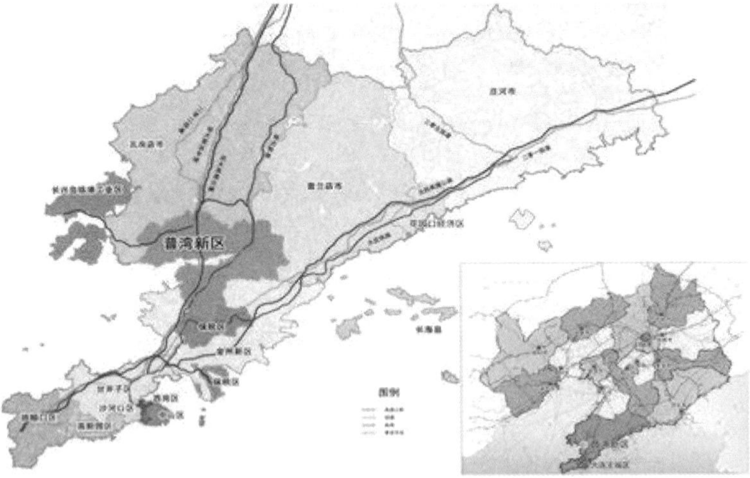

그림4 다롄시 푸완신구, 진저우신구의 위치[8]

핵심 항구와 높은 수준의 항운 서비스 집거구이며 항운 물류와 보세창고를 중심으로 하고 있다. 덩샤허-싱수툰구는 특수강特钢신재료, 항공제조, 수산물 가공과 저온 유통체계 물류업에 치중하여 발전하고 있다. 진보하이해안구는 국제공항의 건설을 적극적으로 추진시키고 있으며 임공臨空산업과 금융 서비스, 상업·무역 전시회, 문화·오락, 여행업 등의 산업을 발전시키는 데 힘을 쓰고 있다. 치딩산-싼시리푸구는 임강 고급장비제조업을 중점적으로 발전시키고, 푸저우만-파오타이구는 정밀화학공업, 신재료와 식품가공업의 발전을 중시하고 있으며, 화자-

---

8 2010년, 다롄시에서는 신도시 지역관리개혁을 실시하여 진저우구의 싼시리푸(三十里堡)가도, 쓰허(石河)가도, 파우타이(炮台)가도를 다롄푸완신구(普湾新区)의 관리 하로 배정하였고, 진저우구(金州区)의 나머지 12개가도와 다롄경제기술개발구에서 임시로 관리했던 다롄시진저우구의 8개 가도와 더불어 진저우신구(金州新区)에 포함시켰다.

덩샤허구는 농업과학기술단지에 의존하여 농업산업화의 시범 기지를 건축하고 있다.[9]

이러한 발전 목표를 달성하려면 반드시 대외 개방을 지속적으로 확대하여 국제경쟁력을 제고해야 하고 동시에 동북아와 세계 주요 경제체와의 과학기술 무역 협력을 강화하고 국제 산업의 역할 분담과 협조체계에 적극적으로 융합해야 한다. 이외에도 외래 무역 구조를 개선하고 서비스 무역을 발전시켜 가공 무역의 업그레이드와 전형을 추진해야 한다. 이는 진푸신구가 동북아 지역 내의 국가들뿐만 아니라 세계 주요 국가와 지역 간의 협력 사업도 적극적으로 전개해야 한다는 것을 의미한다. 국제 교류를 확대하는 동시에 전략형 신흥 산업을 발전시켜 자주창신自主創新 능력을 제고해야 한다. 결론적으로, 자주창신 능력의 제고를 돌파구로 '기업을 주체로 하고 생산업체·학교·연구기관이 상호 결합된 자주창신체계'를 구축하여 중대창신공정重大創新工程과 창신성과전환공정創新成果轉化工程을 실시함으로써 국제적인 영향력을 지닌 창신형 기업들을 육성해야 한다.

진푸신구의 발전은 항만지구의 선천적 우세에 의존해야 한다. 무엇보다 항항물류港航物流의 서비스 기능을 강화해 동북 지역 내 국제 출해 대통로를 설립하고 동시에 동북 지역을 상대로 한 서비스 지원 능력을 제고해야 한다. 구체적으로 신구의 서비스 기능을 대폭 증가시켜 동북 지역 종합 서비스 중추기관을 설치하고 동북아국제항운중심과 동북아국제물류중심의 핵심기능구核心功能區를 건설해야 한다.

진푸신구가 비약적인 발전을 이루려면 반드시 제도 개혁을 추진하

---

9   江亚玲, 「大连金普新区功能定位和战略影响—访大连市发展和改革委员会主任刘维木」, 『大连干部学刊』, 2014(11).

여 투자 무역의 편리화를 쟁취해야 한다. 구체적으로 먼저 진푸신구의 특징을 보유한 외상 투자 준입准入에 관한 네거티브 리스트負面請單를 제정·실시하여 외상 투자의 프로젝트를 심사·비준제核准制에서 등록제备案制(국무원에서 심사·비준을 보류하기로 규정한 것은 제외)로 전환시켜야 한다. 다음으로 서비스업 영역에서의 대외 개방을 확대시켜 금융, 문화, 의료, 교육, 회계, 상무商贸 물류, 전자상무 등 서비스업의 외자 준입 제한을 풀어야 한다. 마지막으로 진푸신구는 상하이자유무역구의 해관 검역 서비스 제도를 그대로 받아들여야 한다. 예컨대 '원스톱서비스一站式'의 통관서비스센터를 설립하거나 신구에서 국제무역 '단일창구' 건설을 시도해보거나, 초국적 전자상무를 전개하는 것을 허용하거나, 진푸신구에 상공업관리부서工商部门로서의 외자 등록 관리 권한을 부여하는 것 등이다.

선도구 발전을 대대적으로 추진시킴과 동시에 다롄에서는 반드시

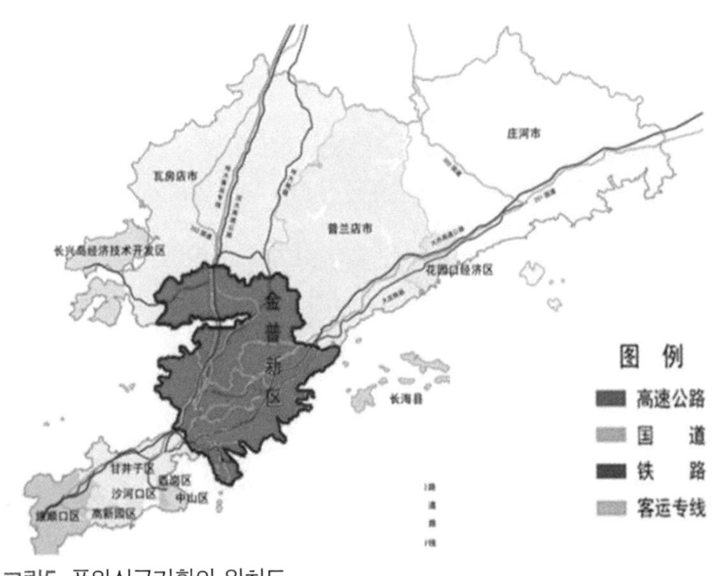

그림5 푸완신구기획의 위치도

'일대일로—帶—路' 전략의 실시에 힘입어 자기 발전의 새로운 길을 열어야 한다. 그런데 다롄은 국가의 총체적 계획에서 '일대일로' 전략에 포함되는 핵심 도시가 아니기에 정책 지원이 상대적으로 부족하고, 교통 기초시설이 빠른 속도로 발전하고 있는 데 반해 임강산업의 발전 속도가 느리고 고속도로와 철도 네트워크의 상대밀도가 낮으며, 항공 건설 측면에서도 항공편 밀도, 여행객 물동량 등에서 톈진과 칭다오보다 뒤떨어진다. 이 밖에도 맞춤형체계配套體系의 발전이 느리고 정보 서비스와 기초시설도 상대적으로 빈약하다. 이 모든 것이 국가 전략 발전에서의 다롄의 지위에 부정적인 영향을 미치고 있다.

만약 다롄이 '일대일로' 전략을 계기로 더 높은 단계에 진입하려면 반드시 발전 이념을 재구축하고 '일대일로' 발전 전략에서의 다롄의 지위를 직시하여 현존하는 교통 네트워크의 단말 작용을 이용해 경제 실크로드를 연장시킴으로써 저렴하고 간편한 해상운수 노선을 구축해야 한다. 대외 협력을 적극적으로 추진하고 해상운수의 돌파를 실현하여 랴오닝성 연해 도시, 환보하이해 항구와 연합해 중국 동부 수출교두보를 설립하여 중-러-몽 경제회랑의 동부 해양출구出海口의 용두 지위를 쟁취하도록 한다.[10]

이외에 다롄에서는 신흥 산업 발전을 적극적으로 추진시켜 '일대일로' 지역들과의 정보기술, 뉴 에너지자원 등 신흥 영역에서의 협력을 강화해야 한다. 창의적인 투자 협력 메커니즘과 연구 개발의 우세에 의존하여 해외 고기술산업을 유입함으로써 산업의 업그레이드를 인도해야 한다. 또한 다롄의 특색 산업과 서비스업은 '일대일로' 전략

---

10 王谢勇·柴激扬·孙毅, 「'一带一路'战略下大连发展策略研究」, 『经济研究参考』, 2015(31).

에 긍정적인 작용을 일으킬 수 있다. 다롄이 경험한 해양경제·생물제약 등 임강 신흥 산업의 규모화 발전은 '일대일로' 지역에 유익한 정보를 제공해줄 수 있다. 동시에 다롄은 투자 무역의 편리화를 추진시켜 정책 차원에서 외자 준입 제한을 줄이고 외자 흡인을 촉진시키는 메커니즘 및 법률, 세무, 보험을 비롯한 맞춤형 정책 체제를 구축해야 한다. 외상 투자기업과 국내 업종 선두기업이 다롄에서 인터넷거래플랫폼網上交易平台을 설립하고 인터넷실크로드網上絲綢之路를 발전시키는 것을 격려해야 한다. 이 밖에도 다롄은 동북 진흥의 발전 기회를 이용하여 물류 운송의 핵심 작용을 발휘함과 동시에 자본·기술의 전파 및 부화기지로서의 역할을 강화해야 한다. 그뿐만 아니라 금융 창신의 강화, 융자 플랫폼의 설립, 개발적 금융기구의 건설 등을 통해 전 동북지역의 기업 발전과 경제 전형에 다양한 금융·기술 서비스를 제공해야 한다.

Ⅳ. 맺음말

1990년대 이전에 동북 지역은 중국 경제 발달 지역임과 동시에 가장 중요한 공업기지였다. 그 당시 다롄은 선양, 하얼빈 등과 마찬가지로 중요한 공업 도시 중 하나였다. 하지만 개혁개방의 발전에 따라 동북 지역의 경제 발전 속도가 점차 동부 연해 지역에 비해 뒤떨어지게 되었다. 정부에서는 이 같은 현상에 주목해 '동북 노공업기지 진흥 전략'을 추진했다. 2012년 국무원에서 반포한「동북 지역의 동북아를 향한 개방 계획中国東北地區面向東北亞區域開放規劃綱要」에는 "동북 지역에서 다롄이 용두 역할을 충분히 발휘하게끔 국가급 신구新區를 설립하여 방사輻

射와 선두적 역할을 강화하도록 한다"고 명시했다.

이로써 다롄은 새로운 발전의 기회를 얻게 되었다. 다롄 국가급 신구는 체제창신과 제도창신의 시범구로서 코기러기(선두) 역할을 했다. 향후 다롄의 발전 방향을 구상해보면, 반드시 기능구의 개방을 실시하여 연해 경제 벨트의 개발을 추진하고 동시에 완벽한 기초시설·산업기초와 정책 우세를 바탕으로 국내외 자원 취합을 촉진시켜야 한다. 특히 타이핑만太平灣, 베이황하이北黃海 같은 중점 지역을 개발하는 데 공을 들여서 자원의 개방을 북쪽 방향으로 연장하여 현역縣域 범위까지 확장시킴으로써 '단일중심'에서 '다중심'으로의 전략적 구조 전형을 실현하여 새로운 국제적 산업 이전을 맞이할 준비를 해야 한다. 다롄개발구 발전 전략의 진일보적인 실시는 다롄시의 개방·발전의 속도를 올리는 동시에 동북 지역의 사회 개방과 경제 발전에 적극적인 작용을 일으키고 있다.

(허설화 번역, 서울대학교 사회학과 석사과정)

●

조선족의 다롄 이주와 경제인들의 조직화
- 디아스포라의 의미 전환 -

최봉룡

I. 들어가는 말

다롄[1]은 랴오둥반도 최남단에 위치하여 있으며 황해와 보하이해渤海에

---

1 다롄 지역은 다롄시(副省級市)를 중심으로 하는 중산(中山), 시강(西崗), 사
 허커우(沙河口), 간징쯔(甘井子), 뤼순(旅順), 진저우신(金州新) 등 6개 구
 (區)와 와팡뎬(瓦房店), 푸란뎬(普蘭店), 좡허(莊河) 등 3개 시(縣級市) 및 창
 하이현(長海縣)을 포함하여 총면적은 12,573.85㎡평방미터다. 2010년 11월

둘러싸인 중국 동부와 동북지방에서 가장 중요한 연해도시로서 경제, 무역, 물류, 항구, 공업 및 관광업 등이 복합적으로 발전한 국제화 도시이다. 다롄의 옛 지명은 '칭니와靑尼瓦'인데, 1899년 8월 러시아가 뤼순항과 다롄만을 지배하는 식민지기관인 관동주를 설치할 때 칭니와를 '따리니達里尼(러시아어로 멀리 떨어진 곳이란 뜻)특별시'로 만들었으며, 그 후 러일전쟁(1904~1905)에서 승전한 일본군의 요동수비군사령부는 1905년 1월 27일 제3호 명령을 반포하고 따리니시를 중국 음역으로 '다롄시大連市'로 개칭했다.[2] 일본이 패망한 후 그해 11월에 다롄시정부와 다롄현이 성립되었다가 그 이듬해 뤼다행정공서旅大行政公署가 설치되면서부터 줄곧 뤼다旅大로 불리다가 1981년부터 다시 다롄으로 개칭되었다.

이와 같은 다롄 지명의 변천 과정을 통해 볼 수 있듯이, 근대에 들어서 서세동점의 시대적 배경 속에서 서구 열강에 의한 국제질서의 변동과 일본의 대륙침략정책에 의한 동북아 국제질서의 재편 과정에서 겪었던 두 차례 국제전쟁(청일전쟁과 러일전쟁)에서 다롄 지역은 군사적 요충지로서 열강의 각축장이 되었다. 다롄은 연이어 러시아와 일제의 식민통치를 반세기 넘게 받았을 뿐만 아니라 일제가 패망한 후에는 동북에 진출한 소련군이 뤼순 군항을 10년간 조차했던 곳으로서 실로 근대 개항 이후 동북아 각 민족의 집합과 이산을 상징하는 국제적

제6차 인구조사에 따르면 총인구는 66만 9,0432명이며, 그중 조선족 인구는 약 7만여 명에 달한다.

2 大連市史誌辦公室編, 『大連市志: 大事記·行政建置誌』, 大連出版社, 2001, 13-14頁. 1945년 8월 15일 일본이 패망한 후, 11월에 다롄시정부가 성립되었고 이듬해 9월부터 다롄시, 뤼순시, 다롄현, 금현 4개 지방정부가 연합하여 뤼다(旅大)로 불리다가 1981년 3월부터 다롄시로 개칭되었다.

도시로 부상되었다.

다롄 지역에 대한 러시아의 7년 식민지배와 일본의 40년 식민통치, 그리고 구소련의 10년 뤼순 군항 조차 등은 근대 국가주권이 타자에 의해 침탈·유린되었다는 측면에서 볼 때 역사의 비극이라고 말하지 않을 수 없다. 왜냐하면 이러한 식민 지배 또는 조차는 주권국가의 자발적인 선택이 아니라 힘의 논리에 따른 타자의 강박으로 이루어졌기 때문이다. 그러나 역사는 항상 아이러니한 현상을 창출하기도 한다. 다롄 지역의 사회·경제는 식민 지배라는 굴절 속에서도 점차 근대화의 궤도에 올랐고, 다국가·다민족·다문화의 집합과 이산을 반복하는 특수한 역사적 경험을 통해 점차 국제화 도시로 도약하기에 이르렀다.

오늘날 주로 중국 동북 3성에 거주하는 약 200여만 명에 달하는 조선족은 근대에 한반도로부터 이주·정착하여 이곳에 삶은 뿌리를 내리면서 수많은 역사적인 굴곡과 변천을 거쳐 점차 중국 내 56개 다민족 공동체의 일원인 소수민족으로 자리매김했다. 하지만 민족의 속성으로 볼 때 그들은 해외 디아스포라Diaspora[3] 한민족사회의 중요한 구성원이다. 현재 조선족의 인구 분포와 생활공간 및 활동무대는 개혁개방 이후부터 거세차게 몰아치는 산업화 물결에 따라 새로운 지각 변동을 일으키고 있다. 중국의 조선족이 글로벌 시대에 대응하려는 가장 뚜렷한 특징은 인구의 대유동과 재분포 현상으로 나타나고 있다. 즉, 동북 3성에 거주했던 많은 조선족이 점차 중국 관내의 대도시인 베이징과 상하이를 비롯하여 산둥반도의 연해도시인 칭다오青島, 옌타이煙臺, 웨

---

3 '디아스포라'는 그리스어에서 온 말로 '분산(分散)·이산(離散)'을 뜻한다. 역사적인 서술에서 이 단어는 헬레니즘 문화 시대와 초기 그리스도교 시대에 그리스 근역(近域)과 로마 세계 각지로 흩어진 유대인을 가리킨다(http://terms.naver.com/entry.nhn?docId).

이하이威海 및 다롄 등지에 진출함으로써 새롭게 도시 중심적인 조선족 집거구가 형성되고 있다.

필자는 우선 중국의 개혁개방 이후 동북아경제권에서 날로 초국 경적인 국제도시로 도약하고 있는 다롄 지역의 지정학적인 전략 위치와 국제적인 경제 위상을 살펴볼 것이며, 다음으로 다롄 지역 조선족의 이주와 분포 및 사회단체의 연혁 및 경제인의 조직화 문제를 둘러싼 디아스포라의 의미 전환을 논의함으로써 향후 그들의 미래 지향적인 발전 방향과 대안을 모색해보고자 한다.

Ⅱ. 다롄 지역의 전략적 위치와 국제적 경제 위상

1. 다롄 지역의 지리적 전략 위치

랴오둥반도의 최남단에 위치한 다롄은 황해와 보하이해의 교착 점에 있는 항구도시로서 남쪽은 산둥반도, 서쪽과 동쪽은 각각 보하이해와 황해를 사이에 두고 베이징·톈진과 한반도를 바라보고 있다. 기록에 따르면 한나라 무제가 한반도로 통하는 뱃길을 개통한 이후 뤼순은 동쪽으로 한반도에 이르고 서쪽으로 베이징·톈진에 닿고 남쪽으로 산둥반도의 덩라이登萊(현 펑라이蓬萊)에 접하고 북쪽으로 만주대륙을 연결하는 해상교통의 요새로 부상했다. 이로 인해 뤼순은 "베이징·톈진의 문호門戶, 북방의 인후咽喉"[4]로 불렸다.

근대에 이르러 랴오둥반도의 지정학적 전략 위치의 특수성으로 말미암아 다롄 지역은 줄곧 군사요충지로서 동북아 지역의 중대한 역사

---

4   王珍仁, 「鐫刻在旅順口的戰爭遺跡」, 『大連文物』 總28期, 2008, 109頁.

적 사건과 전쟁의 각축장이 되었다. 랴오둥반도는 북쪽에서 남쪽으로 내려오면서 점차 좁아지는데 최남단은 다롄시 뤼순구의 라오톄산老鐵山이다. 청일전쟁과 러일전쟁은 모두 랴오둥반도의 뤼순구를 중심으로 전개되었다. 다시 말하면 근대 이래로 일본의 흥기, 청나라의 쇠퇴, 대한제국의 망국, 동북아 지역 국제정치 지형의 변천 등은 모두 랴오둥반도의 다롄 지역을 중심으로 발생했다. 따라서 다롄 지역은 동북아 지역 근대사에서 발생한 많은 중대한 사건과 역사적 변천을 기록하고 있다.

동북아에서 산둥반도, 한반도, 랴오둥반도, 이 세 반도로 구성된 지역의 지리적 환경은 세계지리환경 중에서도 특수한 예에 속한다. 더욱이 산둥반도·랴오둥반도·한반도로 구성된 동북아 지역 반도권의 중심에 있는 랴오둥반도는 가장 민감한 중추적 위치에 있다. 이로 인해 이 지역은 고대나 근대를 막론하고 동북아 대륙에 진출할 때 가장 편리한 군사적 요지였다. 즉 랴오둥반도를 장악하면 한반도의 안전을 보장할 수 있고 더 나아가서 중원에 진출할 수 있는 베이징·톈진에 이르면 동북을 위협할 수 있다. 때문에 일본은 특히 랴오둥반도 남단에 위치한 다롄 지역을 군사적 요충지로서 중시했을 뿐만 아니라 두 차례 전쟁에서 큰 대가를 지불하면서도 랴오둥반도를 점령했고 또한 이로부터 한반도와 산둥반도에 대한 군사 점령을 공고히 함으로써 중국 대륙 침탈의 발판으로 삼았던 것이다.

뤼순은 입구가 작고 중앙부가 크고 지세가 험요한 산으로 둘러싸여 은폐성이 매우 좋고 겨울에도 얼지 않는 지리적 특성을 지니고 있다. 기록에 따르면 1602년 명나라는 이곳에 수군을 설치했다. 그러나 뤼순이 중국 북방에서 근대적인 해안 방어 군항으로 거듭나게 된 것은 청나라 후기다. 1875년 청나라 북양대신 리훙장李鴻章은 북방 해안 방위를 강화하기 위해 뤼순에 북양해군기지를 건립할 필요가 있다는 조서를 올렸다. 청나라 조정은 리홍장의 건의를 비준했는데, 이는 당시 양무운동의 중요한 구성 부분으로 표상되었다. 그리하여 1881년부터 1890년 9월까지 약 8년간 백은白銀 135.35만 냥을 지출하여 뤼순에 큰 둑과 군항이 준공되었다.[5] 이때부터 청나라는 근대 해군인 북양수사北洋水師의 초보적 규모를 갖추게 되었다.

청나라는 북양수군의 기지 방어를 강화하고 군항시설의 안전을 확보하기 위해 1880년에 해안포대와 육로포대를 수축함과 동시에 각종 대포 백여 문을 설치하고 여러 곳에 탄약고를 만들었는데, 그중에 남자탄고南子彈庫[6]는 현재까지 원형대로 잘 보존되어 있다. 당시 뤼순 군항은 중국에서 가장 시설이 좋고 또한 국외에도 얼마 없는 금석철벽 같은 해군기지로서 '아시아 제1요새亞洲第一要塞'로 불렸다.[7]

1894년 7월 25일 풍도해전을 효시로 청일전쟁이 발발했다. 평양전투과 황해해전에서 승리한 일본군은 10월 24일 화위엔코우花園口에 상륙하여 진저우金州를 점령하고 곧바로 뤼순을 공격했다.[8] 일본군 3천여 명의 공격으로 청나라 군대 만여 명이 퇴각하고 뤼순이 함락됨으로써 청나라 군대의 해륙 포대 20여 개, 대포 140문, 군함 4척은 일본군 전

---

5   潘硏·王維, 『旅順口景觀史話-軍港公園』, 大連出版社, 2004, 15頁.

6   뤼순 모주초(模珠礁) 서해안에 위치한 남자탄고(南子彈庫)는 돌로 쌓았는데, 길이는 125미터이고 너비는 62미터다. 창고 정문 석판에는 '南子彈庫(남자탄고)'란 글자가 새겨졌고 동서 양측 벽에는 각각 '虎踞(호거)', '龍盤(용반)'이란 글자를 새겼다. 1880년 뤼순포대와 함께 수축한 탄약창고로서 현재 다롄시 문물보호단위로 지정되고 있다(http: //www.1y321.com).

7   王珍仁, 「鐫刻在旅順口的戰爭遺跡」, 109頁.

8   張聲振·郭洪茂, 『中日關係史』第一卷, 社會科學文獻出版社, 2006, 545頁.

리품이 되었다. 리홍장의 이른바 '속패속화速敗速和'[9]의 결과로 16년간 경영해온 북양함대의 뤼순 요새는 결국 수포로 돌아갔고 일본군은 2만 여 명의 중국인을 학살하는 이른바 '뤼순대도살'[10]이라는 만행을 저질렀다.

1895년 4월 17일 청·일 양국은 불평등한 마관조약馬關條約(시모노세키조약)을 체결함으로써 일본은 한국과 남만에서 '이익선利益線'을 획득했다. 청일전쟁은 일본이 메이지유신 이후부터 구상해온 '대륙정책'의 일환으로 도발한 첫 침략전쟁으로서 근대 동북아 국제질서 재편에 큰 영향을 끼쳤다. 청일전쟁 이후 청나라는 동방제국의 지위를 상실함으로써 '화이체계'는 종식되었으며 일본은 '동양의 맹주'로 자임하면서 서구 열강과 대등한 권리를 노리면서 '탈아입구脫亞入歐'의 야망을 드러냈다.

그러나 한반도와 만주에서 이익선을 확대하던 일본의 '대륙정책'과 러시아의 '남하정책'이 충돌을 빚었다. 일본은 마관조약으로 할양받은 랴오둥반도를 러시아·독일·프랑스의 '3국 간섭'에 의해 다시 청나라에 반환할 수밖에 없었다. 1896년 9월 러시아는 랴오둥반도의 '반환 공로'를 빌미로 청나라를 강박하여 동청東淸(중동)철도 부설권을 획득했을 뿐만 아니라 이듬해 12월 러시아의 5척 함대가 뤼순을 점령했다. 1898년 3월 27일 러시아는 무력 협박과 자본 회유로 청나라와 중아여대조계조약中俄旅大租界條約을 체결하고 25년 기한으로 다롄만과 뤼순을 조차한 후 '관동주총독부'를 설치하고 아시아의 패권을 쟁탈하는 교두보로 삼았다. 그들은 중국 노동자民工 6만여 명을 동원하여 9킬로미터 해안방어선과 20킬로미터 육지방어선을 수축함과 동시에 50여 개 포대에 500여 문의 대포를 배치하고 수십 개 병영 및 발전소를 세

---

9   張聲振·郭洪茂, 『中日關係史』 第一卷, 546頁.

10   關捷 主編, 『旅順大屠殺研究』, 社會科學文獻出版社, 2004, 174頁.

웠다. 당시 뤼순 요새는 규모 면에서 러시아의 가장 큰 군사시설로 손
꼽혔다.

1899년 7월 31일 러시아의 황제 니콜라이 2세는 칙령을 내려 다롄
만 남안에 다롄항과 다롄시 건설에 착수함과 동시에 서구 열강과 긴장
을 완화하기 위해 다롄항을 '자유항'으로 선포했다. 당시 동청철로공
사는 45만 달러라는 저렴한 가격으로 5.4만 무의 토지를 구매하여 다
롄항과 다롄시 건설에 착수함으로써 다롄은 근대 도시로 굴기하기 시
작했다. 이 시기에 중국 각지로부터 노동자들이 대량으로 유입되었을
뿐만 아니라 러시아인도 많이 들어오게 되어 다롄의 인구는 급증했다.
1903년 조사통계에 따르면 다롄시의 인구는 이미 4만 4,760명에 달했
는데, 외국인은 3,500명, 그중 러시아인은 3,113명에 이르렀다.[11] 이때
부터 다롄은 진저우와 뤼순을 뛰어넘는 최대 도시로 자리매김했으며
러시아의 식민 통치 시기에 다롄 지역 인구는 30만 명에 달했다.[12] 당시
다롄항의 적재량은 이미 42.3톤에 이르렀고, 다롄에서 옌타이, 상하이,
한국과 일본 그리고 유럽으로 통하는 항로가 개척되었다.[13]

1904년 2월 8일, 일본 해군 연합함대가 뤼순 군항에 주둔한 러시
아 태평양 분견대를 습격함으로써 한반도와 만주에 대한 지배권을 쟁
탈하기 위한 제국주의 식민전쟁이 발발했다. 2월 10일 일본 정부는 러
시아에 선전포고하자 청나라는 광서 황제의 이름으로 「국외중립조규
局外中立條規」를 반포하여 '중립'을 선포함과 동시에 랴오허강 동쪽을 전

---

11   劉世琦, 『旅大地理』, 新知識出版社, 1985, 40頁.

12   黃海燕, 「近代大連地區的人口變遷與社會發展」, 『遼寧師範大學學報(社會
      版)』, 1996年 第1期, 85頁.

13   于植元·董志正, 『簡明大連辭典』, 大連出版社, 1994, 7頁.

장으로 획분했다.[14] 러일전쟁은 한반도와 만주에 대한 지배권을 쟁탈하는 과정에서 일본의 '북진정책'과 러시아의 '남하정책'이 충돌한 모순의 필연적인 결과였다.[15] 러일전쟁은 랴오둥반도의 다롄 지역을 중심으로 전개되었다.

6월 20일 일본은 오오야마 이와오大山岩를 총사령으로 하는 만주군滿洲軍을 편성하여 랴오양遼陽, 사허沙河 및 펑톈奉天 등지에서 러시아 군대를 격파했다. 그 가운데 뤼순 요새 전투는 가장 참혹하고 치열했다. 일본군은 13만 병력을 투입시켜 연이어 뤼순 요새를 네 차례 공격했지만 반년 사이에 5만 9천 명이 살상되었다.[16] 1905년 1월 1일 러시아 군대는 일본군에게 투항했다. 1월 5일 일본의 만주군 제3군 사령 노기 마레스케內木希典와 러시아 뤼순주둔군 사령 스테셀Anatoly Stessel이 뤼순개성규약旅順開城規約을 체결함으로써 329일간의 뤼순 요새 전투는 막을 내렸다. 뤼순 함락은 러시아 전제제도의 실패와 일본 입헌제도의 승리로 상징되었다.[17] 러일전쟁 후 일본은 관동총독부,[18] 남만주철도주

---

14 王彦威 主編, 『淸季外交史料』 卷181, 北平外交史料編纂處, 1934, 20-23頁.

15 러일전쟁의 성격에 대해 어떤 학자들은 "일본과 러시아가 한반도의 이익을 쟁탈하기 위해 중국 영토 위에서 벌인 전쟁"(石源華 等, 『近代中國周邊外交史論』, 上海辭書出版社, 2005, 142頁)이라고 해석하지만, 본질적으로 본다면 러·일 양국 제국주의가 한반도와 만주(주로 랴오둥반도)에 대한 지배권을 쟁탈하기 위해 벌인 '식민전쟁'이었다.

16 沈予, 『日本大陸政策史(1868-1945)』, 社會科學文獻出版社, 2005, 131頁.

17 레닌은 1905년 1월 4일 『前進報』 제1호에 발표한 「전제제도와 프롤레타리아」(1904.12.22〔1905.1.4〕)에서 "전제제도의 러시아는 이미 입헌의 일본에 의해 무너졌으며 그 어떠한 연장도 오직 실패를 가중할 것이다"라고 예언했다. 『列寧全集』 第9卷, 人民出版社 1987, 107-116.

18 다롄 지역에 대한 일본 식민 통치 시기를 군사 점령 시기(1904.5~1906.8),

식회사[19] 및 영사재판권[20]을 통해 만주 경영에 대한 침략 야망을 더욱
더 팽창시키면서 결국 '만주사변'으로 이어갔다.

러일전쟁 이후 포츠머스조약에 따라 러시아가 뤼순을 중심으로 하
는 남만 관할권을 일본에게 넘기면서 다롄 지역은 일제의 식민지로 전
락했다. 다롄 지역에 대한 일본의 40년간 식민 통치 시기에 많은 일본
인이 다롄으로 유입되었다. 통계에 따르면 1905년 다롄 지역 총인구
는 37만여 명에 달했는데, 그중 일본인은 5천 명에 이르러 러시아인을
초월하여 최다 외국인이 되었다. 이후 군정 통치 시기에 다롄 지역의
일본인은 지속적으로 급증하는 추세를 보였는데, 1907년에 2만 4,572

군정 통치 시기(1906.9~1919)와 군정 분치 시기(1919.4~1945.8)로 구분할
수 있다. 1905년 9월 랴오양에서 성립된 관동총독부는 이듬해 5월 뤼순으
로 옮기고 뤼순·다롄 조차지(關東州)를 관할하는 최고 식민 통치기관이었
다. 1906년 9월 1일 일본 정부는 관동총독부를 폐지하고 관동도독부를 설치
하여 민정(민정부)과 군정(육군부)을 분리시켰다. 1919년 일본 정부는 관동
도독부를 폐지하고 관동청을 설치함과 동시에 육군부는 관동군사령부로 고쳤
다. 관동군사령부는 일본 군국주의 '대륙정책'을 실행하는 만주 침략의 대본영
이었다.

19 1906년 6월 7일 메이지 천황의 칙령으로 국책회사의 성격을 띤 '남만주철도
    주식회사'('만철'로 약칭)를 세울 것을 결정했고, 그해 8월 1일 일본 정부는
    자본 2억 엔을 투자하여 '만철'의 설립을 명령했다. '만철'은 11월 26일 도쿄
    에서 성립되었고 이듬해 3월 5일 다롄으로 옮겼다. 만철은 남만철도의 일반
    적인 운수업을 경영하는 회사 형식을 빌려 식민정책을 추진하는 역할을 담
    당했다.

20 영사재판권은 국제 조약에 의해 영사가 주재국에서 자국민에게 관계된 소송
    을 자기 나라 법률에 의해 재판하는 권리로, 일본은 만주 지역 곳곳에 영사
    관 또는 영사분관을 설치하고 일본인에 대한 사법권을 향유하면서 중국의
    사법권을 심각하게 파괴했다.

명, 1912년에 4만 5,317명, 1919년에 6만 5,382명에 달했다.[21] 이 시기에 일본인이 급증하게 된 것은 다롄에 각종 식민 통치기구가 설립되면서 수많은 일본인 고용원 및 그 가속이 잇따라 이주해왔기 때문이었다. 예컨대 1907년 다롄에 설립된 만철주식회사에 취직한 일본인 직원은 약 1만여 명에 달했다.

다롄 지역의 인구는 1920~1930년대에 대폭적으로 증가했으며, 1945년 8월 일본이 투항할 때 총인구 190만 명 중 일본인은 20만 2,807명에 달했다. 예컨대 군정 분치 시기 26년간 다롄 지역의 인구는 매년 평균 5만 명씩 증가하면서 매년 증가율은 8.32%에 달했으며, 일본인 인구는 매년 평균 13.5만 명이 증가하면서 증가율은 매년 8%를 초과했다.[22] 일본 식민 통치 시기에 다롄시 관할구역 내 인구는 약 15배 증가했고 일본인은 약 39배 증가했다.

일본이 투항한 이후 다롄에서는 일본인을 본국으로 송환하는 사업이 시작되었다. 그리하여 1946년 12월부터 1949년 9월 공화국이 건립되기 전까지 모두 네 차례에 거쳐 약 20여만 명에 달하는 일본인이 귀국했다.[23] 이처럼 다롄 시내에 거주하던 대부분의 일본인이 귀환한 후 다롄 시내 인구는 급감했지만, 국공내전이 발발하면서 산둥과 허베이河北 등에서 전란을 피해 많은 난민이 대량으로 유입되면서 다롄 지역의 인구는 다시 200만 명에 달했다. 이와 같이 근대 다롄 지역의 인구 변천은 이 지역에 대한 식민 지배의 주체 및 식민지화 정도에 따라 전형적인 식민지 도시인구의 모식으로 나타났다.

---

21 關東廳 編, 『昭和八年關東廳管內現住人口統計』, 1934, 12-13頁.

22 黃海燕, 「近代大連地區的人口變遷與社會發展」, 86頁.

23 滿史會, 『滿洲開發四十年史』(下卷), 1965, 407頁.

　　다롄 지역의 인구 발전에서 가장 뚜렷한 특징은 첫째, 인구 증가 속도가 빠르고 증가율이 높으며, 둘째, 관내 중국인의 이민과 더불어 초국경적인 국제 이민 및 도시의 국제화 정도가 높으며, 셋째, 도시화 속도가 빠르고 그 수준이 비교적 높았다는 점 등으로 개관할 수 있다. 근대 다롄 지역의 인구 급증은 국내 이민과 국제 이민이 집중되는 양상으로 나타났다. 예컨대 국내 이민을 살펴보면 산둥에서 많은 빈민이 바다를 건너 다롄으로 유입되었는데, 1936년과 1937년 통계에 의하면 산둥성에서 다롄으로 유입된 인구는 전체 인구의 89.1%를 점했고 그다음으로 허베이성에서 유입된 인구가 전체 인구의 10%를 점했으며 기타 관내 지역에서 이주해온 인구는 전체 인구의 1%에도 미치지 못했다.[24] 또한 다롄은 줄곧 관내 빈민(한족)이 '촹관뚱闖關東'하는 주요 통로였다. 1920년대 초기 동북으로 이주한 관내 인구는 매년 평균 약 17만 명에 달했는데 동북으로 이주하면서 다롄을 거쳐 간 인구는 약 70만 명에 이르며 그중 약 40~60%가 다롄 지역에 정착했다. 통계에 따르면 1930년부터 1942년까지 관내에서 동북으로 이주한 총인구 약 500만 명 중 다시 돌아간 인구는 약 300만 명이며 동북에 거류한 인구는 약 176만 명에 이르는데 그 가운데 약 20%에 달하는 30만~40만 명이 다롄 지역에 남았다.

　　이처럼 다롄 지역으로 관내 이민이 대량으로 유입되는 동시에 초국경적인 국제 이민 현상도 급속히 팽창되었다. 예컨대 러시아 식민 통치 시기에 최초 백여 명에 불과한 작은 어촌이었던 다롄은 급속히 도시화되면서 러시아인을 중심으로 하는 외국인은 시민 전체의 약 8%를 점했다. 하지만 러일전쟁 이후 일본 식민 당국은 다롄으로의 일본

24　黃海燕, 「近代大連地區的人口變遷與社會發展」, 86頁.

인 이주를 위한 편리를 도모하면서 다롄을 일본의 대륙 침략 거점으로 만들려고 함과 동시에 본토의 인구 과잉 문제를 완화하려고 시도함으로써 일본인은 외국인 총인구에서 절대적인 비중을 차지했다. 예컨대 1904년 5천 명에 불과하던 일본인은 동북 광복 직후에 약 20만 명에 달하여 매년 평균 5천 명이 증가하는 추세를 보였다. 특히 다롄 지역 총인구 중 일본인의 비율은 1923년에 12.21%, 1933년에 13.84%, 1938년에 15.11%, 1944년에 약 13%에 달했고, 그중 다롄 시내에 거주하는 일본인 비율은 1935년에 36%, 1939년에 30%, 1944년에 25.47%를 점했다. 이와 같이 다롄의 외국인 비율은 당시 중국 내에서 가장 큰 국제도시인 상하이(1930년과 1942년에 상하이에 거주하는 외국인은 각각 시내 총인구의 1.86%, 3.85%에 달했다)보다도 더 높았다. 이러한 다롄 지역의 일본인 증가는 일본이 시행한 해외 이민정책의 산물로 국제화 정도가 높을수록 식민지화 정도가 더욱 심화되었음을 보여준다.[25]

2. 다롄 지역의 국제적 경제 위상

오늘날 ‘동북의 홍콩’으로 불리는 다롄은 교통이 매우 발달하여 다롄-선양沈陽-창춘長春-하얼빈哈爾濱, 다롄-잉커우營口, 단둥丹東-다롄, 단둥-선양으로 형성된 고속도로망과 철도망, 다롄을 중심으로 국내외로 통하는 항공·해운·육해를 연결하는 육·해·공의 입체적 교통망이 이미 형성되었다. 랴오둥반도는 다롄을 중심으로 다롄-잉커우-단둥의 경제삼각구經濟三角區를 형성하면서 현재 중국 동북 3성에서 미래 발전성과 그 잠재력이 가장 큰 곳으로 각광받고 있다.

25　黃海燕,「近代大連地區的人口變遷與社會發展」, 86頁.

라오둥반도는 중국 동북 대륙이 가장 남단으로 뻗은 황해와 보하이해 사이의 산간 지역을 말한다. 반도의 왼쪽은 황해를 사이에 두고 한반도와 멀리 마주하고 있으며 반도의 오른쪽은 중국 내에서 가장 큰 내해인 보하이해이며, 보하이해의 서쪽은 역사적으로 중국의 정치적 통치 중심이었던 징京(北京), 진津(天津), 탕唐(唐古) 지역이다. 랴오둥반도의 남단에 위치한 다롄에서 산둥반도까지 직선거리는 66해리(약 122킬로미터)밖에 안 된다. 현재 랴오둥반도와 산둥반도를 이어주는 해운 철로와 해륙화물선박이 모두 개통되었으며 또한 일본·한국으로 통하는 국제해운 원양항선이 개통되어 있다.

다롄 지역은 일제의 식민 통치 시기에 이미 근대적인 금융·공업·무역·관광 등의 산업이 발달한 곳으로 당시 아시아에서 가장 큰 동북 산업체계에서 매우 중요한 위치를 점했다. 해방 후 다롄의 지역 경제는 지리적 우세와 교통의 편리 및 기존의 경제 기초와 사회주의 공유 제체제 속에서 지속적인 발전을 조금 거두었지만 문화대혁명 시기에 크게 위축되었다. 1979년부터 시작된 중국의 개혁개방 붐에 따라 다롄의 지역 경제는 절호의 도약기를 맞으면서 그 국제적 경제 위상이 날로 급부상했다. 특히 1984년 4월 다롄은 국무원에서 결정한 '14개 연해 개방 도시'로 지정되면서 중앙의 혜택정책을 받으면서 외향형 경제는 비약적으로 발전하는 궤도에 올랐다.

예컨대 1984년 다롄에는 일본·홍콩·타이완 상인과의 합자기업 21개가 설립되었고, 1985년부터 1987년까지 외자 항목 205개, 투자 자금 6.4억 달러를 유치하여 주요하게 투자환경을 개선하고 외국 상인의 투자를 흡인하기 위한 기초를 닦았다. 특히 1994년부터 도입된 이른바 '사회주의 시장경제체제 논리'에 따라 다롄시에서는 모두 2,365개 외자기업이 생산에 투입되었는데, 그들의 총생산가치는 173.7억 위안, 세금 납부액은 5.9억 위안, 이윤 획득은 3.4억 위안, 수출 외화액은 12.4억 위안이었고 외자기업에 취직한 종업원은 18만 명에 달했다.[26] 또한 다롄에 설립된 외국회사 판사처(사무처)는 1984년 22개에서 1993년에 이르러 120여 개 국가 및 지역의 1,115개 판사처로 증가하고 8개 외자은행이 다롄에 분점을 설립했다.[27] 1984부터 1994년까지 다롄에 설립된 외국 기업의 사무기관은 모두 1,289개 달했는데 그중 일본이 273개(20.5%), 홍콩과 마카오가 577개(45%), 미국이 192개(15%), 한국이 67개(5%), 기타 국가와 지역이 176개(14.5%)를 점했다. 이리하여 다롄은 전국에서 외국 상인이 가장 많고 가장 집중된 5개 도시 중 하나로 자리매김하게 되었다.

한국은 1989년 노태우 정부의 '북방정책'에 따라 중국과 무역을 진행하기 시작했으며 특히 1992년 중·한 양국 수교가 이루어지면서 다롄 지역에 대한 한국 기업의 직접투자가 급격하게 확대되는 추세를 나타냈다. 예컨대 1992년 다롄개발구에서 한국 기업의 직접투자 자본은 932만 달러에 불과했지만 1997년에는 1만 6,706만 달러에 이르러 6년 전에 비해 17배나 증가했다. 2012년 10월 통계에 따르면 다롄시에 투자한 한국인 투자 항목은 모두 2,880개, 실제로 이루어진 투자 총액은 94.19억 달러로 전체 다롄 지역 외국 투자액의 8%를 점함으로써 홍콩(51.2%)과 일본(10.4%)의 뒤를 이어 세 번째로 큰 해외 투자국가로 부상하고 있다.[28]

---

26 王會全 主編, 『大連五十年』, 大連出版社, 1995, 370頁.

27 王會全 主編, 『大連五十年』, 370頁.

28 史丹, 「韓國對大連直接投資的經濟發展效應研究」, 東北財政大學 碩士學位論文, 2013, 9頁.

여기서 주목되는 것은 개혁개방 이후 다롄의 도시 국제화 수준의 확대와 외국 독자 기업의 숫자가 증가됨에 따라, 특히 한국 기업의 다롄 진출은 동북 3성에 거주하던 많은 조선족이 이곳으로 이동하는 객관적 요인의 하나로 작용하고 있다는 점이다. 아래에서 필자는 다롄 지역 조선족의 이주사와 인구 분포, 사회단체의 연혁, 그리고 조선족 기업가협회의 활동을 중심으로 조선족 경제인의 조직화 문제에 대해 논의하고자 한다.

Ⅲ. 조선족의 다롄 이주와 조직화 연혁 및 그 전망

1. 조선족의 다롄 지역 이주와 사회단체의 연혁 및 개황

주지하다시피 중국 내 조선족은 19세기 중엽부터 한반도에서 두만강·압록강을 건너 동북 지역으로 이주하여 삶의 터전을 닦고 정착한 근대의 과경跨境 민족으로서 오랜 역사적 변천 과정에서 점차 중국 내 55개 소수민족의 일원으로 자리매김하고 있다.[29] 조선족은 이주 초기에 주

---

29 근대에 조선족이 한반도에서 만주로 이주한 시점에 대해 '토착민족설(土着民族說)', '원말명초설(元末明初說)', '명말청초설(明末淸初說)' 및 '19세기 중엽설' 등이 있지만 일반적으로 19세기 중엽설이 정통으로 인정되고 있다. 역사적으로 재만 조선인은 시기에 따라 '간민(墾民)', '한교(韓僑)', '한인(韓人)', '조선인(朝鮮人)', '고려인(高麗人)' 등으로 다양하게 지칭되었고 만주국 시기에 일제는 '선인(鮮人)'·'선계(鮮系)'·'반도인(半島人)'이라는 용어를 사용했다. 광복 후부터 공화국 건립 직후까지 재만 조선인 국적 문제가 논의되다가 1953년 국무원의 정책에 의해 '조선족'이라고 부르게 되었다(최봉룡, 『만주국의 종교정책과 재만 조선인 신종교』, 태학사, 2010, 13쪽 참조).

로 압록강 대안(서간도)과 두만강 대안(북간도)에 집거했으며, 만주국 시기에 일본이 시행한 '백만이민정책'에 의해 개척 이민들이 북만으로 유입되었다. 조선족의 이주 경로와 인구 분포 및 언어 습관 등을 개관해보면 압록강 유역의 남만은 평안도, 두만강 유역의 북간도는 함경도, 북만은 경상도라는 지역적 특징을 나타내고 있다. 그렇다면 조선족은 어느 때부터 다롄 지역으로 이주했는가, 그리고 그들은 언제부터 다롄 지역에서 디아스포라 공동체를 형성했는가 등의 물음을 던지지 않을 수 없다. 이러한 물음에 답하려면 조선족이 다롄으로 이주한 시점과 인구 분포 및 사회단체의 연혁을 살펴볼 필요성이 대두된다.

대체로 20세기 초엽부터 한반도의 조선 빈민과 반일지사들이 안둥安東(현재 단둥丹東)과 펑톈(현재 선양)을 거쳐 좡허莊河, 와팡뎬瓦房店으로 이주했다가 점차 남하하여 뤼다旅大지역으로 유입되었으며, 또한 일부는 해로를 통하여 창하이長海의 여러 섬을 거쳐 뤼다 지역으로 이주했다. 1901년 남만철도조사과의 조사통계에 따르면 당시 뤼순에 거주한 조선인은 110명이었다.[30] 그 뒤 러일전쟁 이후 다롄 지역에 대한 일본의 식민 통치가 확립됨에 따라 많이 일본인과 더불어 조선인이 잇따라 유입되었으며, 특히 1910년 8월 일본이 대한제국을 병탄하고 토지조사를 실행하는 과정에서 파산된 조선인이 생존 공간을 찾아서 다롄 지역으로 많이 들어왔다.

1923년에 출간된 『남만과 간훈의 조선인 사정南滿及間琿朝鮮人事情』에 기록된 「남만 및 관동주 조선인 사정南滿及關東州朝鮮人事情」에 따르면, 1921년 9월 말 관동장관 관방문서과 조사에서 다롄·사허커우沙河口·뤼순은 이미 랴오난遼南 및 관동주關東州에서 조선인 집거구로 부상되

---

30 大連市史誌辦公室, 『大連市誌: 民族誌·宗敎誌』, 遼寧民族出版社, 2002, 311頁.

었는데, 당시 조선인 호수는 70여 호, 인구는 600여 명에 달했고 그들은 대부분 요리점, 음식점, 여관 및 상업에 종사하고 있었다.[31] 여기서 주목되는 것은 조선인 가구 수와 인구의 비율이 매우 부조리하게 나타나고 있다는 점이다. 이 책자의 기록에 의하면 당시 조선인이 경영하는 요리점에 평균 10~15명의 기생이 있었고 총인원은 약 273명에 달하여 조선인 총인구의 약 46%를 점했으며 당시 다롄 조선인 요리점 건축물의 호화로움과 규모 및 구조의 웅대함은 '만주 제일'로서 "남북 만주 3대 도시 중에 패자覇者는 다롄이라는 것을 수긍하지 않을 수 없다"[32]라고 묘사되고 있다.

조선인의 인구 증가에 따라 다롄 및 사허커우의 조선인은 1923년 1월 1일 최초로 다롄조선인친목저축회大連朝鮮人親睦貯蓄會의 성립을 선포하고 회장에 박헌경朴憲卿, 부회장에 정준鄭俊, 총무에 최환린崔煥麟을 추대하고 그 아래에 친목, 저축, 교육 및 영업 4개 부를 설치하여 각 분야에서 공동 협력을 목적으로 삼았고 사무소는 다롄시 다지마정但馬町 25호에 두었다. 잇따라 그해 2월 25일 다롄조선인청년회가 발회식을 거행하고 사무소를 설치했지만 뚜렷한 활동을 보이지 못했다. 이들 다롄조선인친목처축회와 다롄조선인청년회의 설립은 다롄 지역 조선인 사회단체의 효시로서 디아스포라 사회의 형성을 의미한다. 다롄조선인친목저축회는 첫 과제로 조선인 자녀들의 교육 문제 해결을 위해 조선인 대표들이 당국 관헌을 방문하여 학령아동 약 40~50명에 대한 구학시설을 급히 마련해줄 것을 요청한 결과, 그해 4월 응급책으로서 일본인 학교인 제6심상소학교第六尋常小學校 교실을 빌려 조선인 아동을

---

31   『南滿及間琿朝鮮人事情』(下卷), 1923, 120頁.

32   『南滿及間琿朝鮮人事情』(下卷), 1923, 120頁.

수용하고 특별수업을 개시했다. 이것이 다롄 조선인 학교교육의 발단이었다. 하지만 일본 식민 통치가 종식될 때까지 다롄의 조선인은 그처럼 높은 자녀교육 열망에도 불구하고 민족학교를 설립할 수 없었다.

다롄의 조선족 인구는 1930년대에 들어서면서 비약적으로 급증했다. 예컨대 1930년에 조선인은 약 1,170명이었고 만주사변 이후 일본은 조선인 395호, 1,970명을 관동주에 이주시켰다. 그리하여 1938년에 933호, 4,496명이던 조선족 인구가 1945년 상반기에 이르러서 약 1만여 명에 달했다.[33] 그러나 일본의 패망과 함께 국공내전의 혼란 및 고국의 광복으로 많은 조선인이 귀환하면서 다롄의 조선족 인구는 급격히 감소했다. 예컨대 1946년 다롄의 조선족은 1,370명이었으며, 1948년에는 340호, 861명으로 줄었고 1953년에 이르러 500여 명밖에 남지 않았다.[34]

광복 이후 중국이 국공내전의 혼동을 겪고 있을 때 다롄의 조선족은 자아 존속을 유지하기 위해 다양한 성격을 띤 사회조직체를 설립하면서 급변하는 전시적인 정치적 소용돌이 속에서 지혜롭고 능동적으로 대응했다. 예컨대 1945년 12월에 설립된 다롄지방조선인회와 다롄한민노동동맹, 1946년 5월에 설립된 다롄한국민생합작사 등이 그것이다. 1946년 11월에 다롄지방조선인회와 다롄한민노동동맹 두 단체가 합병하여 설립된 다롄조선인민주연합회는 정치적 성격을 띤 다롄 조선족의 대표적인 사회조직으로서 회원이 330명에 달했는데, 이는 당시 다롄의 조선족 총인구의 약 24.4%에 이른다.[35]

---

33 大連市史誌辦公室, 『大連市誌: 民族誌·宗敎誌』, 311頁.

34 大連市史誌辦公室, 『大連市誌: 民族誌·宗敎誌』, 311頁.

35 大連市史誌辦公室, 『大連市誌: 民族誌·宗敎誌』, 311頁.

　1947년 다롄의 조선족이 자발적으로 설립한 다롄시조선인민연합회는 박노길朴魯吉과 김욱金旭을 위원장과 부위원장으로 선출하고 명절과 휴일에 문예공연대를 조직하여 문예절목과 오락활동을 전개했다. 이 단체는 1951년 다롄시조선인교민연합회로 개칭했다가 1953년 6월에 뤼다시조선족인민문화구락부를 건립하고 문예 선전, 미술 및 도서 등 업무를 조직함과 동시에 문공대를 만들어 다롄 지역 조선족의 문화 활동을 이끌어왔다. 그러나 문화대혁명 시기에 모든 활동이 정지되고 관사도 다른 부문에 점용되었다.

　앞에서 서술했듯이 1945년 광복 이후부터 1953년 사이에 설립된 다롄의 조선족 사회단체는 '조선인', '조선민족', '한민', '조선인교민' 등 다양한 호칭을 사용하고 있는데, 이는 당시 다롄 지역 조선족의 정체성이 혼란을 겪고 있었음을 여실히 보여주고 있다. 다롄의 조선족 사회단체는 1953년 6월부터 비로소 '조선족'이라는 족칭을 공식적으로 사용했다. 1960년부터 다롄의 조선족 인구는 다시 증가했는데 1964년 1,700명, 1982년 2,425명, 1986년 2,587명, 1990년 5,280명으로 급증하는 추세를 보이면서 다롄 지역 37개 소수민족 중에서 만족, 회족, 시버족, 몽골족의 뒤를 이어 제5위를 점하고 있다.[36]

　개혁개방 이후 중국 조선족은 산업화와 국제화 및 세계화의 발전 속도에 따라 인구 분포에 큰 지각 변동이 일어나면서 동북 3성에 거주하던 조선족이 대량으로 관내의 상하이·베이징·톈진 등 대도시와 연해 도시인 칭다오·옌타이·웨이하이 및 다롄 등으로 유동되어 도시 중심적인 조선족 집거지가 재편성되는 양상을 나타내고 있다. 예컨대 1990년 베이징시의 조선족 인구는 7,689명, 톈진은 1,788명, 상하이

36　瀛雲平, 『大連鄕土地理』, 哈爾濱出版社, 2005, 266~269頁.

는 734명이였는데 2000년 인구조사에 따르면 베이징시의 조선족 인구는 2만 369명으로서 1.6배 증가했고 텐진은 11만 41명으로서 5.2배로 증가했으며 상하이는 5,120명으로 6배나 증가했다.[37] 현재 다롄의 조선족 인구는 약 5만 명으로 추산된다.

1980년대부터 다롄의 조선족 사회단체는 회복되거나 새롭게 성립되기 시작했다. 예컨대 1981년 5월 다롄시 정부는 문화대혁명 시기에 폐쇄한 뤼다시조선족인민문화구락부를 반환함으로써 다롄 조선족의 문화활동은 새로운 전환기를 맞았다. 1982년 2월 다롄시조선족문화관으로 개칭했다가 1994년 다시 다롄시조선족문화예술관으로 개칭되었는데 다롄시 문화국에 예속된 관방적인 사회단체의 성격을 띠고 있다. 그리고 1987년 12월 다롄시조선족노년협회가 성립되었는데 초대 회장은 김도영金道永, 명예회장은 항일 여투사 이화림李華林이 맡았다. 현재 다롄시조선족노인협회 산하에 10여 개의 분회가 있으며 전체 회원 수는 약 500명에 달한다. 또한 1990년 12월에 성립된 다롄시조선족청년연의회, 1999년에 성립된 다롄시조선족문학회, 2000년에 성립된 안중근연구회, 진저우신구[38]조선족문화촉진회 등 민간 사회단체들이 다롄 지역 조선족사회공동체의 조직화에 큰 역할을 담당하고 있다.

다롄 지역 조선족은 방방곳곳에서 집합하여 새롭게 구성된 디아스포라 공동체로서 다음과 같은 조직화의 우월한 조건을 지니고 있다. 첫째, 기본적으로 획일적인 생태정치에서 이념과 지역 및 민족 갈등이

---

37 梁俊穎, 「大連地區朝鮮族與韓國遷移者的民族認同比較」, 東北財政大學 碩士
    學位論文, 2011, 24頁.

38 1982년에 설립된 다롄경제기술개발구는 2011년 진저우(金州)와 합병되어
    진저우신구(金州新區)로 개칭되었다가 2013년에 또다시 푸란뎬(普蘭店)과
    합병되어 현재는 진푸신구(金普新區)로 불린다.

존재하지 않는다. 둘째, 경제적으로나 사업적으로 비교적 성공한 조선족 경제인들이 상호 네트워크 구축을 절실히 갈망하고 있다. 셋째, 상대적으로 문화수준이 높고 보편적으로 이중 언어 내지 삼중 언어를 구사하는 엘리트로 구성되고 있다. 넷째, 다롄에는 일본과 한국의 외자 기업이 많기 때문에 조선족은 '중개인' 역할 내지 합작 공간을 타민족에 비해 넓게 갖고 있다. 하지만 중국에서는 사회법인단체의 설립 절차가 매우 까다롭고 어렵기 때문에 다롄의 조선족 경제인들은 그동안 경제조직체를 설립하지 못했는데, 2011년 6월 다롄시조선족기업가협회가 드디어 창립되었다. 이 협회의 창립은 다롄의 초국경적인 경제무대와 국제시장에서 활약하는 조선족 경제인들에게 복음이 아닐 수 없으며 또한 조선족 디아스포라의 의미 전환에도 큰 영향을 끼치고 있다. 때문에 필자는 아래에 다롄시조선족기업가협회의 성립과 활동을 중심으로 조선족 경제인의 조직화 문제를 논의해볼 것이다.

2. 다롄시조선족기업가협회 성립과 활동

중국에서 조선족은 100만 명이 넘는 15개 소수민족의 하나로서 주로 동북 지역에 거주하고 있다. 1990년 인구통계에 따르면 조선족은 약 196여만 명에 달하는데 동북 3성에 186만 명(91.1%)—길림성 118만 명(61.5%), 흑룡강성 45만 명(23.6%), 랴오닝성 23만 명(12%)—이 살고 있다. 특히 개혁개방 이후 베이징, 상하이, 톈진 등의 도시로 진출한 조선족 경제인은 21세기 초부터 경제인 네트워크를 형성하기 위해 각 도시에서 경제조직체를 설립하기 시작했다. 이러한 시대적 분위기에 따라 다롄의 조선족 경제인들도 오래전부터 조선족 경제조직체를 설립하려고 노력해왔다.

2009년 7월 7일 랴오닝성 다롄정흥석화유한회사 이사장 정만흥鄭

萬興을 중심으로 하는 7명의 조선족 기업가와 지역 인사들은 다롄시조선족기업가협회 창립을 위해 정만홍을 조장으로 하는 주비소조를 구성했다. 그들은 관련 정부기관으로부터 먼저 비준을 얻고 후에 성립하는 방안에 따라 50여 명 조선족 기업가들을 방문하여 자료를 수집하고 사단법인 신청을 준비함과 동시에 자료를 정리하고 모든 인맥 자원을 동원하여 다롄 조선족 경제인의 '단결·합작·발전'을 종지로 삼고 다롄시 민정국에 정식으로 사단법인 신청 서류를 제출했다. 1년간의 노력 끝에 2010년 6월 26일 중공중앙 통전부를 주관 단위로 하는 다롄시조선족기업가협회의 사단법인 등록 증서를 받았다.

2011년 6월 17일 다롄시조선족조선족기업가협회 성립 대회가 다롄 푸리화富丽华호텔에서 400여 명의 조선족 경제인들과 지역 인사들이 참석한 가운데서 성황리에 열렸고, 회장에 정만홍, 비서장에 김일춘金日春이 선출되었다. 이 협회는 중공중앙 통전부를 주관 단위로 설립된 첫 조선족 경제인의 민간 조직단체로서 그 아래에 비서처 및 제조, 무역 물류, 복장, 과학기술, 음식, 종합 등 6개 분회를 두었는데 회원은 300명이었다.[39] 이 협회는 성립된 후부터 해마다 조선족민속문화예술절, 조선족 각계 새해맞이 활동, 다롄 조선족 역사를 편찬하기 위한 토론회, 각 대학과 의학계에 있는 조선족 교수·박사들과 '자원 공유, 공동 발전'을 위한 세미나, 조선족 축구대회와 골프대회 등 다양한 체육활동을 개최하면서 다롄의 조선족 경제인의 연대적 단합을 촉진하는 중추적 기능과 더불어 다롄 지역 조선족 사회의 구심점 역할을 담당하고 있다.

또한 이 협회는 다롄의 조선족 경제인의 난제를 해결하는 데 가

39　『大連商報』, 2011年 6月 17日.

교 역할을 담당하기 위해 다롄시 정부의 각 부처와 밀접한 인맥관계를 맺음과 동시에 주선양한국영사관, 주선양조선영사관, 일본상공회, KOTRA, 다롄한인상회, 인천상공회 등 외국 기관과 협조관계를 맺음으로써 회원에게 보다 효율적인 서비스를 제공하고 있다. 현재 이 협회는 제조업분회, 무역분회, 과학기술분회, 음식업분회, 종합분회, 의학분회 등 6개 분회와 국내업무부, 문체부, 법률자문부, 건강자문부, 세무자문부 등 5개 부문 및 비서처를 두고 있는데 회원 수는 약 500명에 달한다.

다롄의 조선족 경제인들은 우월한 투자 환경과 지리 조건을 활용하면서 다양한 경제 분야에서 다롄의 경제 발전과 조선족 사회 공동체의 발전에 크게 기여하고 있다. 다롄시조선족기업가협회는 조선족 경제인의 자원 공유와 정보 교류 및 공동 발전을 위한 연대와 협력 및 공생 관계를 형성하는 데 큰 기여를 하고 있지만, 다음과 같은 문제점을 안고 있다. 첫째, 다롄 조선족 기업들은 상대적으로 규모가 작다. 둘째, 첨단기술 분야에 조선족 기업이 없다. 셋째, 동일한 경제 분야에서 조선족 기업들의 합작이 미약하다.

이러한 문제는 앞으로 다롄시조선족기업가협회가 조선족 경제인들의 총체적인 발전 방향 및 그 대안과 방책, 그리고 조선족 사회 공동체의 구심점 역할을 어떻게 지속적으로 유지·확대할 것인가에 대해 모든 지성인의 지혜를 모아서 심층적으로 모색해볼 필요가 있다.

Ⅳ. 나오는 말

지금까지 필자는 우선 근대에 들어서 서세동점의 시대적 배경 속에서 서구 열강의 의한 국제질서의 변동과 일본의 대륙침략정책에 의한 동북아 국제질서의 재편 과정에서 겪었던 두 차례 국제전쟁에서 다롄 지역은 군사적 요충지로서 열강의 각축장이 되었음을 피력했다. 따라서 근대 다롄 개발 과정을 두 차례 전쟁과 더불어 다롄에 대한 러시아의 7년 식민 통치와 일본의 40년 식민 통치 시기에서 나타난 초국경적인 민족의 유입, 집합과 이산의 현상을 인구 분포 및 변동을 통해 살펴보고 다롄의 도시화와 국제화 수준이 높을수록 식민지화는 심화되는 양상을 띠었음을 지적했다.

이처럼 다국가·다민족·다문화가 공존하는 다롄 지역에 조선족 이주와 인구 유동 및 사회단체 설립을 통한 조직화 연혁을 고찰함으로써 다롄 조선족의 정체성 변화 과정을 확인할 수 있었다. 즉, 다롄의 조선인은 대체로 20세기 초엽부터 이주하여 이곳에 정착하기 시작했고 1945년 광복 후 많은 조선인이 귀국했으나 줄곧 '조선인', '조선민족', '한민', '조선인교민'이라는 정체성을 지니고 있었다. 그러나 1953년부터 '조선족'이라는 정체성을 갖게 되면서부터 해외 디아스포라 한민족 공동체라는 의미는 희석되고 점차 중화인민공화국의 공민으로서 '중화민족의 일원'으로 전환하는 양상을 확인할 수 있었다. 이에 따라 조선족은 민족의 뿌리로 볼 때 현재 한반도의 분단된 '두 개의 고국'을 갖고 있으며, 국가적으로 볼 때 조국은 '중국'이라고 인식하는 특수한 해외 디아스포라 한민족 공동체의 구성원으로 자리매김하고 있음을 엿볼 수 있었다.

다롄의 조선족 사회단체는 1920년대 초에 성립된 다롄조선인친목저축회와 다롄조선인청년회가 그 효시이며, 이는 다롄 지역 조선족 사회의 형성을 의미한다. 특히 광복 후에 잇따라 발발한 국공내전의 혼란 속에서 다롄의 조선인은 다롄지방조선인, 다롄한민노동동맹, 다롄한국민생합작사, 다롄조선인민주연합회 등 다양한 성격의 사회단체를 설립하면서 급변하는 시대 흐름에 맞추어 지혜롭고 대응하면서 자아존속을 유지하기 위한 노력을 기울였다.

특히 개혁개방 이후 다롄의 조선족 사회는 인구 증가와 함께 신속하게 발전하면서 다롄시조선족문화관, 다롄시조선족노인협회, 조선족청년연의회 등의 기관과 단체 설립으로 다롄 지역 조선족 사회의 조직화가 새로운 단계에 들어서게 되었다. 이 가운데서도 2011년 6월 다롄시조선족기업가협회의 성립은 다롄 지역 조선족 경제인의 협력과 단결 및 발전에 큰 도움을 주고 있다.

그러나 다롄 조선족 경제인의 조직화에 대두되는 문제점으로 첫째, 다롄 조선족 기업들은 상대적으로 규모가 작고, 둘째, 첨단기술 분야에 조선족 기업이 없으며, 셋째, 동일한 경제 분야에서 조선족 기업들의 합작이 미약하다는 점을 지적했다. 이러한 문제는 앞으로 다롄시조선족기업가협회가 조선족 경제인의 총체적인 발전 방향 및 그 대안과 방책에 대해 모든 지성인의 지혜를 모아서 심층적으로 모색해야 할 것이다.

참고문헌

최봉룡, 2010,『만주국의 종교정책과 재만 조선인 신종교』, 태학사.

關東廳 編, 1934,『昭和八年關東廳管內現住人口統計』.

王彦威 主編, 1934,『淸季外交史料』卷181, 北平外交史料編纂處.

滿史會, 1965,『滿洲開發四十年史』(下卷).

劉世琦, 1985,『旅大地理』, 新知識出版社.

于植元·董志正, 1994,『簡明大連辭典』, 大連出版社.

王會全 主編, 1995,『大連五十年』, 大連出版社.

大連市史誌辦公室 編, 2001,『大連市志: 大事記·行政建置誌』, 大連出版社

大連市史誌辦公室, 2002,『大連市誌: 民族誌·宗教誌』, 遼寧民族出版社

潘硏·王維, 2004,『旅順口景觀史話-軍港公園』, 大連出版社.

關捷 主編, 2004,『旅順大屠殺硏究』, 社會科學文獻出版社.

沈予, 2005,『日本大陸政策史(1868-1945)』, 社會科學文獻出版社.

石源華, 2005,『近代中國周邊外交史論』, 上海辭書出版社.

瀛雲平, 2005,『大連鄕土地理』, 哈爾濱出版社.

張聲振·郭洪茂, 2006,『中日關係史』第一卷, 社會科學文獻出版社.

黃海燕, 1996,「近代大連地區的人口變遷與社會發展」,『遼寧師範大學
　　　學報(社會版)』, 第1期.

王珍仁, 2008,「镌刻在旅順口的戰爭遺跡」,『大連文物』總28期.

梁俊穎, 2011,「大連地區朝鮮族與韓國遷移者的民族認同比較」, 東北財
　　　政大學 碩士學位論文.

史丹, 2013,「韓國對大連直接投資的經濟發展效應硏究」, 東北財政大學
　　　碩士學位論文.

「南滿及間琿朝鮮人事情」(下卷), 1923, 『在外朝鮮人事情』第八號(特別
　　增大號).

『大連商報』, 2011年 6月 17日.

http: //terms.naver.com/entry.nhn?docId.

뤼순의 문화경관의 변천
- 타이양거우(太阳沟) 역사문화거리를 중심으로 -

처량량(車亮亮)

Ⅰ. 문제제기

1. 신문화지리학의 문화경관 연구

문화경관에 대한 개념은 최근 100년간 제기되었고, 문화지리학의 핵심 내용으로 자리 잡았다. 전통 문화지리학의 문화경관에 대한 연구는 문화경관에 내포된 의미와 정의, 기원과 변천, 인식과 해석, 구성과 유형, 보호와 이용 등 다섯 방면에 집중되어 있었다.[1] 전통 문화지리학

---

1   胡海胜·唐代剑,「文化景观研究回顾与展望」,『地理与地理信息科学』, 2006,

이 문화경관의 외관 형태 등 재현 연구를 진행했다면, 신문화지리학은 문화경관의 '의미의 근원'에 대한 연구를 시작했다. 전통 문화지리학과 신문화지리학의 차이는 '문화의 초유기체超級机題적 특징의 유무'로 알 수 있다. 즉, 버클리학파를 선두로 하는 전통 문화지리학의 문화해석은 객관적이고 총체적인데, 그들은 문화를 내생적으로 보고, 사람의 행위를 통해 자연 환경에 작용하는 것이라고 말한다. 동시에 문화는 하나의 총체로서 독립적인 개체의 행동으로 분해할 수 없고, 문화 전체가 자신의 규율에 부합하는 것으로 여긴다.[2] 단, 문화에 초유기체적 특징이 있다는 것을 전제로 한다. 반면에 신문화지리학파는 문화가 각양각색의 사회 행위에 실제로 존재하고 절대로 인간의 집단사회를 초탈하여 존재할 수 없다고 여긴다.[3] 게다가 '문화는 하나의 통일된 총체가 아니며, 오히려 재현으로 이루어진 서로 다른 실천으로 구성되었다'고 본다.[4] 신문화지리학의 문화경관 연구 관점과 방법은 전통 문화지리학에 대한 비판에서 연유되었는데, 전통 문화지리학에서는 문화경관이 '연구 대상'임을 강조하지만 신문화지리학에서는 '문화는 연구 관점이지 단순한 연구 대상이 아니다'라고 주장한다. 이것은 서양 사

<hr>

22(5), 95-100頁.

2   向岚麟·吕斌,「新文化地理学视角下的文化景观研究进展」,『人文地理』, 2010, 25(6), 7-13頁.

3   唐晓峰·周尚意·李蕾蕾,「"超级机制"与文化地理学研究」,『地理研究』, 2008, 27(2), 431-438頁.

4   P. Claval & J. N. Entrikin, "Cultural Geography: place and landscape between continuity and change," U. Strohmayer & G. Benko, *Human Geography: a history for the 21st century*, London: A Hodder Arnold Publication, 2004, pp.25-46.

회과학의 '문화 전회cultural turn'라 일컫는 연구 특징을 가지고 있다.[5]

신문화지리학의 문화경관에 대한 '의미 근원' 연구는 '재현represen-tation'이라는 중요한 개념에 대해 언급한다. 재현은 문화 연구에 있어 매개체, 플랫폼, 독자와 경관 간 의미의 연결다리로 표현된다. 인간은 항상 사회가 창조한 상징물을 통해 사물의 본질에 접근할 수 있다.[6] 경관은 재현의 외연형태外延形式로서 그 자체로 다양한 재현 형태를 내재하고 있다.[7] 만약 경관이 베일 또는 장막과 같은 특성을 지니고 있다면, 아름다움과 조화를 이루고 있는 재현 속에 경제 및 사회의 불평등을 감출 수 있다. 경관은 또한 생산의 실천으로서 시간적인 경관 구성과 작용 과정이 불평등한 민족·계급·성별 등의 권력 투쟁 중에 동일한 양상으로 형성된 것임을 보여주고 있다. 경관은 텍스트가 될 수도 있고, 어떤 사건을 바라볼 수 있는 창구가 될 수도 있다. 주체들의 신분 차이로 인해 경관 의미를 확실하게 아는 것이 불가능할 수도 있으며, 경관이 탄창이 되어 경관 배후의 언어와 권력관계를 폭로할 수도 있다.

2. 탈식민주의 언어 환경과 권력의 경관

탈식민주의post-colonialism 또는 탈식민주의 비평postcolonial criticism은 1970년대 서양 학술계에서 강렬한 정치적 문화 비평 성향을 띠며 새로운 학술 사조로 일어났고, 종주국과 전 식민지 관계에서의 언어에

---

5   唐晓峰·周尚意·李蕾蕾, 「"超级机制"与文化地理学研究」, 431-438頁.

6   周尚意·吴莉萍·苑伟超, 「景观表征权力与地方文化演替的关系—以北京前门—大栅栏商业区景观改造为例」, 『人文地理』, 2010, 25(5), 1-5頁.

7   向岚麟·吕斌, 「新文化地理学视角下的文化景观研究进展」, 7-13頁.

대한 관찰이 주요 내용을 이루었다. 지리학자는 탈식민주의와 관계된 이론을 차용하여 '일찍이 식민지에 속했던 사람들의 인지人地 인과관계와 경험에 대해 완전히 새로운 의미를 개척'하는 데 의의를 두었다.[8] 탈식민주의의 대표적 인물인 에드워드 사이드Edward Said는『오리엔탈리즘』을 통해 이론의 기초를 잡았다. 사이드는『오리엔탈리즘』에서 서양 식민주의와 제국주의는 서양의 동양에 대한 언어 형태로 긴밀하게 연결되어 있다고 지적한다. 동양에 대한 언어의 배후에는 지배관계, 즉 끊임없이 변화하는 복잡한 패권관계가 나타난다.[9] 오리엔탈리즘은 지식의 문제가 아니라 권력power의 문제이며, 그 핵심은 서양 권력이다. 이 이론의 기초는 푸코의 지식-권력 이론에서 찾을 수 있다. 푸코의 권력관은 탈식민주의 발전의 토양이 되었다. 푸코의 이론에 의하면 서양 식민 패권 위에 구축된 식민지와 반식민지에 대한 언어적 폭력은 식민지의 문화 식민화를 넘어 서양의 서술에서 구성된 문화 관념에 대해 피식민 민족이 강제로 문화적 동질감을 느끼도록 한다. 탈식민주의는 이러한 불평등한 언어의 지식-권력 체계에 대한 분석을 시도하고 있다.[10]

탈식민주의 이론의 핵심어는 신분identity, 자아subject, 타자object 등으로, 신분이란 두 가지 새로운 뜻을 파생시킨다. 개인과 집단이 자신의 사회적 지위를 확인할 때 '신분'이라는 단어를 사용할 수 있다. 또한 개인과 집단이 자신의 문화적인 '신분'을 확증하려고 할 때 일종의

---

8   P. Gould, "Space, time and the human being, " *International Social Science Journal*, 1996, 48(4), pp.449-460.

9   E. Said,『东方学』, 王宇根 譯, 北京: 三联书店, 1999, 8頁.

10   陈永国,『理论的逃逸』, 北京: 北京大学出版社, 2008, 15-20頁.

정체성認同으로 신분을 이해할 수 있다. 사이드는『문화와 제국주의』에서 상상의 지리와 역사는 식민지 사람에게 자신의 신분과 자신의 존재 방식을 확증하는 데 이용된다고 말했다.[11] 문화 신분의 구축은 구축자(자아)와 피구축자(타자)의 밀접한 관계를 통해 형성되며, 탈식민주의의 언어 환경 가운데 서양 중심주의는 '자아'가 되었고 서양의 동양 문화 신분에 대한 '허구' 및 '왜곡'된 형상화를 통해 동양은 서양 중심주의와 대립하는 '타자'가 되었다.

경관은 일종의 사회구조로 인식되며 '사회와 개인 신분의 도구로서 그 문화적 권위를 선전하는 장소로서의 역할을 담당한다. 이익 생산자는 자신의 이익에 따라 각기 다른 종류의 생활공간을 만들어낸다'.[12] 경관은 권력관계의 산물인 동시에 권력을 생산한다. 탈식민주의의 관점에서 보면 서양은 경관을 통해 자신을 찬란한 형상으로 만들고 자아를 형성하는 장소·도구로 구성한다. 이것은 경관의 '문화 과정' 및 함의의 복잡한 권력관계에 주목하게 한다. 이 글은 신문화지리학의 연구 관점에서 탈식민주의 이론을 참고하여 '언어와 권력관계의 네트워크'를 통해 반식민지 경관의 변천 과정을 분석하고자 한다. 특히 이 과정에서 어떤 주체와 역량이 이러한 변화를 조성했는지, 어떻게 권력관계를 구현했는지를 중점적으로 논의하려고 한다.

---

11 E. Said,『文化与帝国主义』, 李琨 譯, 北京: 三联书店, 2007, 3頁.

12 D. Matless, *Landscape and Englishness*, London: Reaction, 1998, p.12.

Ⅱ. 뤼순 타이양거우 역사문화거리 개황

1. 지역 개설

뤼순은 전형적인 근대 도시로서 1880년부터 리훙장李鴻章의 주도로 개발되기 시작했다. 청 정부는 뤼순이 아시아, 나아가서 세계적인 군항으로 알려지도록 이곳에 병사營盤를 짓고, 포대를 쌓고, 도크를 수리하고, 군 항만을 건설하여 수군 병영을 세웠다. 약 반세기의 식민 통치로 인해 뤼순의 도시 식민 문화는 특수한 지위를 갖게 되었고 상당한 양의 반식민지 경관을 남겼다. 현재 뤼순 구역 내 남아 있는 러시아식 건축물은 267채, 총 건축 면적 219,704평방미터, 일본식 건축물은 269채, 총 건축 면적 51,228평방미터를 차지하고 있다(29,040평방미터 면적의 러시아식·일본식 건축물 95채는 이미 철거된 상태다).

타이양거우의 역사문화거리는 다롄시 뤼순커우구 바이위산白玉山 서쪽의 신시가지(그림 1)에 위치하고 있다. 약 2.7평방킬로미터의 면적 안에 뤼순의 근대 역사 건축물이 상대적으로 모여 있으며, 다양한 문화유산과 건축물, 주변 환경 역시 기본적으로 잘 보전되어 있다. 이곳은 뤼순에서 러시아·일본 식민 시기의 역사적인 터가 가장 뚜렷하게 집중되어 있는 지역이다. 다량의 진귀한 유물이 있는 뤼순박물관(구 관동도독부 만주·몽골물산관), 관동도독부(관동청과 관동주청), 일본 관동군사령부(러시아군 포병부), 선기구택善耆旧居(청숙친왕부清肅親王府), 일제강점기 사범학당 옛터, 일본 관동청장관 관저, 야마토호텔, 일제강점기 뤼순의원, 러청은행 옛터, 구 고층 기숙사 본관 옛터, 제정러시아 뤼순 푸시킨 소학교 옛터, 제정러시아의 '캉터라친허' 관저沙俄康特拉钦柯官邸, 북양 수사 해군 관청 옛터, 구 관동주 민정청 옛터, 구 제

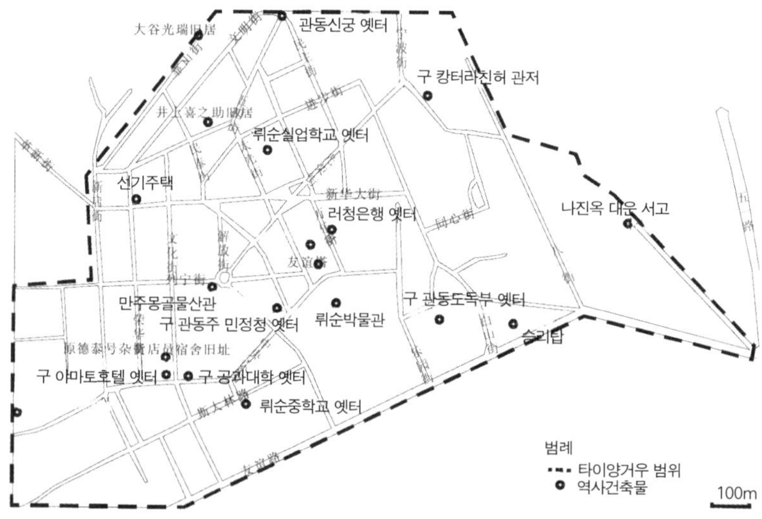

그림1 타이양거우 지역 안내도

정러시아 태평양함대 사령관 관저 이외에도 정부 고관 및 장교의 관저, 일반적인 상업용 건축물, 주택 등이 자리 잡고 있다. 지금도 이 공간은 역사적 구조 양식을 유지하고 있으며 비교적 완전한 거리의 모습을 갖추고 있다.

2. 타이양거우 문화경관의 보호와 개발

신문화리학의 경관 연구는 문화의 관점에서 출발한다. 문화(경관)란 다른 사회집단(인종, 계급, 성별, 연령, 성 등으로 정의되는) 간에 충돌이 발생하는 영역에서 이러한 사회집단이 세상을 정의하는 시도 또는 이해방식이며, 그 위에 의미 체계가 강화된 것이다.[13] 의미는 강화될 수 있을 뿐만 아니라 쟁탈당할 수도 있으며 이 투쟁의 격렬한 정도는

---

13   向岚麟·吕斌,「新文化地理学视角下的文化景观研究进展」, 7-13頁.

경제와 정치 영역보다 더하면 더했지 못하지는 않다.[14] 전체 타이양거우 및 타이양거우의 탈식민 경관은 서양 선진국의 표현에 의하면 '정의된 세계'의 도구이자 동양과 '충돌하는 영역'이다. 탈식민주의는 이러한 문화 식민을 사람의 골수로 깊이 들어가는 것, 사람의 영혼을 포획하는 것, 사람의 세계관과 가치관 및 사유방식과 생존방식을 동화시키는 것이라 표현한다. 경제·정치 식민의 영향력과 효과는 문화 식민보다 비교적 크고 깊지만, 경제·정치 식민이 할 수 없는 무의식의 감화 효과는 문화 식민만이 할 수 있다고 말한다.[15]

타이양거우의 탈식민 경관을 보호하고 합리적으로 개발하는 것은 문화 식민주의의 변천과 조정 과정을 탐구하는 데 도움이 될 것이다. 또한 문화 식민주의가 중국을 어떻게 통제하고 통치했는지 각종 수단과 책략을 발견하게 될 것이다. 경관은 역사의 각 시기별 문화적 배경과 당시의 권력관계를 통해 이해할 수 있다. 우리는 오늘날 빠른 도시화와 역사문화거리 혁신의 분위기 속에서도 도시의 문맥을 보호하고 조화로운 도시 문화경관을 구축해야 한다. 타이양거우의 탈식민 경관을 중시하면서 동시에 '도시의 맥락과 시민의 권리를 존중'해야 한다.[16]

---

14 P. Jackson, *Maps of Meaning: An Introduction to Cultural Geography*, London: Unwin Hyman, 1989, p.ix.

15 张其学, 「后殖民主义: 一种反思现代性的话语方式—兼评作为历史分期概念使用的"后殖民主义"」, 『哲学动态』, 2007(9), 55-60頁.

16 李悦铮·李雪鹏·张志宏, 「试论城市文化景观的演化与构建」, 『辽宁师范大学学报』(社会科学版), 2010, 33(5), 14-19頁.

Ⅲ. 타이양거우 역사거리의 문화경관의 변천 과정

1. 일 · 러 식민 시기(1897~1945)의 경관

1897년 러시아가 강제로 뤼순과 다롄을 조차하고, 1901년 러시아 관동주청장관 알렉세예프Evgenil I. Alekseev의 주도로 마련된「뤼순 신시가지 설계 방안」에 따라 타이양거우는 유럽식 도시 · 신시가지로 건설되었다. 현재 타이양거우의 공간 설계는 19세기 말 고전 형식주의의 구도 특징을 십분 구현하고 있다. 중심선이 교차하여 방사되는 것을 테마로 식민 특색인 격자무늬 배치 기법이 나타나고 있다. 이는 러시아 식민지 개척자의 타이양거우 지역 경관에 대한 형상이며 문화가 가진 유일한 권력인 언어 권력이 배후에 드러난 것이라고 볼 수 있다. 현지 문화의 전통이나 풍격과 명백하게 다른 건설 작업은 건축이라는 언어 활동으로 타이양거우 현지의 문화와 언어를 완전히 가려버렸다(러시아 식민 개척자는 구시가지를 봉쇄되고 협소한 장소로 여겨 구시가지의 개조 작업보다는 구시가지 서쪽에 유럽풍의 신시가지를 건설하기로 결정했다. 이것의 목적은 말할 필요도 없다). 타이양거우와 그에 속한 경관에는 서양 지식 권력이 구현되었고 스스로를 '진선미'와 같은 찬란한 이미지로 왜곡했으며, 그 지역의 낙후되고 저속한 형상을 날조하여 '세계의 중심'으로서 유일하게 역사를 서술할 수 있는 권리를 만들어버렸다.

만약에 러시아 식민 개척자가 뤼순을 점령한 후 시간 등의 문제로 문화 식민 활동을 할 수 없었다면, 일본 식민 개척자가 뤼순을 차지한 후(1905~1945) 에너지를 들여 자신을 유럽과 같은 '우월한 민족'으로 세웠을 것이다. 일본 근대 국수주의의 대표적인 인물인 시가 시게타카志賀重昻는 영국 탐험가 영허즈번드Francis E. Younghusband의 말을 인용하여 전모를 살폈다. "중국을 독립시키거나 중립국으로 만들려는 것은 늙고 무지한 사람이 증기기관차를 모는 것과 같이 중국을 앞으로 나가지 못하게 할 것이다.…결국 발전하지 못한 인민을 완전히 통치할 수 있는 것은 정의를 부여해서 서양의 과학을 빌려 자원을 개발하는 것이다. 이것이 바로 문명의 본래 의미다."[17] '교사를 파견하여 일본어를 확산시키고 현지의 관청 건축물을 웅장하고 장엄하게 만드는 것'이 일본 식민 개척자의 타국 식민화의 주요한 전략이었다. 언어는 한 민족의 근본이자 한 민족의 고유한 전통을 유지하는 중요한 수단이다. 민족의 국수國粹(한 나라나 민족이 지닌 고유한 문화의 정화)를 보존해야 한다고 주장했던 시가 시게타카는 다른 민족의 국수는 돌아보지 않았을 뿐만 아니라 자신의 국수를 다른 민족에게 강요하기까지 했다.[18] 일본 식민 개척자는 뤼순고등공학교, 뤼순공과대학, 뤼순중학교, 뤼순사범학교 부속소학교, 뤼순여자고등학교, 사범학당, 뤼순 제2소학교 7소 식민학교를 타이양거우에만 세워 초등학교부터 대학까지 완전한 식민 교육 시스템을 형성했다. 일본 식민 개척자는 인종적 우월감을 지니고 문화 수출을 통해 자신의 규범을 내부와 외부의 타자에게 강요했다. 피식민지 인민은 언어를 박탈당했으며 문화 신분을 조금씩 잃어버렸다. 자신의 신분에 대한 정체성은 말할 필요도 없다. 경관은 식민 감찰의 주요 목표이며 문화 전환의 이상적인 지점이었다.[19] 그중 타이양거우 지역의 관동신궁 옛터(1938년 7월 일본 식민 당국은 타이양거우

<hr>

17 志贺重昂, 『地理学』(志贺重昂全集), 志贺重昂全集刊行会, 1928, 330-334頁.

18 戴宇, 「试析志贺重昂地理学中的殖民扩张论」, 『东北亚论坛』, 2006, 15(6), 115-119頁.

19 J. S. Duncan, "Landscape Geography, 1993-1994," *Progress in Human Geography*, 1995, 19(3), pp.414-422.

동북부에 관동신궁을 건설하여 야스쿠니 신사와 동급인 '간페이 타이샤官幣大社' 규격 표준에 포함시키고 최상위의 국가급 신사로 관리했다. 목표는 '국가 풍속을 이식'하여 식민 통치를 강화하는 것이었다)는 일본 식민 개척자의 '강력한 권력'을 보여주는 산물 중 하나로서 남아 있다.

러시아 점령 시기에 러시아는 뤼순과 다롄에 비교적 큰 규모의 건설 사업을 진행했는데 특히 거리에 당시 유럽에서 성행하는 형식주의 구도(방사선, 대각선, 원형)를 활용하기도 했다. 그 후 일본 점령 시기에도 기본적으로 러시아의 건설 구조를 따라 타이양거우 식민 개조를 이어나갔다. 공간 구성은 등급이 뚜렷한 거리 양상을 띠었는데, 타이양거우 동쪽에는 '관동군사령부 관사'가 분포되어 있고, 안쪽에는 러시아나 일본 군관의 주택이 있어 통치계급 생활 모습을 사실적으로 나타내고 있다. 북부에는 '제정러시아 기업학교'와 '뤼순공과대학교장의

그림2 일본 점령 시기 타이양거우 지역 안내도

옛집'이 위치하고 있어 식민 시기 평민 생활공간을 대표하고 있다. 서남부에는 야마토호텔, 뤼순사범공학교 등 식민 시기의 상업 생활공간을 엿볼 수 있다. 중부에는 관동군사령부, 만주·몽골물산관, 일본 헌병대 등이 곳곳에서 식민 시기의 강압적인 분의기를 드러내고 있다.

타이양거우의 근대 건축물은 당시 러시아, 일본, 유럽, 미국에서 유행하던 각종 건축사조 및 양식을 반영하고 있다. 러시아풍과 근대 일본풍을 중심으로 바로크양식, 서양고전양식, 르네상스양식, 절충주의, 현대주의 건축물이 병존한다. 거리 공간 구조의 설계와 규획에 유럽 문화 통치의 지위와 뤼순 식민 경험이 명백하게 드러난다. 일본과 러시아는 본국 스타일의 거리를 건설함으로써 건축물 및 각종 경관 소품에 고향에 대한 그리움과 권력계급을 반영하여 지방 경관 형상화를 통한 절대적인 언어 권력을 나타내고 있다. 그중 본보기로 삼을 만한 것은, 러시아는 타이양거우에 많은 러시아식 유럽풍 건축물을 남겼고 일본은 뤼순을 점령한 후에도 그것들을 훼손·파손시키지 않고 도리어 최대한 이를 이용했다는 점이다. 게다가 일본풍의 각종 민가 건축물은 러시아식 건축물과 공존할 수 있도록 만들어져 일본과 러시아는 공동으로 타이양거우를 조화롭고 정교한 경관 공간으로 형성해나갔다고 볼 수 있다.

2. 구소련 홍군 관할 시기(1945~1955)의 경관

뤼순은 식민 시기 이후 구소련 홍군의 관할하에 있었던 10년(1945~1955) 동안 중·소 공동의 역사 건설 아래 놓이게 된다. 이때부터 식민 활동은 뤼순에서 사라지고 식민주의 경관(문화)의 언어 권력은 다른 형태로 남게 되었다. 러시아와 일본 식민 개척자들이 타이양거우를 개조·건설했던 것과 같이 구소련 홍군도 타이양거우에 그 시대의 특수한 기억 경관 및 문화 기호를 남겼다. 예를 들면, 기념적인 양대 건축물인 '중소우의탑'은 관동군사령부 옆에, '소련군승리탑'은 관동주청 동쪽에 위치해 있다. 이외에도 레닌거리와 스탈린거리 등 공산주의적 특색을 가진 거리명은 국가 정치의식 형태를 반영하고 있다. 이 시기에 구소련 홍군의 타이양거우 경관 구조에 대한 영향은 미미했지만, 건축물 내부 기능의 변화를 통해 그 흔적을 찾을 수 있다. 러청은행은 일본 점령기에는 구락부였으나 후에 구소련군이 사무실로 바꾸어 사용했고, 야마토호텔 역시 후에 소련군의 경비 근무를 위한 건물로 활용되었다. 이처럼 구소련 홍군도 타이양거우 지역 경관의 언어 권력의 주체로서 역할을 했다.

3. 현대 사회(1955~현재)의 경관

뤼순의 전면적인 개방과 개발은 다롄뿐만 아니라 전체 동북 지역에서 중요한 전략적 의의를 가진다. 뤼순이 창립한 역사문화 도시는 의사결정이 시급한 문제로 거론되고 있다. 타이양거우의 역사문화거리는 역사문화도시 건설의 중요한 부분을 차지하고 있어, 최근 뤼순의 보호와 개발 문제가 나날이 각계의 주목을 받고 있다. 군사 관리 등의 역사적 요인으로 인해 뤼순의 유물은 현재까지 남아있으나 타이양거우 지역의 보호와 개발에 대한 이해관계는 군대, 지방 정부, 부동산 투자가와 주민 간 문제로 얽혀 있다. 이것은 다롄 창산군도長山群島가 직면한 상황과 비슷하다.[20]

　　1955년 중국 인민해방군은 전적으로 뤼순의 육 · 해 · 공 삼군의 국

20　李悦铮, 李欢欢.基于利益相关者理论的海岛旅游规划探析———以大连长山群岛旅游度假区规划为例[J].海洋开发与管理, 2010, 27(7):108-112.

방 사무를 관할하기 시작했고 그 때부터 뤼순에는 군관과 지방 정부가 협력하여 건설한 경관이 형성된다. 이곳은 타이양거우 지역의 이해관계자, 타이양거우 경관·공간의 은유적인 권력관계, 그리고 사회구조가 서로 복잡하게 연결되어 있다. 다른 의식 형태 및 이해관계자들 간의 전략 게임은 부단히 공간 문화의 함의를 리모델링하고 있다. 군대는 타이양거우 지역에 중요한 지위를 차지하고 있고, 대다수의 역사 유물의 재산권과 사용권은 군대가 소유하고 있다. 오래된 건축물의 상당수가 방치되고 관리하는 사람이 없어 지금은 심하게 훼손된 것들도 많다. 심지어 많은 전쟁 유산은 개조되어 원래 모습은 찾아볼 수 없게 되었고, 관동신궁 옛터는 일본 침략의 확실한 증거로서 중요한 역사적 건축물이었지만 지금은 현지 주둔군 창고로 전락했다. 공간 기능이 완전히 뒤집어진 이후에는 주둔군이 관동신궁 옛터 동쪽에 현대 고층 건물을 세워버렸다! 이러한 사례는 너무 많다. 나진옥罗振玉서고 옛터 동쪽과 팔일거리八一街 서쪽에도 현대식 건물이 들어섰다. 이것은 시각적으로 이 지역의 경관 진정성을 파괴시켰고 역사를 분리시켜버렸다. 군대가 타이양거우 경관의 언어 권력을 쥐고 있는 셈이다.

정부와 부동산 투자가는 군대에 버금가는 권력 주체다. 군대와 현지 주민 간 공간(경관) 충돌이 많은 편이고 특히 고층 건물을 높게 지으면 높게 지을수록 거리의 새것과 옛것의 차이가 확연히 드러난다(대다수 건축물의 재산권과 사용권은 군대가 행사하고 있으며, 제한적인 공간에서 건물을 높게 지을수록 타이양거우 지역의 전체적인 풍경이 망가지고 있다). 스탈린거리는 벚꽃이 화려하게 피는 길이었으나 정치적 유도와 사상적 인식의 문제로(벚꽃은 일본의 국화로 뤼순의 식민지 경험은 굴욕적인 역사의 흔적이 나타나는 것을 허용하지 않았다) 벚꽃거리는 정부 주도로 완전하게 소멸되었다. 정부 도시 건설

부문의 현대화 개조 작업은 타이양거우 경관 공간의 변화를 가져왔다
(예를 들면 식민 시기에 남겨졌던 청석거리는 매우 현대적인 거리가
되었다). 팔일거리 일대는 일본 점령기에는 특권지로 분류되었지만 현
재도 골프장으로 활용하고 있다. 현재 남아 있는 일본식 양옥집은 아
름다운 광경을 이루고 있다. 그러나 부동산 투자자들의 개입은 본래
조화로웠던 거리 경관을 손상시키고 있다(팔일거리 서쪽에는 대형 상
업 건축물이 들어섰는데, 전체적인 거리 스타일과 부합하지 않는다).
부동산 투자가들의 적나라한 이익에 대한 야심을 한눈에 볼 수 있다.
상대적으로 취약한 현지 주민의 집단적 지위는 언어 권력을 상실하게
했고 경관 재현에 대한 무력함으로 직접적으로 드러났다. 정부나 부동
산 투자가들이 거리와 도로 및 새로운 건축물의 구조 · 규모 · 스타일
을 통제했고 오래된 건축물에 대해서도 군대를 통해 다시 한 번 확실
하게 규제했다. 도로변에 쌓여 있는 석탄더미나 대문의 대련對聯, 거리
의 영세 행상인, 작은 노점 등 일상생활의 작은 부분에서 현지 주민의
타이양거우에 대한 영향력의 흔적을 볼 수 있을 뿐이다. 이처럼 타이
양거우 지역의 전체 경관 구조에서 현지 주민이 차지하는 영향은 일부
에 그침을 알 수 있다.

Ⅳ. 경관 재현의 시간과 공간적 특징

1. 단일한 주체에서 단일한 주체하의 다원적 공존으로 변화한 언어 권력

일본과 러시아의 식민지 시기에 식민 정부는 경관 공간과 문화에 대한
절대적인 언어 권력을 가지고 있었다. 도시의 건설 기획부터 거리 광

장의 배치 계획까지, 심지어 각각의 건축물 설계까지 식민 정부의 언어 권력과 식민 사상이 드러나지 않는 곳이 없다. 지금은 역사 유산 등의 원인으로 타이양거우 지역의 경관에 대한 언어 권력 주체는 군대, 정부, 부동산 투자가 등으로 바뀌었고 현지 주민의 약한 집단적 지위는 한층 더 분명하게 나타난다. 다른 의식 형태와 권력 주체 간의 이익 전략 게임은 타이양거우 공간 배치와 경관 의미를 부단히 리모델링하고 있다.

2. 특정하고 유일한 것에서 결핍 속에 모호한 의미를 가진 것으로 변화한 재현 문화

언어 권력은 문화의 서술 방향을 결정한다. 뤼순 식민지 시기에 일본과 러시아 문화는 이 지역의 주류 문화였고 일본이 설치한 많은 식민 교육 장소 또는 유럽 스타일의 광장과 건축물 등 모두 직간접적으로 자신의 인종 문화의 우월성을 선양하고 있다. 뤼순, 나아가서 타이양거우의 본토 문화는 줄곧 사라진 상태였고, 중국 인민해방군이 전면적으로 뤼순을 인수한 후에도 이러한 상태는 개선되지 못했다. 도리어 잃어버린 상태를 계속 유지할 뿐이었다. 많은 역사 유물은 오히려 이 도시의 '굴욕적인 문화'를 퍼뜨리는 것이 적당하지 않다고 말하고 있었다. 확실한 것은 뤼순의 굴욕적인 역사는 식민 개척자로 하여금 이 땅에 허다한 전쟁 유물을 남겼고 식민 패권주의의 낙인을 제외하고 전 인류가 공유할 수 있는 문화 자산을 남겼다는 점이다. 식민 개척자가 뤼순에 가져다준 도시적 현대화, 상업, 교육, 공업 등에 대해 변증법적으로 역사적 의의와 정치적 의의를 구분해야 한다. 굴욕의 역사를 망각하는 것은 용납될 수 없지만, 부정할 수 없는 것은 뤼순은 중국 현대화의 시작점이었다는 사실이다.

3. 사회 구조의 계급 약화와 융합 추세

일본 점령 시기 타이양거우 지역의 오래된 지도를 통해 볼 수 있듯이, 당시 황권 사상은 타이양거우의 공간 배치와 문화 함의에 영향을 미쳤다. 북쪽의 관동신궁은 황권의 중심에 위치했고 좌창정佐倉町(현재의 백산거리)은 어로御道(황제만 통행할 수 있는 도로)로 계획되었다. 어로 두 곳은 특권지와 고급 주택지에 건설되었다. 타이양거우의 서쪽으로부터 병원, 도서관, 학교, 보통 주택가 등이 점차로 확대되었고, 이것은 계급이 분명한 당시의 사회 상황을 보여준다. 현대의 타이양거우의 사회구조는 천지개벽할 만큼 큰 변화가 있었는데, 계급이 명확했던 사회 질서는 무너지고 각 계급이 뚜렷하게 융합하는 추세를 보이고 있다. 공간적으로도 백산거리 양측은 일본 점령 시기의 고급 주택가에서 현재는 보통 주택가로 바뀌었다.

V. 맺음말

지금까지의 분석을 통해 말할 수 있는 결론은 다음과 같다. 첫째, 언어와 권력은 경관 재현의 결정적인 요인이라는 점이다. 일본과 러시아의 식민 시기에는 일본과 러시아 식민 개척자가 경관 재현의 권력 주체였고, 구소련 홍군 관할 시기에는 구소련 홍군이 경관 재현의 권력 주체였으며, 현대 사회에서는 군대, 정부, 부동산 투자가 등이 경관 재현의 권력 주체이다. 현지 주민은 소외계층으로 여겨진다.

둘째, 이해관계자들은 경관과 공간의 재배치에서 중요한 역할을 담당하는데, 부정할 수 없는 것은 언어 권력 주체가 경관과 공간 형상화에서 주도적인 역할을 한다는 점이다. 이해관계자들은 심지어 사회

소외계층이 권력 주체에 대항하고 있는 과정 중에도 끊임없이 도시 경관과 공간을 형상화한다.

셋째, 식민 도시는 굴욕의 역사를 갖고 있을지라도 굴욕의 문화를 대표하지는 않는다. 근래에 제기되었던 "타이양거우의 오래된 건축물은 보호할 가치가 없다", "타이양거우 유산의 흔적은 일본과 러시아의 식민 통치자가 남긴 것으로서 유적 유산으로 남기기에 적합하지 않다고 여겨진다", "당연히 식민지 색채를 깨끗이 지우고 옛 건축물을 철거해야 한다" 등등의 주장은 굉장히 무책임하다. 그리고 절대 실행되어서도 안 된다. 전쟁 유적과 식민 유산은 뤼순의 파란만장한 경험의 증거로서 남겨야 한다. 식민 유산으로 자손들에게 일찍이 겪은 역사를 교육하여 세계 평화를 지켜나가야 한다.

다음으로는 타이양거우의 보호와 개발 체제의 혁신이 필요하다. 타이양거우의 유산 대부분은 군대가 소유하고 있다. 따라서 주요한 이해관계자인 군대와 정부는 양측의 이익과 유물 관리 역할을 조정해야 할 것이다. 군대와 지방 정부 양측으로 구성된 고위직(부시장급) 관리위원회를 구성하여, 위원회가 다방면의 행정 관리에서 종합적인 문화·경제 기능을 실행할 수 있도록 전환시켜야 할 것이다. 이외에도 인민을 최대한 타이양거우 보호와 개발 과정에 참여시켜야 할 것이다.

마지막으로 타이양거우 개발 과정의 업무 경영 방식을 세워야 한다. 타이양거우 지역의 전체 경관의 풍모와 공간 배치를 고려하여 문화 전시를 중심으로 한 문화·레저거리를 조성함으로써 강력하게 문화관광산업을 개발시켜야 한다. 이를 통해 타이양거우 발전의 새로운 도약을 실현시켜야 할 것이다.

(김고운 번역)

참고문헌

唐晓峰·周尚意·李蕾蕾, 2008,「"超级机制"与文化地理学研究」,『地理研究』, 27(2): 431-438.

戴宇, 2006,「试析志贺重昂地理学中的殖民扩张论」,『东北亚论坛』, 15(6):115-119.

李悦铮·李雪鹏·张志宏, 2010,「试论城市文化景观的演化与构建」,『辽宁师范大学学报』(社会科学版), 33(5): 14-19.

李悦铮·李欢欢, 2010,「基于利益相关者理论的海岛旅游规划探析—以大连长山群岛旅游度假区规划为例」,『海洋开发与管理』, 27(7): 108-112.

张其学, 2007,「后殖民主义: 一种反思现代性的话语方式—兼评作为历史分期概念使用的"后殖民主义"」,『哲学动态』, 9:55-60.

周尚意·吴莉萍·苑伟超, 2010,「景观表征权力与地方文化演替的关系—以北京前门—大栅栏商业区景观改造为例」,『人文地理』, 25(5):1-5.

志贺重昂, 1928,『地理学』(志贺重昂全集), 志贺重昂全集刊行会, 330-334.

陈永国, 2008,『理论的逃逸』, 北京: 北京大学出版社, 15-20.

向岚麟·吕斌, 2010,「新文化地理学视角下的文化景观研究进展」,『人文地理』, 25(6):7-13.

胡海胜·唐代剑, 2006,「文化景观研究回顾与展望」,『地理与地理信息科学』, 22(5):95-100.

Claval, P. and Entrikin, J. N., 2004, "Cultural Geography: place and landscape between continuity and change,"

Strohmayer U. and Benko G., *Human Geography*: *a history for the 21st century*, London: A Hodder Arnold Publication, 25-46.

Duncan, J. S., 1995, "Landscape Geography, 1993-1994," *Progress in Human Geography*, 19(3): 414-422.

Gould, P., 1996, "Space, time and the human being," *International Social Science Journal*, 48(4): 449-460.

Jackson, P., 1989, *Maps of Meaning*: *An Introduction to Cultural Geography*, London: Unwin Hyman, ix.

Matless, D., 1998, *Landscape and Englishness*, London: Reaction, 12.

Said, E., 1999, 『东方学』, 王宇根 译, 北京: 三联书店.

Said, E., 2007, 『文化与帝国主义』, 李琨 译, 北京: 三联书店.

2000년 이후 다롄의
사구(社區) 건설과 전형단위제의 유산

박철현

I. 서론

사회주의 시기 중국 도시는 단위單位로 구성되어 있었다. 단위는 개별

---

* 이 글은 2009년도 정부재원(교육과학기술부 학술연구조성사업비)으로 한국연구재단의 지원(NRF-2009-362-B00011)을 받아 수행된 결과이다. 이 글은 기존에 발표된 논문 「개혁기 중국 동북지역 사회관리체제의 변화: 다롄 사구의 건설과 거버넌스 문제를 중심으로」(중국학연구 제76집, 2016)를 수정·보완한 것이다.

인민이 소속된 직장을 가리키는 것으로, 도시사회는 곧 이러한 단위들의 총합이라고 할 수 있을 정도로, 단위는 당시 국가와 인민을 연결해 주는 가장 중요한 매개체였다. 도시 주민의 대부분은 이러한 단위에 소속되어 있었고, 단위에 소속되지 않은 극소수의 주민은 주민위원회居民委員會의 관리 대상이었다. 따라서 당시 단위는 국가가 도시사회를 관리하는 사회관리체제社會管理體制의 핵심이었다. 이후 1990년대 시장화 개혁의 심화와 함께 도시 지역 국유기업 개혁이 본격화되자 대규모 실업자가 발생했고 단위에 대한 주민의 소속감도 점차 약화되었다. 노동에 대한 대가를 급여로 지급하는 직장은 여전히 존재하지만, 사회주의 시기처럼 소속 인원을 정치적으로 지배하고 그들에게 전면적인 사회·경제적 보장을 제공하는 단위체제는 점점 해체되어갔다. 1990년대 중·후반 단위체제의 해체가 가속화되어감에 따라 국가는 기존의 단위체제를 대체하여 인민을 조직 동원할 수 있는 사회관리체제를 구상했고, 그 결과 등장한 것이 바로 '사구社區'이다. 단위가 직장을 기준으로 소속 인원을 관리하는 것에 비해 사구는 거주지역을 기초로 주민을 관리하는 사회관리체제라는 차별성을 가지고 있다.

중요한 것은, 단위는 원래 해당 지역의 사회·경제적 조건을 반영하여 지역별로 상호 구별되는 특징을 가지고 있었다는 점이다. 특히 동북 지역은 19세기 말과 20세기 초부터 주로 일본계 공업 기업들이 들어섰고 만주국 시기를 거치면서 기업 숫자가 증가했던 곳으로, 중화인민공화국 건국 직전 중국을 대표하는 중공업 지역이 되었다. 1949년 이후 동북 지역에 구축된 단위체제는 중공업 기업이 밀집된 지역적 특징을 반영하고 있다. 이렇게 사회주의 시기 동북 지역에 존재했던 단위체제를 '전형단위제典型單位制'라고 한다. 개혁기인 1990년대 중·후반 이 지역의 전형단위제가 점차 해체되는데, 이후 들어선 사구는 이 지역의 특징을 반영해서 다른 지역의 사구와는 다른 모델을 취하게 된다.

이 글의 목적은 동북 지역 도시사회를 규정했던 전형단위제를 대체하여 등장한 사구를 분석하는 것이다. 동북 지역의 사구 모델은 이 지역의 특징을 반영하고 있기 때문에 다른 지역의 사구 모델과 구분된다. 이와 같이 사구 모델의 차이는 사회주의 시기부터 형성되어 내려온 정치·경제·사회적 조건의 차이에서 근본적으로 연유하는데, 그 차이의 핵심은 바로 전형단위제이다. 개혁기에 들어서 이러한 조건의 차이에 대응한 국가 기획에 따라서 해당 지역의 특징을 반영하는 사구 모델이 건설되었던 것이다. 따라서 동북 지역 사구 모델은 사회주의 시기부터 이 지역을 지배해온 전형단위제가 개혁기에 들어서 해체되자 이에 대응하여 국가가 사회관리체제 구축을 위해 노력한 결과라고 할 수 있다.

사구 연구의 핵심 분야는 사구관리체제이다. 이것은 중국 기층 사회의 정치 공간인 사구 내 주요 행위자들의 역할 규정과 관계 구축에 대한 연구, 즉 사구 거버넌스governance에 대한 연구로 새로이 시장과 사회가 등장한 개혁기에 국가가 인민을 조직·동원하는 사회관리체제를 어떻게 구성할 것인가라는 문제이다. 따라서 중국의 도시 사회관리체제인 단위체제를 대체하는 사구의 건설에서 사구 거버넌스 구축은 가장 핵심적인 문제라고 할 수 있다.

사구 거버넌스에 대한 선행 연구는 주로 사례 연구의 형태로 축적되어 있지만, 동북 지역의 기존 단위체제를 전형단위제로 개념화하고 이러한 전형단위제의 해체와 이를 대체하는 사구 건설을 실증적으로 분석한 연구는 드물다. 앞서 언급했듯이 사회주의 시기 중국 사회관리체제인 단위체제의 구성요소와 특징이 동북 지역 전형단위제에서 가장 강하게 드러나고 개혁기에 들어선 지 40년에 가까운 오늘날에도 강고하게 남아 있는 전형단위제의 유산이 사구 건설에 장애가 될 정도라는 사실을 고려하면, 전형단위제에 대한 연구는 사회주의 시기와의 연속성과 불연속성이라는 측면에서 개혁기를 이해하기 위해서 매우 중요하다고 할 수 있다. 또한 최근 '신동북 현상新東北現象'이라고 불릴 정도로 경제성장률 저하와 인구 감소가 심각한 문제로 대두되고 있는 동북 지역의 사회와 경제를 이해하고 그 원인을 분석하기 위해서도, 단순히 개혁기 국유기업 개혁의 불철저함이나 세계 경제의 불안정성 증대라는 측면에만 주목할 것이 아니라 사회주의 시기부터 역사적으로 형성된 동북 지역 전형단위제의 영향력 속에서 개혁기 사구의 현실을 분석하는 것이 매우 중요하다.

이 글에서는 동북 지역의 대표적인 공업도시 다롄의 전형단위제와 사회·경제적 조건들에 대해서 살펴본 후 개혁기에 들어서 과거의 유산들이 다롄 사구 형성에서 어떠한 작용했는지를 분석한다. 또한 다롄 사구의 건설과 관리에 대한 실증적 분석을 통해서 다롄 사구로 대표되는 개혁기 동북 지역 사구가 상하이로 대표되는 이른바 '정부 주도형' 사구와 어떠한 차별성을 가지고 있는지도 분석의 대상이다. 아울러 개혁기 다롄의 '사회 주도형' 사구의 형성은 국가가 사회의 '자율성' 증가를 허용하거나 사회가 '자율성'을 획득했기 때문이 아니고 오히려 과거 이 지역을 지배했던 전형단위제의 역사적 유산이 투영된 결과라는 점을 주장하고자 한다.

주지하다시피 다롄은 19세기 말 러시아에 의해서 근대 도시로 개발되기 시작했고, 1905년 러일전쟁에 승리한 일본은 다롄을 차지한 이후 1945년 8월 제2차 세계대전에서 패배할 때까지 이 도시에 철도·조선·철강·기계를 중심으로 하는 중공업을 발전시켰다. 이후 국공 내전 기간에 다롄은 해항海港과 중공업 기지라는 조건을 이용해서 공산당의 해방전쟁을 지원하는 무기와 군수품을 생산하는 군수기지 역할을 했다. 중화인민공화국 건국 이후에도 다롄은 철도와 조선 제조업 및 관련 업종을 중심으로 하는 공업도시였다. 19세기 말부터 시작되어 사회주의 시기와 개혁기로 이어지는 100년이 넘는 기간 동안 계속해서 동북 지역을 대표하는 공업도시였다는 배경과 21세기 세계 자본주의 경제로의 본격적인 편입 및 동북 진흥 정책이라는 역사적 계기로 볼 때 다롄은 단위체제에서 사구로의 이행을 분석할 수 있는 좋은 연구대상이라 할 수 있다.

다음 2절에서는 동북 지역 전형단위제를 소개하고, 2000년대 등장한 '동북 현상東北現象'과 동북 진흥 정책에 대해 살펴볼 것이다. 3절에서는 다롄 사구의 건설 과정을 실증적으로 분석하고, 다른 지역 사구 모델과 구별되는 다롄의 '사회 주도형' 사구 건설의 사회·정치적 의미를 분석할 것이다. 4절 결론에서는 이 글이 개혁기 중국의 사회와 경제에 대한 연구에 가지는 방법론적 의의를 분석하고 '지역' 연구의 중요성을 강조하면서 최근 최대의 지역 현안으로 떠오른 '신동북 현상'과 전형단위제의 관계에 대해 논할 것이다.

Ⅱ. 개혁기 사회관리체제 변화와 동북 전형단위제

1. 단위체제의 해체와 사구의 등장

중국은 1992년 상하이 푸동浦東을 국가급 신구로 지정하여 개혁개방을 위한 국가적 차원의 전략을 실험하는 한편, 개혁의 중점을 농촌에서 도시 지역으로 옮겼다. 도시 지역의 개혁 대상은 국유기업을 중심으로 하는 단위들로, 사회주의 시기 도시 주민은 이들 단위에 소속되어 국가의 정치적 조직과 동원의 대상이 되었고 동시에 주택, 의료, 교육, 문화 등과 같은 사회·경제적 보장을 제공받았다.

국유기업 개혁은 산업구조 조정과 소유권 개혁이라는 두 가지 방향으로 진행되었다. 산업구조 조정을 통해서 기존 국유기업의 90%가 사유화되었으며, 소유권 개혁을 통해서 기존에 정치적·이데올로기적으로 규정된 소유권을 계량화할 수 있는 주식으로 바꿈으로써 주식 보유 수량 만큼에 해당하는 소유권 행사가 법률에 의해 제도화되었다. 이러한 개혁의 결과 대규모 정리해고가 발생하고, 노동자의 단위에 대한 소속감은 점차 약화되었다. 또한 1998년 단행된 공유제公有制 주택제도의 공식 폐지도 '단위인單位人'의 단위에 대한 소속감을 결정적으로 약화시킨 또 하나의 계기였다.

아울러 이러한 단위체제의 해체를 더욱 가속화시킨 것은 개혁기 들어서 도시에 취업하는 농민공農民工이 증가하여 이전 시기 도시 호구를 소지한 주민으로만 구성되었던 중국 도시에 농촌 호구 소지자도 거주하기 시작했다는 사실이다. 따라서 전적으로 단위 내부의 단위인들로만 구성되었던 도시가 이제 단위 외부에 존재하는 실업자, 농민공, 자영업자 등의 '이질적인' 인원도 동시에 사실상의 주민으로 거주하는 공간이 되었다. 또한 단위인조차도 사회·경제적 보장을 단위에 전적으로 의존하던 기존과는 달리 새로 등장한 시장에서 자신의 사회·경제적 필요를 화폐로 구매할 수 있게 되었다.

이상과 같은 국유기업 개혁, 농민공의 대량 유입, 시장의 등장 등으로 단위체제는 도시사회의 인민을 정치적으로 조직·동원하고 사회경제적 보장을 제공한다는 본래의 목적을 달성하기에는 그 유효성을 이미 상실한 사회관리체제가 되었다. 사회관리체제로서의 단위와 사구는 다음과 같은 차이가 있다. 첫째, 단위가 인민이 소속된 직장을 기초로 하는 관리체제인 것에 비해 사구는 인민의 거주지를 기초로 하는 관리체제, 즉 주민에 대한 관리가 그 목적이다. 둘째, 그 결과 이전 시기에 단지 단위체제를 보조하는 역할을 하던 가도판사처와 주민위원회가 사구에서 핵심적 행위자가 되었다. 셋째, 사구에는 주택소유주위원회, 주택관리회사, 중개조직, 주민대표대회 등과 같이 과거 단위에는 존재하지 않던 조직들이 등장하는데, 이들도 기존의 가도판사처·주민위원회와 함께 도시의 기층 정치공간인 사구의 거버넌스를 구성하는 주요 행위자들이 되었다.[1] 넷째, 단위가 소속 인민에게 정치적 지배와 함께 사회·경제적 보장을 동시에 실현하는 관리체제라면, 사구는 본래 단위가 제공하던 소속 인원에 대한 사회·경제적 보장 기능의 상당 부분을 개혁기에 새로 등장한 시장에 이관하면서도 거주지역에 기초한 정치적 조직과 동원을 실현하려는 목적으로 건설되었다. 다섯째, 단위와 달리 사구에는 해당 도시 호구 소지자만이 아니라 다수의 농민공을 중심으로 하는 유동인구'가 주민으로 거주하고 있기 때문에, 국가는 이처럼 인구학적 동질성이 크게 약화된 상황에 대응하기 위해 기층에서의 당 조직 건설을 강화했다. 여섯째, 사구는 개혁기의 분권화로 지방의 자율성이 크게 증가한 상황을 배경으로 등장했기 때문에 기존 단위체제의 유산을 반영하면서도 동시에 개혁기 해당 도시 특유의 사회·경제적 조건을 반영하여 형성되는데, 국가는 특정한 역사적

----

1   중개조직(中介組織)은 사구 내부에서 주민위원회 및 당 조직과 주민을 중개해주는 조직으로, 법률 및 법규와 정책이 허용하는 범위 내에서 사구 주민을 구성원으로 하며 사구 내부에서 주민의 다양한 수요를 만족시키기 위해 만들어진 조직이다. 구체적으로는 독서회·노래패 같은 취미 조직부터 주택소유주위원회·노인협회·지원자협회 같은 권익 보호 조직, 환경·위생·빈곤구제 같은 서비스 제공 조직 등이 있다.

사건을 계기로 이러한 유산과 조건에 대응하여 사구 건설을 기획하고 그 결과 지역별 사구'모델'이 성립되었다.

단위에서 사구로의 사회관리체제 변화는 개혁기 중국 도시에서 보편적인 현상이었으나, 서론에서 밝혔듯이 사회주의 시기 중국 도시사회를 구성하는 단위체제의 전형성이 가장 강력하게 드러나는 곳은 바로 동북 지역이었기 때문에 이 지역 도시에 대한 분석은 중국 사회관리체제 변화를 이해하는 데 매우 중요하다고 할 수 있다.

2. 동북 전형단위제와 동북진흥정책

동북 지역 전형단위제는 다음과 같은 특징을 가지고 있다. 첫째, 동북 지역 전형단위제 기업은 대부분 중화인민공화국 건국 초기 도시 주변의 근교나 원교에 광대한 부지를 차지하고 공장과 노동자주택이 서로 인접하는 방식으로 건설되었다. 이들은 건국 초기 대형 개발 프로젝트인 '156개 중점 건설 항목'에 의해 만주국 시기부터 존재했던 기업을 확장하거나 새로 기업을 만든 것으로, 주로 기존 도시의 외곽 지역에 기업 부지가 들어섰기 때문에 소속 인원은 모두가 해당 기업의 노동자와 그 가족들로서 단위(=기업)와 지역공동체의 기능이 중복되는 결과를 낳았다.[2] 둘째, 전형단위제 기업 소속 인원들은 해당 지역 출신인 경우도 있었지만 다른 지역에서 동원되어 배치된 경우도 있었다. 1950년대 중반 이후 단위체제가 점점 공고화되면서 단위 소속 인원들에게

---

2 '156개 중점건설항목(重點建設項目)'은 중화인민공화국 건국 초기 '제1차 5년 계획(1953~1957)' 기간 동안 중공업 발전을 위해서 소련이 자금·기술·전문가를 지원한 대형 개발 프로젝트를 가리킨다. 성별로 보면 랴오닝성 24개, 지린성 11개, 헤이룽장성 22개 등 전체의 1/3을 넘는 57개의 프로젝트가 동북 3성에 집중되었다.

제공되기 시작한 사회·경제적 보장의 범위는 교육·의료·문화·주택은 물론 각종 퇴직 이후의 생활과 자녀의 취업 문제 해결까지 포함했다. 이에 따라 교외의 광대한 지역을 차지한 기업 부지에서 폐쇄적·배타적 사회경제공동체를 구성하는 단위인들 사이에는 단위 외부의 사람들과는 구분되는 동질적인 문화와 의식이 생겨났다. 셋째, 동북 지역의 전형단위제 기업들은 중앙정부의 해당 부처나 위원회에 직속된 '중앙기업'이었다. 따라서 지방에 소재하고 있지만 중앙정부 상급 부문의 '수직적 지휘 계통'에 소속되어있기 때문에 해당 층위의 지방정부나 당 조직과는 '수평적 협조관계'만을 유지했고 상호 간에 명령과 복종 관계가 존재하지 않았다. 또한 이들 기업은 초대형 중공업 기업인 경우가 많아서 동원할 수 있는 조직적·물질적 자원이란 측면에서 종종 해당 층위의 지방정부나 당 조직보다 우월한 지위를 점하고 있는 경우가 많았다. 따라서 해당 층위 행정권력으로부터 독립된 하나의 행정구역으로 기능했다. 아울러 해당 지방정부와 당 조직은 이러한 초대형 중공업 기업에 대해 사실상 아무런 영향력도 행사하지 못했고, 이러한 전형단위제의 유산 때문에 개혁기에 들어서도 이들 기업은 지방정부 차원의 국유기업 개혁 요구에 대해 저항할 수 있었던 것이다.

이상과 같은 전형단위제는 주로 동북 지역에 소재한 중대형 중앙기업에서 나타났다. 전형단위제 기업들에 대한 본격적인 산업구조 조정과 소유권 개혁은 2004년 중앙정부 차원의 동북 진흥 정책이 시작되고 나서야 본격화된다. 다른 지역의 경우 대부분 1990년대 초·중반이면 국유기업 개혁이 본격화되는데, 2004년에 들어서야 동북 지역에서 비로소 국유기업 개혁이 본격화된 것은 다음과 같은 원인이 있는 것으로 보인다. 동북 지역은 과거 시기 사회주의 중국의 상징적 실체적 기반이었다. 앞서 언급한 건국 초기 '156개 중점건설항목' 중 1/3

이상이 동북 지역에 자리 잡았을 뿐만 아니라 동북 지역은 1980년대 이전까지 기계, 화학, 자동차, 조선, 비행기, 군수 등 중공업 부문에서 중국을 대표하는 지역이었으며 이들 기업에 근무하는 수십만 명의 노동자는 '선진적인 노동계급'으로서 다른 지역과는 구별되는 높은 대우를 받으면서 생활하고 있었다. 아울러 동북 지역은 사회주의 시기 내내 '공화국의 큰아들共和國長子'이라고 불렸고, 기업과 노동자의 자부심은 매우 강했다고 할 수 있다. 이렇게 볼 때 사회주의 시기 중국의 실체적·상징적 아이콘인 동북 지역 중대형 국유기업에 대한 본격적인 시장화 개혁은 국가의 입장에서도 매우 민감한 정치적 문제일 수밖에 없었다. 따라서 특히 상하이를 비롯한 다른 지역에서의 국유기업 개혁의 경험과 노하우가 충분히 축적되고, 시장이 경제를 운용하는 가장 핵심적인 기제로 등장하고, '동북 현상'이라고 말할 정도로 기업 파산과 노동자 실업이 상당히 진행된 이후에야 중앙정부 차원의 국유기업 개혁 조치인 동북 진흥 정책이 개시된 것으로 보인다.

아울러 동북 지역 도시의 전형단위제 해체는 앞서 지적한 농민공의 대량 유입보다는 국유기업 개혁이 그 직접적인 원인이다. 동북 지역은 도시 지역의 개혁이 본격화된 1990년대 인구 순유출 지역이 되었다. 동북 3성인 랴오닝성·지린성·헤이룽장성 전체로 볼 때 동북 3성 내부로의 인구 유입보다는 외부로의 인구 유출이 더 많아서 인구 순유출 지역이 된 것이다. 이러한 현상의 가장 큰 원인은 사회주의 시기 중국 최고의 공업지역이었던 동북 3성이 개혁기에 들어서 점점 경쟁력을 상실한 반면, 선도적인 국유기업 개혁과 인프라 투자로 경쟁력을 확보한 창장長江삼각주와 주장珠江삼각주 등 다른 지역으로 동북 지역의 노동력이 급속히 유출되었기 때문이다. 또한 1990년 동북 지역의 도시화율은 이미 50%에 육박했기 때문에 도시 부문 개혁이 본격화된 이후에도 다른 지역에 비해 농민공의 도시 유입 규모가 상대적으로 작았고 또한 유입된 농민공 대부분이 동북 지역 출신이었기 때문에 이들이 기존 도시사회의 인구학적·문화적 동질성에 미치는 영향력도 상대적으로 적었다. 따라서 동북 지역 전형단위체 해체의 가장 큰 원인은 국유기업 개혁과 시장의 등장이라고 할 수 있다.

Ⅲ. 다롄 사구의 건설과 거버넌스

여기서는 1990년대 동북 지역 사회와 경제의 쇠락을 배경으로 개혁기 다롄에서 사구 건설이 어떻게 진행되었는지를 살펴보기로 한다. 특히 다롄 사구에 투영된 동북 지역 전형단위제의 특징을 분석하여 상하이를 중심으로 하는 다른 지역 사구 모델과 비교하고 사구 건설에 있어서 정부 주도형 및 시장 주도형과 사회 주도형의 차이를 밝히면서 그 의미에 대해서 논하도록 한다.

1. 다롄 사구의 건설 과정

1990년대 후반부터 사구 건설에 대한 논의가 시작되었지만 다롄에서 사구 건설이 본격화된 것은 2001년 6월 2일 랴오닝성정부가 「랴오닝성 사구 건설 시범지역 창설 활동방안遼寧省創建社區建設示範區活動方案」(이하 「방안」)을 발표한 이후이다. 랴오닝성정부는 「방안」을 통해 랴오닝성 차원에서 사구 건설 시범지역을 만들고 향후 사구 건설을 위한 각종 제도와 표준을 만들 것을 요구했다. 2002년에는 성내 9개 지역을 사구 건설 시범지역으로 지정했는데, 여기에 다롄 시강구西崗區와 중산구中山區가 포함되었다. 「방안」은 '지도사상指導思想', '시범구 표준 창설

創建示範區標準', '비교평가방법評比方法' 등 세 부분으로 이뤄져 있는데, 그 중 사구 건설과 관련된 구체적인 내용은 '시범구 표준 창설'에 집중되어 있다. '시범구 표준 창설'은 사구 건설 시범지역을 설치하기 위해서 구區, 가도街道, 사구社區 각각의 층위에서 어떠한 업무표준을 만들 것인가에 관한 규정들로 구성되어 있다. 이 업무표준은 1990년대 말과 2000년대 초 동북 지역 전형단위제의 해체가 가속화된 상황에 대응하여 국가가 어떻게 기존의 단위체제를 대체하여 사구를 건설했는지 그 구상 방향을 보여준다. 업무표준의 핵심 내용을 요약하면 다음과 같다.

첫째, 구區정부와 당위원회는 사구건설지도위원회社區建設指導委員會를 만들어 사구 건설에 관한 연도별 발전 계획을 수립한다. 이 계획은 구정부의 거시적 경제·사회 발전 계획 속에 편입되며 사구 건설과 관련된 업무 인원들의 편제와 보수지급 체계를 담는다. 둘째, 사구 자치를 보장하기 위해서 구정부와 당위원회는 거시적인 조정을 담당하며, 민주선거권, 업무결정권, 일상관리권, 재무와 자산의 자주권, 불합리한 분담금 할당 거부권, 자체 감독권 등 사구 운영에 직결되는 구체적인 권한은 사구가 보유한다. 셋째, 민정民政, 도시 건설과 관리, 환경, 위생, 주택, 노동보장, 사회보장, 세무, 공안, 사법 등 구정부의 각종 행정 부문과 관련된 직능이 사구에서 원활히 작동되도록 협조·관리하는 체계를 수립하고, 이들 행정 부문은 관련 직능의 실행에 필요한 경비를 사구에 직접 지급하도록 협조해야 한다. 넷째, 구정부 층위에 사구 서비스센터社區服務中心을 설치하여, 구정부-가도판사처-사구로 이어지는 사구 서비스 제공 네트워크를 구축하고, 사구 층위에서 지원자智願者를 모집하여 서비스 제공에 적극 참여하게 한다. 다섯째, 가도판사처에 사구 건설을 지도하는 전문기구를 설립하여 사구 건설을 지원한다. 여섯째, 사구에는 주민위원회, 주민대표대회, 당 조직을 설치하고, 주

그림1 다롄 사구위생서비스 센터

http://www.bychsc.com/about.asp?Aboutusorder=1
(출처: 大连沙河口黑石礁白云社区卫生服务中心)

민위원회의 필요에 따라 서비스, 치안, 환경위생, 계획생육計劃生育, 부
녀, 문화체육 등에 관한 위원회를 설치하며, 노인협회, 부녀협회, 청소
년협회, 장애인협회, 계획생육협회 등 관련 대중조직을 만들 수 있다.

이러한 업무표준에 따라 사구 건설이 진행된 결과, 2005년 다롄에
는 기존의 1,826개의 주민위원회가 548개로 통합되었는데 1개의 주민
위원회는 1,500가구로 구성되었다. 여기서 주목할 점은 기존의 주민
위원회를 통합하여 개별 주민위원회에 소속된 가구의 숫자를 증가시
켰다는 사실이다. 이러한 통합의 이유는, 1개 주민위원회가 관할하는
주민의 숫자나 사회·경제적 자원이 일정 규모 이상이 되어야 인구와
자원을 기반으로 하는 '규모의 경제'가 가능해져서 사구 자치를 제대
로 실현할 수 있기 때문이다. 다시 말해서, 기존에 단위가 전담하던 사
회·경제적 역할의 일정 부분을 주민위원회가 담당하는 사구의 '자치'
가 가능하기 위해서는 해당 주민위원회에 소속된 인구와 자원이 일정

그림2 다롄 사구상업센터

http://www.rongdaitong.cn/company/1024403.shtml
(출처: 大连太阳系社区商业连锁有限公司)

규모 이상이 되어야 하기 때문에 전국 어디서나 사구 건설 과정에서 주민위원회의 통합과 소속 가구의 증가 현상이 나타났다.

이렇게 볼 때 업무표준의 내용은 다음과 같은 의미를 가진 것으로 분석될 수 있다. 첫째, 단위체제에서 사구로의 사회관리체제 변화는 기존에 단위를 매개로 이뤄지던 국가의 정치적 지배와 사회·경제적 보장이 이제 사구를 중심으로 재편된다는 것을 의미한다. 둘째, 따라서 극소수의 단위 외부 인원만을 관리하던 말단 행정권력인 가도판사처와 자치 조직인 주민위원회가 사구의 핵심 구성요소로서 부상하여 이들과 구정부 관련 부문의 수직적 업무연계가 강화되고, 그 결과 주민위원회에 각종 직능 부문이 설치된다. 셋째, 시장이 자원을 배분하는 핵심 기제가 되었지만, 주민의 사회·경제적 삶의 일정 부분은 여전히 사구 내부에 신설된 중개 조직이 사구 외부의 시장과 연계하여 제공한다. 넷째, 사구 자치는 곧 주민위원회의 자치를 의미하는데, 이 자치는 단지 명목적인 것에 그치는 것은 아니고 자치를 위한 실질적인 조치가 일정 정도 시행된다. 다섯째, 결과적으로 사회주의 시기 단위체제를 보조하던 역할에 그치던 주민위원회의 권한이 크게 강화되고 업무 분야도 대폭 증가하여 주민위원회는 중국 도시사회 기층정치의 핵심 행위자가 되고, 이러한 주민위원회를 사실상 '지도'하는 가도판사처의 권한도 크게 강화된다.

2. 다롄 사구의 거버넌스

다롄 사구 거버넌스의 특징은 사구 건설과 관리에서 정부나 시장이 아니라 사회가 주도하는 사회 주도형이라고 하는 점이다. 사회 주도형 사구에 대해 논하기 전에 정부 주도형 사구와 시장 주도형 사구의 특징을 간단히 알아보고, 다롄 사구와 전형단위제의 관계를 분석하도록 하자.

1) 정부 주도형 사구와 시장 주도형 사구

정부 주도형 사구는 도시 구정부와 가도판사처가 핵심 주체가 되고, 주민위원회가 이들 행정권력과 긴밀한 협조하에서 사구의 건설과 관리를 주도하는 것이다. 이 모델은 사실상 기층 정부가 관할 지역의 정치적·경제적 자원을 장악하고 주민위원회를 통해 탑다운top-down 방식으로 사구를 건설·관리하는 것이다. 여기서 주민위원회의 이른바 '자치'가 완전히 명목적인 것은 아니지만, 사실상 주민위원회는 '준정부 조직'으로 구정부-가도판사처-주민위원회로 이어지는 행정권력의 직능을 대리해서 수행한다. 그 결과 이 모델에서 주민위원회의 업무의 양과 범위는 증가하고 직무 전문성도 강화된다. 정부 주도형 사구 모델은 상하이가 대표적인데, 다음과 같은 점이 주목된다. 첫째, 시정부와 구정부 권한의 상당 부분이 가도판사처에 집중되어 가도판사처가 주민위원회를 장악하고 사구 건설을 지도한다. 둘째, 사구의 위상을 가도판사처와 동일한 위치에 두는 가도사구街道社區 건설을 목적으로 하기 때문에 사구의 크기가 다른 지역에 비해 크게 확대되고 소속 인구와 자원의 숫자도 대폭 증가한다. 셋째, 가도판사처와 그 내부의 당 공작위원회黨工作委員會가 행정권력의 중심으로 해당 층위에 존재하는 기업, 행정기관, 협회, 공안기관 등에 대해 자신의 관할 업무에 관해 협력과 조직을 요구할 수 있다.

상하이와 같이 지역 전체 인구 중 유동인구의 비중이 매우 높고 해당 사구가 관할하는 인구 규모가 매우 큰 경우 정부는 기존 주민과 대규모 유동인구가 잡거함으로써 발생하는 인구학적 이질성의 증가에 대처하여 주민이 필요로 하는 서비스를 효과적으로 제공할 필요가 있다. 따라서 상하이는 개혁기 새로운 사회관리체제 구축에서 정부가 기층 행정권력인 가도판사처를 통해 사구 건설을 주도하는 방식이 적합한 지역이었다. 정부 주도형 사구 모델에서는 자치보다는 사구 건설과 관리의 '효율'과 '안정'이 더욱 강조된다.[3]

시장 주도형 사구 모델은 주택관리회사가 사구의 건설과 관리에서

---

3   개혁개방 직전인 1988년 상하이의 유동인구는 100만명으로 전체 인구 1000
    만명의 1/10 수준이었으나, 1992년 푸동지역이 국가급 신구로 지정되면서
    유동인구는 폭발적으로 증가하여 1993년 250만명, 2003년 480만명에 달
    한다. 2003년 상주인구(常住人口)는 1642만명으로, 유동인구가 전체의 약
    30%였다. http://www.shanghai.gov.cn/shanghai/node2314/node11019/
    node11021/u43ai892.html (검색일: 2016년 4월10일)

핵심 주체가 되는 모델을 가리킨다. 주택관리회사는 원래 단위체제에서 단위 소속 직원에게 제공되는 공유제 주택의 관리를 전담하던 방관소房管所가 개혁기에 들어서 회사公司로 변신한 것으로, 시장 주도형 모델에서는 이 주택관리회사가 시장 경쟁 기제를 도입하여 사구의 건설과 관리를 주도한다. 다른 지역과 달리 국유기업과 집체기업 등 '공유제 경제'의 유산이 상대적으로 약하고 개혁기 초기부터 시장 경제가 발달했으며 상하이처럼 농민공을 중심으로 하는 유동인구가 많은 선전深圳에서 이러한 시장 주도형 모델이 형성되었다. 1980년대 초까지 작은 어촌이었던 선전은 상하이와 같이 인구학적 동질성을 보유한 단위체제 소속 인원이 집중적으로 거주하던 도시 지역이 아니라 경제특구로 지정되면서 주로 저임금 노동력을 이용한 가공무역을 통해 도시로 급성장한 곳이기 때문에 주민의 대다수가 농민공을 중심으로 하는 '외지인'이다. 따라서 상하이 모델에서처럼 기존 주민과 새로운 주민의 잡거로 인한 인구학적 이질성 증가나 문화적 충돌은 사구의 건설과 관리에서 중요한 문제가 아니었다. 그 결과 선전의 시장 주도형 모델은 다음과 같은 특징을 가지게 된다. 첫째, 사구 건설과 관리에서 시장 기제를 도입했기 때문에 업무 처리 속도가 빠르고, 주민 입장에서는 생활에 필요한 서비스와 자원을 주택관리회사를 통해 구매할 수 있는 장점이 있다. 둘째, 그 결과 주택관리회사는 정부 주도형 모델에서 미처 제공하지 못했던 서비스와 자원을 시장 기제를 통해 제공하므로 주민생활의 편리함이 최대화될 수 있다. 셋째, 사구 건설 과정에서 개발회사는 직접 주택관리회사를 세우거나 자신과 직접적 이해관계에 있는 주택관리회사와 계약하고 주택관리회사는 개발회사의 이해를 대표하는 경향이 강하기 때문에 사구 관리를 둘러싸고 주민과의 관계에서 종종 충돌이 발생한다. 넷째, 시장 원리를 중시하는 주택관리회사가 사구 건설과 관리를 주도하기 때문에 지역공동체로서 사구가 소속 주민에게 제공해야 할 행정 서비스와 복지 측면을 소홀히 하기 쉽다. 다섯째, 결과적으로 선전 모델은 사구의 자치는 보장되지만, 이것은 주민이 원하는 서비스와 자원을 주택관리회사가 제공하는 시장 기제를 통해 자유로이 구매할 수 있다는 의미이며 정부로부터 사구가 자율성을 획득할 수 있다는 의미는 아니다.

상하이 모델과 선전 모델로 대표되는 정부 주도형과 시장 주도형은 사구 건설이 전국적인 범위로 확산되면서 해당 지역의 특징을 반영하기 시작한 2000년대 초반에 성립된 것으로, 이후 두 모델 모두 일정한 변화를 겪으면서 조금씩 상호수렴되었다. 그 결과 상하이 모델은 사구 내부의 중개 조직을 활성화해서 이들이 사구 외부의 시장과 연계해 사구에 필요한 각종 사회·경제적 서비스를 제공하게 되었고, 선전 모델은 '높은 수준의 시장화'를 유지하면서도 정부가 행정역량을 동원해 사구 건설과 관리에 개입하는 정도가 증가했다.

2) 다롄의 사회 주도형 사구 모델과 전형단위제의 유산

정부 주도형 및 시장 주도형과는 구별되는 다롄의 사회 주도형 사구 모델은 다음과 같은 특징을 가지고 있다. 즉, 사구 주택 소유주를 핵심으로 주택관리회사 및 주민위원회가 '삼위일체'가 되어 사구의 건설과 관리를 주도함으로써 사구 건설과 관리에 주민의 적극적 참여를 유도할 수 있어서 사구 주민의 동질감과 소속감 확보에 유리하고 동시에 정부의 지나친 행정적 개입을 방지할 수 있다.

좀 더 구체적으로 살펴보면 다음과 같다. 첫째, 주택소유주위원회, 주택관리회사, 주민위원회는 업무 대상, 업무 목표, 업무 내용에서 사실상 하나의 기구처럼 작동한다. 이를 통해서 기층에서 주민 자치 수

준을 제고하고 동시에 주민이 필요로 하는 서비스도 효율적으로 제공
할 수 있다. 둘째, 주택소유주위원회, 주택관리회사, 주민위원회 등 다
양한 주체가 사구 건설과 관리에 참여함으로써 정부가 (상하이 모델처
럼) 사구의 여러 업무에 일일이 개입함으로써 발생하는 비용을 최소화
할 수 있고 사구의 자치 수준과 주민 참여를 크게 제고할 수 있는 장점
이 있다. 셋째, 개혁기 중국은 사회·경제적으로 다원화되었기 때문에
사구 건설과 관리에서도 정부, 시장, 사회 등 다양한 행위자들의 참여
가 필요했고 이러한 참여를 실현할 다양한 사구 조직과 기구의 설립이
요구되었다. 즉, 정부는 주민의 수요에 따라 기구를 설립하고 정책을
시행하고 사구의 건설과 관리가 정상적으로 작동되도록 하는 역할을
하고, 시장은 이윤 획득을 목적으로 하는 기업이 사구 주민이 필요로
하는 서비스를 제공하게 만드는 역할을 하고, 사회는 주민들이 참여하
여 행정권력과 시장을 통하지 않는 방식으로 각종 자원을 통합하여 사
구 건설과 관리를 주도하는 역할을 한다.

정부 주도형 및 시장 주도형과 비교하면, 다롄의 '삼위일체' 사회
주도형 모델은 정부-시장-사회라는 행위 주체의 조직과 자원을 하나
로 통합하여 사구 건설과 관리 문제를 해결하기 때문에 필요한 영역에
통합적 역량을 투여하여 효과적으로 대처할 수 있는 장점이 있다고 할
수 있다. 또한 사회 주도형 모델은 사구 건설과 관리를 '사회'가 주도
하기 때문에 정부 주도형 및 시장 주도형에 비하면 정부로부터 일정한
'자율성'을 획득한 것도 사실이다.

문제는 이러한 '자율성'을 획득한 사회 주도형 다롄 사구 모델은 개
혁기 단위체제 해체의 자연적인 결과가 아니고 사회주의 시기 다롄 도
시사회의 전형단위제가 1990년대 중·후반 본격적으로 해체되면서 이
를 대체할 사회관리체제 구축을 구상하던 국가가 이 도시의 전형단위

제라는 유산에 대응하여 사구를 기획한 결과라는 점이다. 다시 말해서, 국가는 다롄의 전형단위제에 대응하여 다롄에 적합한 사회 주도형 사구 모델을 구축했는데, 여기서 다롄 사구의 '자율성'은 국가가 사회에 허용하거나 사회가 국가로부터 획득한 것이 아니라 오히려 다롄 도시 사회관리체제의 역사적 유산이 개혁기에 영향을 미친 결과였다. 다음에서 이 부분을 좀 더 구체적으로 분석해보자.

첫째, 사회주의 시기 다롄 전형단위제 기업들은 중앙정부의 부처나 위원회에 직속된 중앙기업이었기 때문에 해당 층위 지방정부나 당 조직으로부터 사실상 독립되어 있었고, 또한 '지방'에 소재했기 때문에 중앙기업이라고 해도 직속 상급 부문이 이들 기업에 일상적으로 개입하기는 불가능했다. 따라서 중앙에서 단위 내부의 당 조직을 통해서 단위 소속 인원을 정치적으로 조직·동원하는 것을 제외하면, 소속 인원이 필요로 하는 사회·경제적 보장은 전적으로 기업이 제공하고 있었다고 볼 수 있다. 둘째, 이렇게 볼 때 다롄의 사회 주도형 사구의 형성은 국가가 개혁기에 사회에 상당한 자율성을 부여했거나 사회가 국가로부터 자율성을 획득한 결과가 아니다. 기존 전형단위제에서도 국가—중앙정부와 지방정부—가 당 조직을 매개하여 인민을 정치적으로 조직하고 동원한 점을 제외하면, 단위 소속 인원에게 제공되는 사회·경제적 보장은 전적으로 단위가 담당하고 있었기 때문에 개혁기 전형단위제가 해체되고 사구가 들어서면서 이러한 사회·경제적 보장은 상당 부분 새로 등장한 시장에게 이관되고 나머지 일정 부분만 사구가 중개 조직을 만들어서 사구 주민에게 제공하게 되었다. 셋째, 따라서 사회 주도형 사구의 '자율성'은 애초부터 국가가 담당하지 않고 단위가 담당하던 사회·경제적 보장의 주체가 단위체제 해체와 함께 사라져버리자 그 공백을 메우기 위해 국가가 사구에게 주민에 대한 사회·

경제적 보장의 주체가 되게 한 결과라고 봐야 한다. 즉, 전형단위제 유산이 강하게 남아 있는 다롄에서 사회 주도형 사구는 사회의 자율성 증대를 보여주는 것이 아니라 사회·경제적 보장의 주체가 단위에서 사구로 바뀐 것을 의미하는 것이다. 따라서 국가는 최소한의 정치적 통제 기제를 구정부-가도판사처-주민위원회으로 이어지는 행정권력을 통해 확보하고, 사회·경제적 보장은 과거와 마찬가지로 사회—과거에는 단위, 개혁기에는 사구—에게 맡기고 있는 것이다.

이와 같은 전형단위제의 유산은 다음과 같은 사구의 권력구조에서도 나타난다. 즉, 사구의 당 지부는 지도층, 주민대표대회는 정책결정층, 주민위원회는 집행층, 의사협상위원회議事協商委員會는 의사층 등과 같이 사구 내부의 주요 조직에게 서로 다른 역할을 부여하고 일정한 상호 제약이 가능한 구조를 만들어서 국가로부터 사회의 일정한 '자치'를 확보했다. 문제는 이러한 사구 권력구조는 과거 전형단위제 시기의 단위가 담당하던 사회·경제적 역할이 컸던 만큼 단위체제 해체로 인한 그 역할의 공백도 컸고 어차피 국가는 과거나 현재나 이러한 사회·경제적 역할을 담당하지 않지만 사구 내부에 주민의 의견이 잘 반영될 수 있는 구조를 구축하여 필요한 사회·경제적 보장이 주민에게 원활히 제공되게 해야 한다는 것을 의미한다는 사실이다. 사구에서의 사회·경제적 보장의 원활한 제공은 기층 사회에서 국가의 안정적 통치기반을 확보하기 위해 매우 중요하기 때문이다. 또한 이렇게 '자율성'이 확보된 것 같은 다롄의 사회 주도형 사구의 건설과 관리에서도 가도판사처 당 공작위원회-사구 당 지부로 이어지는 공산당 조직이 여전히 주민대표대회, 주민위원회, 의사협상위원회 등으로 이뤄진 사구 권력구조에서 가장 강력한 권력을 보유하고 있다는 사실에 주의해야 한다.

다롄 사구의 건설과 관리에서 자율성의 문제 및 권력구조의 특징과 함께 전형단위제의 역사적 유산의 영향력을 보여주는 것이 바로 사회 조직의 문제다.[4] 사회 조직은 사구 주민이 자발적으로 만든 비영리 사단非營利社團과 서비스 제공 조직들로 각종 복지, 부빈扶貧, 교육, 문예, 문화, 탁아, 위생 및 환경 조직 등을 가리킨다. 이들 조직의 특징은 '비영리'이며, 사회 안정 유지, 당 조직 건설, 주민의 다양한 요구 충족이라는 목적을 가지고 있다. 이러한 목적의 의미를 구체적으로 살펴보면 다음과 같다. 첫째, 중국은 현재 체제 전환기에 있기 때문에 사회적 모순과 갈등이 생기기 쉬운데, 사구에 사회 조직을 설치하면 주민의 생각과 정서를 미리 포착할 수 있어서 모순과 갈등이 폭발하기 전에 차단할 수 있다. 둘째, 사회 조직의 활동에서 사구 내부의 당원이 항상 주도적인 역할을 함으로써 사회 조직이 사구 당 조직 건설의 기반이 될 수 있다. 셋째, 사회 조직은 사구에서 주민과 밀접한 관계를 유지하고 있기 때문에 정부나 시장이 미처 충족시키지 못하는 주민의 생활상 필요를 해결할 수 있다. 넷째, 사회 조직은 비영리 조직이기 때문에 시장화 개혁의 진전에 따라 중국 사회의 물질문명의 수준은 향상되었지만 정신문명의 수준이 향상되지 못한 상황을 개선하는 데 도움이 된다.[5]

중요한 것은 이러한 사회 조직의 역할은 단위체제가 해체되면서 생겨난 사회·경제적 보장 주체의 공백을 일정 부분 사구의 사회 조직이 담당하는 것도 있지만, 동시에 체제 전환기에 주민 사이에서 생겨날 수 있는 사회·정치적 모순과 갈등을 사전에 탐지하고 기층 당 조직 건설의 토대가 되어 국가의 통치기반을 안정화시키는 '정치적 목적'도 있다는 사실이다. 또한 사회 조직은 다롄시 민정부에 등록해야만 '합

---

4   사회 조직은 곧 중개 조직을 가리킨다.

5   2011년 현재 다롄에는 모두 2,377개의 사구 사회 조직이 있다.

법적’ 조직으로 활동할 수 있으며, 구정부는 이러한 ‘등기관리제도’를 통해서 사회 조직을 육성·지원·관리한다는 점이다. 아울러 다롄에서는 가도판사처의 당 공작위원회가 사회 조직을 직접 관리하던 기존 방식에서 탈피하여 사구 층위에 ‘사회조직협회’를 조직하고 여기에 당 지부를 두어 사회 조직을 관리하도록 유도하고 있다. 사회조직협회에 설치된 당 지부는 정기적으로 가도판사처의 당 공작위원회에 보고하도록 하고, 필요하면 사회 조직에서 필요한 자금을 가도판사처가 제공한다. 그리고 가도판사처는 주민위원회로 하여금 주민이 필요한 서비스를 사회 조직으로부터 구매하도록 유도한다. 따라서 다롄 사회 주도형 사구 모델에서 사회 조직은 사구 외부의 시장과 일정하게 연계하여 주민의 다원화된 수요를 충족시키는 사회·경제적 역할을 하는 동시에 사구 당 지부의 토대가 되는 대중 조직으로서 구정부-가도판사처-주민위원회로 이어지는 정치적 조직과 동원을 기층에까지 투사하는 역할을 일정 부분 담당하고 있다고 볼 수 있다.

이상에서 분석했듯이, 전형단위제 유산이 강한 다롄에서 사회 주도형 사구 모델의 의미는 다음과 같이 요약된다. 첫째, 정부 주도형 및 시장 주도형 사구 모델과 비교하여 사회 주도형 모델은 주택 소유주가 주체가 되어 정부와 시장과 연계하여 사구 건설과 관리를 주도한다는 측면에서 행정권력과 시장원리로부터 일정한 ‘자율성’을 유지할 수 있다. 둘째, 그러한 그 ‘자율성’은 사회가 국가로부터 획득했거나 국가가 사회에게 부여한 진정한 의미의 ‘자치’가 아니다. 이 점은 구정부-가도판사처-주민위원회의 수직적 위계에 설치된 당 조직이 최종적으로 사구 건설과 관리에서 지도적 위치를 차지하고 있다는 사실에서 명확히 드러난다. 셋째, 따라서 다롄 사회 주도형 사구 모델에서 나타나는 ‘자율성’은, 중앙과 지방의 국가보다는 해당 기업이 소속 인원의 사회·경제적 삶의 절대적인 부분을 책임지던 전형단위제의 유산이 강력히 남아 있는 동북 지역에서 개혁기에 단위체제 해체로 사회·경제적 삶의 보장 주체가 사라지자 그 주체의 공백을 메우기 위해서 과거의 단위를 대신해서 등장한 사구가 시장과 연계하여 주민에게 사회·경제적 보장을 제공하게 된 결과로 나타난 것이다. 문제는 국가가 이러한 과정을 유도했다는 점이다. 넷째, 사회·경제적 보장의 주체가 과거에 단위였다가 개혁기에 사구로 바뀌었지만, 과거나 개혁기에 사회·경제적 보장에서 국가의 개입은 제한적이었다는 측면에서 다롄의 사회 주도형 사구는 일정 정도 자율적이라고 할 수 있다. 다섯째, 사회 주도형 사구의 사회 조직은 시장과 연계하여 필요한 서비스와 자원을 주민에게 제공하는 역할을 한다는 측면에서 사구 '자율성'을 상징하지만, 다롄시정부의 민정부에 등록해야만 합법성을 인정받고 사회조직협회에 소속되어 당 지부의 지도를 받고 자금 지원까지 받는다는 점에서 당-국가의 통치기반 안정화에 기여하는 정치적 역할을 일정하게 담당하는 것도 사실이다. 여섯째, '지도층·정책결정층·집행층·의사층'이라고 하는 사구 내부의 권력구조는, 상호 일정한 견제와 균형을 가능하게 하여 일방적 정부 개입을 방지할 수 있지만 수직적 당 조직에 의해 최종적인 지도를 받기 때문에 진정한 의미에서의 '자율성' 실현이라기보다는 국가가 책임지지 않는 주민의 사회·경제적 보장을 사구가 책임지도록 한다는 점에서 다롄 전형단위제 사회의 유산이 작용한 결과라고 보는 것이 정확하다.

Ⅳ. 결론

개혁기 중국 사회관리체제의 변화를 이해하는 데 있어서 전국적·추상적 층위의 단위체제를 상정하고 이것의 해체와 사구의 등장을 분석하는 것은 물론 중요하지만, 중국의 거대한 국토와 지역적 격차를 고려하면 분석의 대상을 보다 지역적·구체적 층위로 이동시켜야 필요가 있다. 동북 지역은 사회주의 단위체제의 구성요소가 두드러지게 표출되는 전형단위제가 지배했던 곳이다. 이 글에서는 단위체제의 해체와 사구의 등장이라는 중국 사회관리체제의 변화를 이해하기 위해 동북 지역의 대표적 중공업 도시 중 하나인 다롄을 중심으로 개혁기 사구 건설과 관리를 전형단위제의 유산이 미치는 영향력이라는 측면에서 분석했다.

이러한 분석이 개혁기 중국의 사회와 정치 연구에서 가지는 의의는 다음과 같다.

첫째, 개혁기 중국의 국가와 사회를 '영합적零合的(zero-sum) 관계'로 인식하고 사회의 자율성 증가는 곧 국가의 퇴각이며 반대로 사회의 자율성 감소는 곧 국가 능력의 증대를 의미한다고 보는 관점은 이미 그 유효성을 상실했다는 것이 학계의 중론이다.[6] 다시 말해서, 국가와 사회를 엄격하게 구분하는 이분법으로는 국가와 사회의 경계가 모호하여 상호 겹치는 경우가 빈번하고 국가 능력의 증대가 반드시 사회의 자율성 감소를 의미하는 것도 아닌 '비영합적非零合的 관계'가 종

---

6 대표적 연구로는 다음을 참고. 鄧正來 主編, 『國家與市民社會: 中國視覺』, 上海: 格致出版社, 2011; Elizabeth J. Perry and Mark Selden(eds.), *Chinese Society: Change, Conflict and Resistance* (3rd Ed.), London and New York: Routledge, 2010, p.175.; Zheng Yongnian, *Contemporary China: History since 1978*, Hoboken, NJ: Wiley-Blackwell, 2013, pp.83-100.

종 포착되는 개혁기 중국의 현실을 설명하기에는 무리가 따른다는 것이다. 문제는, 이 글에서 전형단위제의 역사적 유산을 중심으로 사회주도형 사구 건설과 관리라는 다렌의 사례를 분석한 것에서 알 수 있듯이, 사회의 일견 '자율성'은 국가가 사회에 부여한 것도 사회가 국가로부터 획득한 것도 아니라는 사실이다. 따라서 '자율성'의 문제는 과거 사회주의 시기에 도시의 사회와 경제를 지배했던 독특한 단위체제의 유산이란 측면에서 접근해볼 때 더욱 잘 이해할 수 있다. 이러한 접근은 기존의 국가-사회 관계 인식에 '경계의 모호함', '경계의 겹침', '비영합적 관계' 등 역사적 맥락을 부여하여 개혁기의 사회·정치적 문제를 개혁기 이전 시기와 연결시켜 이해할 수 있는 방법론적 장점을 가지고 있다. 따라서 사회주의 시기의 역사적 맥락 속에서 개혁기의 사회·정치적 문제를 분석하는 방법론을 취한 이 글은, 다렌 사구 모델의 '자율성' 문제를 동북 지역의 사회와 경제를 지배했던 전형단위제라는 사회관리체제의 역사적 영향력 속에서 동태적으로 접근함으로써 '자율성'을 단순히 개혁기 국가의 퇴각이나 사회의 주체적 획득의 결과로 이해하는 '영합적 국가-사회 관계'의 관점을 극복할 수 있었다고 본다.

둘째, 앞서 상하이 및 선전의 사구 건설과 관리를 모델로 유형화하여 비교했듯이, 개혁기 중국의 연구에서 전국적·추상적 층위의 분석을 '지역'연구를 통해 구체화시켜야만 기존 분석이 현실 속에서 어떠한 의미를 가지는지를 이해할 수 있고 동시에 지역들 각각의 위상과 그들 사이의 관계를 보다 명확히 인식할 수 있다. 상하이·선전·다렌은 지리적 조건이 서로 다를 뿐만 아니라 각 도시에 형성되었던 역사적 조건의 차이가 개혁기 사회관리체제의 변화에도 영향을 미쳤기 때문에, 각각 정부 주도형, 시장 주도형, 사회 주도형이라는 사구 건설과 관리의 모델이 형성되었다. 여기서 주의해야 할 점은 각 도시의 역사적 조건의 차이도 중요하지만 각 도시가 맞닥뜨린 개혁기의 계기들도 중요하다는 사실이다.

상하이는 1990년대 개혁개방이 도시 지역으로 확대될 때 푸동이 국가급 신구로 지정되었고 건국 이래 줄곧 전국 최대의 경제 중심지로서 국가 전체의 경제적 발전과 안정에 미치는 영향이 매우 큰 도시다. 따라서 사회관리체제 구축에서도 '자치'보다는 국가가 개입하여 '효율'과 '안정'에 방점을 둔 사구가 건설되었다. 선전은 개혁기 이전에는 작은 어촌에 불과했지만 1980년대 초반부터 저임금 노동에 기반한 가공무역으로 급성장했고 중앙정부가 시장 경제 '실험' 공간으로 지정한 지역이기 때문에 사구 건설과 관리에서도 정부의 주도적 개입보다는 시장 기제의 적극적인 활용을 통한 사구 서비스의 산업화 및 기업화 가능성이 더욱 중시되는 사구 모델이 형성되었다고 볼 수 있다. 이 두 지역에 비해 동북 지역의 사회와 경제적 특징을 가지고 있는 다롄은 상대적으로 높은 인구학적 동질성과 전형단위제의 강력한 유산 등으로 인해서 국가와 시장보다는 사회가 주도권을 가지고 일견 '자율성'을 획득한 사회 주도형 사구 모델을 형성했다. 이와 같이 단위체제의 해체와 사구의 건설에 대한 연구는 '지역' 연구를 통해서 비로소 보다 풍부하고 다양한 현실적 설득력을 가질 수 있게 됨을 알 수 있다.

마지막으로, 동북 지역 전형단위제의 역사적 유산이라는 관점에서 보면 최근 이 지역의 최대 현안으로 부상한 '신동북 현상'은 어떻게 분석할 수 있을까? 앞서 언급했듯이 동북 지역에서는 2004년부터 중앙정부 차원의 동북 진흥 정책으로 '노후 공업기지老工業基地' 개조가 본격화되었다. '노후 공업기지'라는 표현에서 알 수 있듯이, 동북 진흥 정책은 개별 국유기업에 대한 개혁을 뛰어넘어 산업구조 조정과 소유권 개혁을 중심으로 하되 기업과 소속 노동자를 포함한 해당 지역의 사회와 경제까지 개조 대상으로 하는 포괄적인 지역 개혁 프로젝트였다. 10여 년이 지난 최근 언론을 중심으로 제기되고 있는 '신동북 현상'은 지역총생산GRDP 증가율 감소, 소득 증가율 감소, 인구 감소 등이 심각한 수준으로 지속되어 동북 지역의 경제가 침체된 현상을 가리킨다.[7] 문제는 이러한 현상의 원인으로 지목되는 것들이 자원형資源型 산업 및 중화학 공업 부문 중대형 국유기업 위주의 불합리한 산업구조, 미완의 국유기업 개혁, 시장의 자율적 규칙을 무시한 정부 개입의 존재, 심각한 역외域外 인구 유출, 세계 경제의 불안정성 증대 등이라는 점이다. 다시 말해서, 2004년 이후 10년 넘게 노후 공업기지 개조를 지속해왔지만 중공업 중대형 국유기업 개혁의 불철저함, 대외 경제 변수, 인구 유출 등으로 인해 '신동북 현상'이 발생했다는 것이다.

하지만 이 글의 발견에 따르면, 햇수로 개혁기 39년째를 맞이하는 오늘날에도 사회주의 시기에 형성된 전형단위제의 유산은 동북 지역 도시의 사구 모델 형성에 영향을 미치고 있을 뿐만 아니라 단위체제를 벗어나려는 '비단위화'가 순조롭게 진행되지 않고 오히려 역행하는 '역비단위화逆非單位化' 현상에도 영향을 준다고 볼 수 있다. 이러한 '역비단위화' 현상이 '노후 공업기지' 개조에 중대한 장애가 되어온 것은 여러 연구들에서 지적되고 있다. 따라서 '신동북 현상' 문제를 해결하려면 기존에 지목된 원인을 해결하기 위한 산업구조 조정과 소유권 개혁을 더욱더 철저히 추진하는 것도 중요하지만, 전형단위제로 표출되는 동북 지역 사회와 경제의 보다 심층적·구조적 원인에 대한 이해가 선행될 필요가 있다.

---

7 2015년 2월 15일 중국 국가통신사 신화사(新華社)가 「뉴노멀 시대 "신동북현상"(新常態下"新東北現象")」이란 제목의 기사에서 최초로 '신동북 현상'이란 표현을 사용했다.

참고문헌

김도희, 2006, 「중국 도시 기층의 자율성: 사구의 조직과 행위를 통한
　　고찰」, 『중소연구』, 30CE 38.
김수한, 2011, 「중국 도시 사구의 자율공간 형성 가능성 탐색: 주민위
　　와 업주위 활동을 중심으로」, 『현대중국연구』, 제12집 2호.

景躍軍, 2005, 「東北地區人口城市化問題與對策研究」, 『吉林大學社會
　　科學學報』, 第4期.
鄧正來 主編, 2011, 『國家與市民社會: 中國視覺』, 格致出版社.
路風, 1989, 『單位: 一種特殊的社會組織形式』, 中國社會科學出版社.
遼寧省人民政府, 2002, 「遼寧省人民政府關於確定瀋陽市瀋河區等九個
　　區爲省級社區建設示範區的決定」.
李路路·李漢林, 2000, 『中國的單位組織: 資源, 權力與交換』, 浙江人民
　　出版社.
李漢林, 2014, 『中國單位社會: 議論, 思考與研究』, 中國社會科學出版
　　社.
胡申生 主編, 2005, 『社區詞典』, 上海古籍出版社.

Perry, Elizabeth J. and Mark Selden(eds.), 2010, *Chinese Society*:
　　Change, Conflict and Resistance (3rd Ed.), London and
　　New York: Routledge.
Walder, Andrew G., 1988, *Communist Neo-Traditionalism*: *Work
　　and Authority in Chinese Industry*, Berkeley: University
　　of California Press.

Yongnian, Zheng, 2013, *Contemporary China*: *History since 1978*, Hoboken, NJ: Wiley-Blackwell.

●

다롄의 패션 도시 지향, 그 가능성과 한계

김고운·정근식

I. '낭만의 도시'

다롄 사람들에게 '패션'이라는 단어를 제시하면, 바로 28년 역사의 '다롄(중국)국제 패션 축제大連國際服裝節(China(Dalian) International Garment & Textile Fair)'에 대해 말하는 것을 들을 수 있다. 중국의 '패션 도시時尚服裝城'답게 국제 패션 축제를 명절처럼 기다리는 다롄을 보면 도시 전체가 패션을 사랑하는 것처럼 느껴진다.

다롄 사람들은 옷 입는 것에 관심이 많을 뿐만 아니라 '용감하게' 입는 것으로 유명하다. 1950년대부터 다롄을 표현하는 문장 중 '모든 돈을 입는 것에 써버려 배를 채울 돈이 없다苞米面肚子, 料子裤子'라는 말을 보면, 다롄 사람들이 얼마나 '입는 것'에 열광하는지 알 수 있다. 게다가 중국의 어떤 도시보다 유행의 변화가 빠르고 국제도시로서 세계 각지의 패션 트렌드가 빠르게 유입되는 곳이기도 하다. 다롄은 1984년 전국 14개 연해 개방 도시로 지정된 후 4년 만에 다롄 국제 패션 축제를 개최하며, 패션 도시로서 중국 내에 이름을 알렸다.[1]

기존 국내에서의 다롄 패션 연구는 주로 중국 내수 시장에 진출 계획이 있거나 진출 중인 한국 기업에 지역적 기초자료를 제공하고자 하는 목적으로 수행되었다. 따라서 중국 소비자 행동, 패션 마케팅 현황, 중국 지역별 라이프스타일 분석, 한국 브랜드의 중국 시장 전략 개발 등에 관한 내용들로 한정되어 있으며, 문헌 연구보다는 실증적 연구(다롄 중요 패션거리에서 현지 촬영 조사 등)를 통해 다롄 패션의 특징을 분석하고 있다. 또한 복식사보다는 현 사회의 패션 특징에 관심을 두고 연구되고 있으며, 다롄 패션 산업의 현황(특징)과 문제점 분석, 발전 방향(대책)에 관한 내용이 주를 이룬다. 또한 다롄 내의 초국가성보다는 다롄 패션 산업의 해외 진출 방안을 모색하는 자료가 많다.

이 글에서는 '다롄이 국제적 패션 도시로 발전하기 위해 어떻게 노력해왔으며, 그 어려움은 무엇인가'에 대한 답을 찾기 위해, 1980년대 복장가공업으로 시작해 현재 50여 국가가 참석하는 '다롄(중국)국제 패션 축제'의 주최 도시로서의 발전 과정을 살펴보고 다롄 패션 산업에 나타나는 초국가성에 대한 다양한 현상을 고찰할 것이다.

---

1   肖琳,《大连: 时尚之成的狂欢底气》, 中国纺织, 2012, 46頁.

그림1 다롄 곳곳에 붙어 있는 '浪漫之都时尚大连(낭만 패션 도시 다롄)'

그림2 다롄시복장방직협회 티엔핑(田平) 회장 인터뷰

　　필자들은 2015년 7월 21일부터 일주일 동안 다롄을 현지 조사하면서, '2015년 다롄(중국)국제패션 방직품박람회CIGTF 2015'[2] 집행위원

2　　中国(大连)国服装纺织品博览会(China (Dalian) International Garment & textile Fair). http://www.cigtf.com.cn

회 사무국이 있는 다롄시복장방직협회_{大連市服裝紡織協會}와 다롄공업대
학 복장학원[3]에서 현재 다롄 패션 산업을 대표하는 사람들을 만나 패
션 도시 다롄의 과거·현재·미래에 대해 들어보았다.

Ⅱ. 패션 도시 다롄의 형성과 발전 과정

1. 패션 도시를 표방할 수 있었던 자원: 일본 섬유공업의 유산

"옷의 문화는 한 시대, 한 민족의 삶의 표현이며 다른 어떤 예술보다
도 그 문화를 가장 잘 반영한다"[4]는 표현처럼, 패션 산업은 그가 속해
있는 경제적·정치적 제도와 문화적·역사적 환경과 관계를 맺으며 발
전한다. 다롄의 패션 산업도 각 시기별로 경제적·정치적·문화적·역사
적 배경의 영향을 종합적으로 받은 것을 현지 조사를 통해 알 수 있었다.

다롄은 1840년에서 1945년에 걸쳐 남북이 합류하는 지점, 동서가
융합하는 곳, 전통과 현대가 공존하는 형태의 중국 최초 '이민 도시'로
형성되었다.[5] 특히 1905년부터 1945년까지는 일본과의 직·간접적인
접촉의 결과로 당시의 정치적·경제적·문화적 상황이 패션에 반영되
었는데, 이처럼 일본의 영향을 받은 다롄의 섬유공업 유산들은 현재까

3 　大连工业大学服装学院(The Institution of Fashion of Dalian Polytechnic
University). http://fzxy.dep.dlpu.edu.cn/

4 　조규화, 「한국 패션에 나타난 미의식」, 『한국패션비즈니스학회』, 1997, 제1권
제2호, 1쪽.

5 　다롄현대박물관(大连现代博物馆), Modern Dalian(近代大连). http://
modernmuseum.dl.gov.cn.

그림3　일본 나이가이면주식회사(內外綿株式會社) 진저우 공장의 방적기(1920년대 말)

지 남아 있다. 다롄시복장방직협회의 티엔핑田平 회장은 "다롄 패션 산업이 가장 먼저 교류한 국가는 일본이다. 1917년 즈음 일본 섬유 기업들은 다롄과 진저우의 방직공장, 마대를 만드는 공장에 투자를 시작했다.[6] 중화인민공화국 성립 이후에도 일본과 다롄의 복장 기업은 지속적으로 교류했고, 개혁개방을 시작으로 일본 패션 기업들이 적극적으로 다롄에 진출했다"[7]고 설명했다.

현재 다롄의 패션 산업은 일본의 패션 산업과 떼려야 뗄 수 없는 관계를 맺고 있다. 다롄의 이름 있는 패션 가공 기업들은 여전히 일본 전통의 정교한 가공법과 관리 방식을 본보기로 삼아 기업을 경영하고

6　진저우방직공장(구 나이가이면(內外綿) 진저우 지점, 1949년 5월 설립, 현재 직원 3,935명)과 다롄방직공장(구 만주복방滿洲福紡, 후쿠시마방직 계통, 1949년 5월 설립, 현재 직원 1,708명).

7　티엔핑 다롄시복장방직협회 회장과의 면담, 2015년 7월 23일.

있다. 일본의 공예 기술은 입체감과 표현력에서 유럽보다 약하지만, 공예 공정이 매우 섬세하고 판형版型(마무리 치수와 모양)에 빈틈이 없다. 중국인에게 명성이 높은 '다롄봉제大連縫制'는 일본 패션 공예의 특징 및 첨단 가공법을 계승하고 일본의 기업 관리 방식으로 산업 기술자를 육성하고 있는 대표적인 기업이다.[8] 또한 일본은 다롄 패션 산업의 해외 무역 창구로서 동북아와 유럽 진출을 위한 발판을 마련해주었다.

티엔핑 회장은 해방 이후 일본이 투자한 섬유 기업과 양복점에 대해 다음과 같이 회상했다. "해방 이후 일본의 회사들은 모두 국가가 인수했고 '다롄섬유조직'이라는 정부기관이 18개의 섬유 기업들을 관리·운영했다. 개혁개방 전까지는 다롄의 의류 공장 개수, 가공 생산의 품종과 수량, 판매방식, 심지어 백화점 이름까지 국가가 결정했지만, 1995년 다롄의 섬유 조직 관리 체계와 국유기업들은 민영 기업들의 성장으로 완전히 소멸될 수밖에 없었다."[9]

2. 패션 도시로의 성장 전략의 주체: 중국 정부 정책

중국의 패션 산업은 다양한 기관의 상호작용과 지원 및 협조로 이루어진다. 중국 패션 산업의 발전에는 '협회'의 역할이 중요한데, 협회의 주요 임무는 정부와 업계 내외의 관계 형성, 소통 지원이다. 1978년의 개혁개방 정책은 중국을 생산 공업 강국으로 만들었고, 그 결과 중국의 섬유 산업은 패션 산업으로 성장할 수 있었다. 1984년 중국 공산당 12기 제3차 전체회의에서 '사회주의 계획상품경제'가 목표로 확립될 때 방직공업부는 섬유 패션, 장식용 섬유제품, 산업용 섬유제품 세

---

8 徐四清, 「大连市服装业的思考」, 『广西纺织科技』, 第35卷 第4期, 2006, 47頁.

9 티엔핑 다롄시복장방직협회 회장과의 면담, 2015년 7월 23일.

가지를 중점 산업으로 발전시킬 것을 제안했다. 같은 해 중국복장공업총회사中國服裝功業總公司를 설립하며 중국 정부는 본격적으로 중국 패션 산업 발전에 관심을 갖기 시작했다.

개혁개방 초기 중국 패션업계의 주요 업무는 수출 소득을 증가시키는 것으로 위탁 가공 산업 중심으로 공장을 운영했다. 당시 일부 상품이 품질 또는 수량 문제로 중국 내에 유통되었으며, 1980년대 말 1990년대 초에는 수출 상품을 국내에 판매하는 것이 유행하기도 했다. 1992~1995년 중국 내 의류 삼자기업三資企業[10]이 설립되고, 패션 브랜드가 탄생하기 시작했다. 정부가 삼자기업 우대정책을 실시하면서 합작 브랜드들의 성장이 돋보였고, 그때부터 중국인들 사이에 브랜드 의식이 생기게 되었다.

1996년 4월 26일, 중국복장산업공작회의에서 방직공업부 투이주오杜鈺洲 부장은 '명사 프로젝트名師工程'를 선언하면서 중국 산업 발전의 요구에 따라 10년을 세 단위로 나누어 국제적 수준에 맞는 패션 디자이너를 양성하겠다고 발표했다. 이듬해 정식으로 '명사·명품 프로젝트名師名牌工程'를 진행했고, 중국패션협회는 '3명三名', 즉 유명 기업, 유명 디자이너, 유명 브랜드 전략을 내세워 중국 패션의 발전 방향을 제시했다. 정부의 '명사·명품 프로젝트'는 패션 산업 발전에 결정적인

---

10   외국인 투자기업의 유형 중 가장 대표적인 형태로, 중외합자경영기업(中外合资经营企业. 외국 합작기업과 중국 기업이 현금, 설비, 기술 등을 나누어 투자하며 중국 내에 설립한 기업. 중국 정부의 심의·인가를 받아 설립한 후 정부의 관리를 받음), 중외합작경영기업(中外合作经营企业. 합작기업의 경영 형태를 당사의 자유로운 협의에 의해 결정, 중국 정부의 허가를 받은 이후부터는 외부의 간섭을 받지 않음), 외국독자기업(外国独资企业. 외국 투자가 자본금 100% 출자)으로 구분된다.

작용을 했는데, 중국 패션 디자이너의 사회적 지위를 인정하는 계기를 마련한 것이 그중 하나이다.[11]

다롄은 중국 제1의 패션 산업 경제 집적 도시로서, 일찍이 중국 패션 산업 정책의 첫 단추였다.[12] 1970년대 말 다롄 패션 산업의 발전 초기 단계에 중국 정부는 '두 머리는 밖에, 몸은 안에兩頭在外, 中間在內'라는 구호를 내세우며 다롄 패션 산업을 주도했다. 여기서 '두머리는 밖에'란 원자재 개발(디자인) 및 시장 판매를 해외에서 한다는 것을 뜻하며, '몸은 안에'란 가공을 중국 내에서 한다는 것을 의미한다. 1980년대 초에 다롄을 중심으로 중국 동북 지역의 패션 산업은 황금기를 맞이한

표1 1978년~2010년 중국 패션 산업 구조

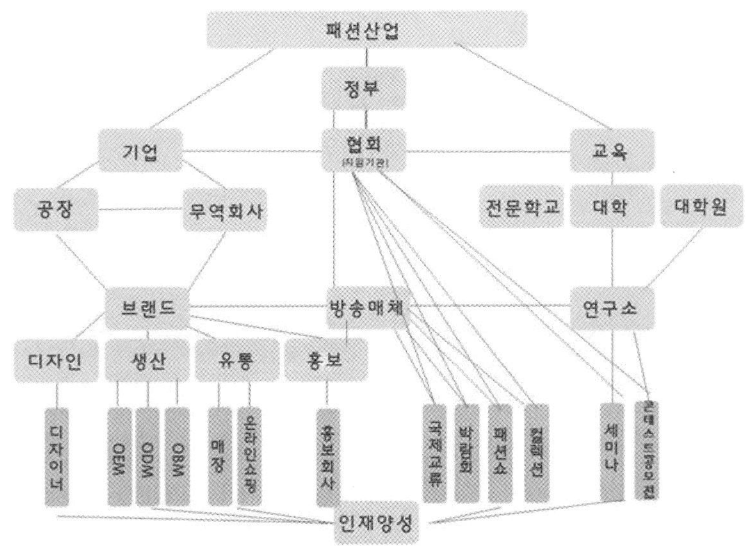

출처: 여월, 「개혁개방 이후 중국 패션산업의 현황에 관한 연구」, 홍익대학교 대학원 석사학위 논문, 2011, 3쪽.

---

11 여월, 「개혁개방 이후 중국 패션산업의 현황에 관한 연구」, 홍익대학교 대학원 석사학위 논문, 2011, 11쪽.

12 徐四淸, 「大连市服装业的思考」, 48頁.

다. '창시创世, 상푸란桑扶兰, 쓰판思凡, 야써왕亚瑟王, 푸꺼富哥, 콩링孔翎, 런핑任平, 딩터라이叮特来' 등 중국의 대표적인 패션 브랜드들이 다롄에서 탄생했고, '다양그룹大楊集團'을 중심으로 일정 규모의 다롄 패션 기업들이 패션 브랜드 사이에서 두각을 나타냈다.

최근까지 다롄 패션 산업은 '세 다리로 걷기三條腿走路'라는 구호 아래 기업을 경영하고 있다. 세 다리란 가공업, 무역업, 브랜드 관리의 세 요소를 의미하는데, 담보 제한, 보호무역 등의 중요한 관문을 무사히 통과하기 위한 전략이다. '세 다리로 걷기' 정책을 통해 다롄의 남성복 브랜드 '창시'는 베이징·상하이를 넘어 일본, 한국, 이탈리아 등 20개국 이상의 국가와 지역으로 수출하는 성과를 낼 수 있었다. 정부 정책 아래 다롄의 패션 산업은 놀라운 속도로 성장했다.

3. 다롄 및 동북지역의 패션 산업 현황

1980년대 초기 중국의 주요 섬유 수출 항목은 초급 방직품이었고 의류 수출은 여전히 준비 단계에 머물러 있었다. 1986년 섬유·의류 수출액은 100억 달러에 미치지 못했으나, 5년 후인 1991년 200억 달러를 돌파했다. 1994년 중국의 섬유·의류 수출액은 355.5억 달러에 이르렀고, 전 세계 섬유업의 13.2%를 차치하며 세계에서 섬유 수출이 가장 많은 국가로 성장했다.[13] 1992년 덩샤오핑의 남방 순회 후 삼자 의류 기업과 민영 기업이 회사 기반을 구축할 수 있었고, 1997년 9월 중국 공산당 제15차 대표회의 때 사유재산제를 인정하며 개인 패션 사업자들이 생겨났다. 1998년부터 중국 패션 기업들의 품질 및 브랜드

---

13 여월, 「개혁개방 이후 중국 패션산업의 현황에 관한 연구」, 홍익대학교 대학원 석사학위 논문, 2011, 22쪽.

경쟁이 심해졌고 패션 시장이 판매자 주도에서 소비자 주도로 변했다.

표2 개혁 개방 이후 중국 의류 수출 증가 (단위: 달러, 년)

연도	금액	소요 기간
1978	7.08	0
1980	16.35	2
1987	37.48	7
1990	68.48	3
1992	167.48	2
1997	317.45	5
2004	616.16	7

출처: 『중국방직공업연감』, 1981~1999.

1998년 후반 다롄 패션 기업의 각종 복장 연 생산량은 7,260만 벌에 달했으며, 연간 매출액은 52.1억 위안, 수출액은 31.2억 위안을 기록했고, 패션업 종사자는 5만 4,800명에 이르렀다. 당시 다롄시 패션 산업은 지속적으로 성장하여 '중국 패션 산업 쌍백雙百 강기업 순위'에서 12위를 차지했다.[14] 현재 다롄의 다양그룹은 중국 10대 명품 중 9성급九星 양복 기업으로 평가되며, 비하이碧海기업의 비하이 브랜드 양복, 다롄봉판복식유한공사大連縫牌服飾有限公司의 봉 브랜드 양복, 칭기즈칸成吉思汗, 푸산福山 등이 대표적인 다롄의 패션 브랜드로 유명하다.

중국의 패션 생산은 네 단계의 경영 모델 유형을 거쳤다. 1980년대는 OEMOriginal Equipment Manufacturer 경영 모델의 기업들이 주류를

---

14   刘迪, 2001, 「大连市服装展览业产业化发展模式研究」, 大连理工大学学位论
     文, p.8-10.

이루었는데, 주문을 한 측이 디자인을 정하고, 주문을 받은 측이 생산하는 가공무역의 기업이 대부분이었다. 1990년대 초기에는 OEM과 ODMOriginal Design Manufacturer을 병행하는 경영 모델의 기업이 나타났다. 브랜드 판매업체가 디자인의 일부를 생산업체에 외주시키는 방식인데, 당시 몇몇 기술과 디자인 능력이 뛰어난 생산업체들만이 ODM 수준에 이를 수 있었다. 1990년대 중반부터 비로소 독자적인 브랜드를 개발하는 것이 추세로 떠올랐다. 중국은 OEM에서 OBMOriginal Brand Manufacturer 모델까지 OEM → OEM · ODM → OEM · OBM → OBM의 4단계를 거쳤다. 1979년에 설립된 다롄의 다양그룹은 1981년부터 해외 주문을 받았으며 1995년에 OBM 생산방식으로 변경하여 2003년 남성복 브랜드 '창시'를 출시했다. 그 후 다양그룹은 창시, 카이만, YOUSOKU 등의 브랜드를 잇달아 만들어냈다. 다롄이 속한 동부 지역의 패션 기업과 중·서부 지역의 패션 기업의 생산량 비중 비교를 통해 현재 다롄의 패션 산업 현황을 살펴볼 수 있다. 2008~2013년 다롄이 속한 동부 지역의 '규모 이상(2,000만 위엔 이상의 자산 소유 기업)' 패션 기업들의 생산량 비중을 살펴보면 중국 내에서 80% 이상을 차지한다는 것을 알 수 있다.

표3 중국 패션 기업 경영 모델의 발전과정

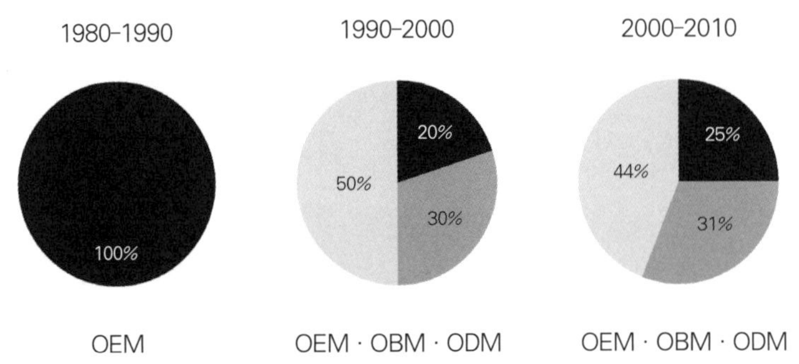

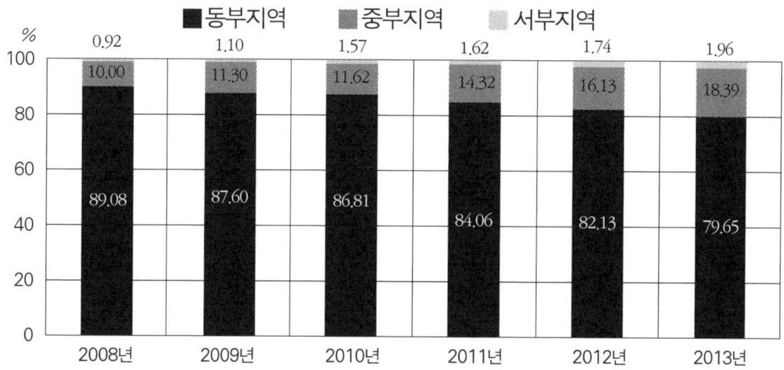

출처:『중국복장산업발전보고』, 2013~2014.

한편, 2013년 중국 패션 산업의 규모 이상 기업들 중 '개시(신규)
사업'을 추진한 업체는 총 5,483개인데, 이는 2012년에 비해 6.24% 증
가한 수치이다. 개시 사업 프로그램에 대한 투자의 56.43%가 동부 지
역에서 이루어지고 있으며, 동부 지역은 개시 사업 투자 중심 지역으로
떠올랐다. 중부 지역과 서부 지역은 각각 34.98%, 8.59%를 차치했다.

표5 중국 규모 이상 패션 기업의 '개시 사업' 투자의 지역별 현황(2013)

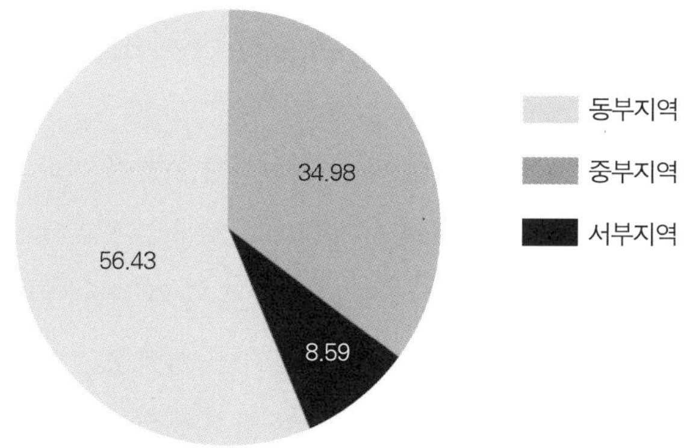

출처:『중국복장산업발전보고』, 2013~2014.

2013년 동부 연해 지역의 패션 상품 및 액세서리 수출 시장 점유율을 보면 더욱 놀랍다. 수출 건수는 총 255억 5,400만 건에 달하며, 이는 전국 패션 상품 수출량의 81.49%를 차지하는 비율이다. 동부 지역의 수출액은 1,454억 2,800만 달러이며, 이는 전국 패션 상품 수출액의 81.60%이다.

표6 중국 패션 상품 및 액세서리 수출 현황(2013)

지역	수출량 (억건)	전년 대비(%)	점유율	점유율 증감	수출액 (억달러)	전년 대비	점유율 (%)	점유율 증감
동부	255.54	5.42	81.49	-2.35	1454.28	8.28	81.60	-2.26
중부	31.31	13.32	9.99	0.43	138.51	22.86	7.77	0.73
서부	26.73	40.02	8.52	1.92	189.43	29.96	10.63	1.53

출처: 『중국복장산업발전보고』, 2013~2014.

패션 산업은 거대한 사슬 체계로 이루어져 있다. 과거의 복장 산업은 생산 과정의 시장화·현대화·사회화 여부가 산업 발전 정도에 영향을 미치는 주요 요인이었다면, 현대 패션 산업의 발전 수준은 생산 전의 기획·개발과 생산 후의 시장 판매로 결정된다. 패션 산업 경쟁에서 생산 능력보다 상품의 기획 및 개발과 시장 판매가 중요한 시대이다. 결과적으로는 패션 문화 및 기술, 시장 모델의 기능, 패션 가공의 우수성 등 세 방면의 균형적인 발전이 패션 도시로서의 성장 가능성을 나타낸다.

다롄은 홍콩, 상하이, 저장성浙江省 등에 비해 인프라 면이나 국제화 수준에서 취약한 것이 사실이지만, 중국 내 패션 도시로서의 명성은 다롄이 첫 번째이고, 그동안의 국제 패션 축제 등의 큰 이벤트를 진행해온 경험을 무시할 수 없다. 또한 다롄은 내수 시장뿐만 아니라 해외 브랜드들이 중국에 진출할 수 있는 중요한 통로 역할을 하는 지역으로 알려진 것이 특징이다.

그렇다면 2015년 현재 세계적인 디자이너들과 의류 업체들이 다롄을 방문하게 된 결정적인 계기는 무엇일까? 다롄 패션 산업의 기반인 다롄 국제 패션 축제에 대하여 알아보자.

Ⅲ. 국제 패션 도시 만들기 전략으로서의 '다롄(중국) 국제 패션 축제(大連國際服裝節)'

다롄이 패션 도시로 성장한 가장 근본적인 원동력은 다롄 사람들의 패션에 대한 남다른 사랑이라고 할 수 있다. 다롄 패션 산업은 패션이라는 이름을 걸고 도시 축제를 개최할 만큼 열정적인 다롄 사람들에 의해 발전했다. 다롄의 패션 제품 소비량은 중국 전체 소비량의 38% 이상을 차치한다는 점이 이를 설명한다.[15] 다롄 국제 패션 축제大連國際服裝節는 '생활 패션의 무대화, 무대 패션의 생활화'를 모토로 다롄 지역 사람들의 참여와 협조를 기본으로 진행된다.

1988년 8월 20일부터 28일까지 다롄인민정부 주최로 개최된 '중국 최초의 도시 패션 축제'인 다롄패션축제는 중국 국가급 축제로서 28년의 역사를 가지고 있다. '복식 문화 선양, 풍요로운 인민 생활, 국제 교류 촉진, 경제 발전 추진'을 목표로 매년 이탈리아, 프랑스, 미국, 캐나다, 일본, 한국 등 40여 개 국가와 지역, 중국 내 100개의 성시와 자치구 등이 참여하며, 축제 기간 동안 5만여 명의 패션 업체들과 디자이

15　PR Newswire, 「中国时尚指数调研揭示20城市时尚消费力」, 20城市时尚消费力榜单(http://www.prnasia.com/story/73470-1.shtml, 최종 검색일 2015년 12월 17일).

그림4 다롄복장방직협회의 패션쇼 무대

너들이 다롄을 방문하는 것으로 추정된다.

다롄시 패션 축제는 1987년 다롄시박람중심 주최로 '제1회 중국 동북 지역 및 네이멍구 수출 상품 교역회首届中国东北地区及内蒙古出口商品交易会'로부터 시작되었다. 1988년에 정식으로 다롄시 국제패션박람회가 개최되었고, 1996년 시정부는 패션박람공작영도조직服装展览工作领导小组을 성립하여 다롄 패션 축제가 순조롭게 발전할 수 있도록 여건을 조성했다.[16]

다롄 국제 패션 축제는 2006년 4월 제17회 축제부터 다롄(중국)국제패션방직품박람회中国(大连)国际服装纺织品博览会로 명칭이 바뀌었다. 그때부터 다롄 국제 패션 축제는 중국 중앙정부가 허가한 국제 패션쇼로 거듭났고, 국가적 수출 및 구상에 대하여 상무부의 유일한 지지와 지원을 받아 중국 내외에 패션 도시로서의 권위와 리더십을 갖게 되

---

16   刘迪, 「大连市服装展览业产业化发展模式研究」, 大连理工大学学位论文, 2001, 11頁.

회차 (屆次)	해외 기업 참관 수 (개)	중국 기업 참관 수 (개)	무역 기업인 수 (만 명)	역대 교역액 (억 위안)
1	0	128	0.1	0.68
2	0	212	0.3	1.32
3	16	224	0.6	2.3
4	57	220	0.8	4.18
5	145	220	1.1	4.2
6	198	220	1.9	5.2
7	202	166	2.2	5.6
8	280	920	2.5	8.6
9	418	379	2.8	11
10	428	360	3.7	20.7
11	258	674	4.5	41.6
12	169	241	6	52.9

출처: 刘迪, 「大连市服装展览业产业化发展模式研究」, 大连理工大学硕士学位论文, 2001, 6頁.

었다.[17] 국가급 박람회로 승격한 2006년부터 다렌 국제 패션 축제는 중국과 세계 패션 산업의 교류의 장이 되었고 다른 지역의 패션 박람회와는 차원이 다른 패션 축제로 성장했다. 다렌 국제 패션 축제는 해외 패션 상품의 중국 진출을 위한 무대를 마련했고, 해외 상품과 중국 상품의 교역 및 중국 상품의 수출을 위한 중요한 무역 채널로서 역할을 수행했다. 노동공원 노상에서 진행하던 박람회는 1990년대 초에는 6,000평방미터 다렌박람회센터에서, 1997년에는 1만 5,000평방미터의 다렌싱하이星海컨벤션센터로 개최 장소를 옮겼다. 이제는 다렌세계엑스포플라자와 다렌싱하이컨벤션센터에서부터 시내 중심인 중산광장, 요하오友好광장까지 다렌 시내 전체를 패션 축제에 할애하고 있다.

17　中国(大连)国际服装纺织品博览会(China (Dalian) International Garment & textile Fair). http://www.cigtf.com.cn/ 展会介绍.

‘윈샹다롄雲裳大連’라는 슬로건으로 열린 2015년 축제[18]는 해외 브랜드의 중국 진출 창구, 가공 산업의 기반 지역으로서의 발돋움, 중국 브랜드의 세계화, 세계 패션 동향 및 동북아 패션 추세 파악, 다롄 지역 패션 산업의 발전을 목표로 ‘제조에서 서비스로’, ‘국내에서 국제로’ 향하는 다롄 신 모델Dalian New Model을 전략으로 개최되었다. 40여 개의 국가와 지역이 참가를 신청하여 150개에 이르는 브랜드 부스를 세웠고, 알리바바, 타오바오 등의 온라인업체까지 참여했다. 각종 원자재, 부자재, 액세서리, 방직기계, 봉제 설비, 하이테크놀로지 구상 및 성과 등에 대한 전시와 발표도 있었다. 중국 명품 및 다롄 기업전이 50%, 해외전이 30%, 방직품 및 액세서리 등이 20%를 차지했고, 해외 고객은 10% 정도로 추정되었다.

다롄 국제 패션 축제의 규모가 커지는 만큼 국제적 영향력도 커지고 있다. 국제화와 시장화를 모토로 해외 브랜드가 중국 시장에 들어설 수 있는 무대를 만들겠다고 선언한 다롄 패션 축제는 회를 거듭할수록 전문화되고 있고, 무엇보다 시장 운영이 활발해졌다. 정보 제공 기능이 더해지면서 박람회에는 ‘정보센터’가 설치되어 참여하는 모든 기업에게 브랜드 홍보 및 정보 교류 등의 서비스를 제공한다. 다롄 국제 패션 축제의 ‘정보화’는 다롄 패션 산업의 국제성을 한 단계 높였다.

패션 축제는 다롄의 중국 내외 영향력을 확대시켰다. 패션 산업은

---

18 주제: 云裳大连—2015中国(大连)国际服装纺织品博览会

　　일시: 2015년 9월 19일~22일

　　장소: 다롄세계엑스포플라자, 다롄싱하이컨베이션센터

　　홈페이지: www.CIGTF.com.cn

　　주최: 중화인민공화국상무부(中华人民共和国商务部), 중국방직공업협회(中国纺织工业联合会), 다롄시인민정부(大连市人民政府)

다롄이라는 도시를 홍보하는 효과와 동시에 다롄의 도시 이미지를 강화시켰다.[19] 매년 패션쇼 기간 동안 다롄을 방문하는 중국 내외 기업들과 방송 매체들은 다롄의 개방화를 가속화시켰다. 다롄 국제 패션 축제가 다롄의 도시 문명을 만들었다고 해도 과언이 아니다. 다롄은 국제 패션 축제를 개최하며 패션 상품, 자본, 정보, 인재 교류의 중심지로 떠올랐다. 해외 기업은 다롄을 직접 방문함으로써 중국 패션 시장의 요구와 상품 발전 동향을 이해할 수 있었고, 중국 내 기업은 패션 축제를 통해 자신의 상품의 지위 및 등급을 확인할 수 있었다. 다롄은 패션 축제를 한 번 개최할 때마다 도시의 인프라, 기본적인 시설·설비 건설부터 도시 소프트웨어까지 발전시켰다는 평가를 받았다.

한국은 1992년 처음 다롄 패션 축제에 참가했다. 당시 패션 축제의 적극적인 참가를 권장하기 위해 서울에 방문한 다롄의 왕청민王承敏 시 인민정부 부비서장 겸 상업위원회 주임은 "과거 40년간 다롄을 강점한 일본이 중국의 대외 개방 직후부터 다롄 복장 시장에 적극 진출해 현재는 사실상 85% 이상 수출입 물동량을 지배하고 있기 때문에 홍콩과 함께 한국 업체들의 견제 역할을 기대한다"[20]고 밝혔다.

---

19   刘迪, 「大连市服装展览业产业化发展模式研究」, 5-6頁.

20   연합뉴스, 「중국 大連복장전람회에 한국업체 참여 권장」(http://news.naver.com/main/read.nhn?mode=LSD&mid=sec&sid1=102&oid=001&aid=0003647413, 최종검색일 2015년 12월 17일).

Ⅳ. 패션 도시로서의 다롄의 위기의식과 대응

1. 다롄 패션 산업 발전의 도시적 한계

1980년대를 시작으로 다롄 패션 산업은 개혁과 조정, 그리고 발전 과정을 거치며 현재는 진통의 시기를 지나고 있다. 다롄의 복장 산업은 패션 산업으로 발돋움하려던 시기에 몇 가지 한계에 부딪히며 침체기로 들어섰다. 상하이·광저우 등 동남 연해 각 성의 패션 산업이 맹렬한 속도로 발전했고, 다롄의 젊은 패션 인재들이 대도시로 유출되기 시작했다. 시간이 지날수록 남쪽 패션 시장은 더욱 활성화되고 그 영향으로 패션 산업도 더욱 발전하는 선순환이 계속되고 있는 반면, 다롄은 과거에 비해 성장이 둔화되고 있다.

1990년대 다롄의 8~9개 대규모 패션 기업들이 있었으나, 현재는 다양그룹만 독보적으로 활동하고 있다. 사실 다롄의 2,000여 개의 패션 기업은 작은 규모로 산만하게 분포되어 있다. 그중 무역 중심 기업은 700여 개, 생산 중심 기업은 1,300개 정도이며, 일정 규모 이상의 기업(2,000만 위안 이상의 자산 소유 기업)은 170개이다. 170개 중 50억 위안의 자산을 보유하고 있는 기업은 다양그룹 하나뿐이어서 다롄의 대부분 패션 기업은 소규모 기업이라고 할 수 있다. 다롄의 패션 기업은 시장 개발 능력이 없고 여전히 전통적인 판매 방식을 이용하고 있다는 평을 받는다. 다롄(중국)국제패션축제의 세계적 명성에도 불구하고 다롄 패션 산업의 발전 상황은 이상적이지 않다. 다롄의 패션의 기술적 기반과 역사적 지위로 볼 때는 격에 맞지 않다고 할 수 있다.

다롄을 대표하는 패션 대학인 '다롄공업대학 복장학원'[21] 위조권

21　다롄공업대학교는 1984년 복장학 전공을 개설한 후 1985년 복장학과를 정

佐君 교수는 다롄의 패션 산업의 도시적 한계가 인력 자원의 유동 현황을 통해 나타나고 있다면서 "다롄 공업대학 복장학원은 전 중국 복장학원 대학 순위 4위 정도이며, 실제 기업 생산으로 이어지는 패션 트렌드에 민감한 디자이너들을 배출하여 산업 현장에서 환영받는 학교이다. 그러나 졸업생의 80%는 베이징, 상하이, 광저우로 진출하고 다롄에 남는 졸업생은 거의 없다"고 말했다. 위조쥔 교수는 다롄 패션 산업의 양극화에 대해 언급하며, 다양그룹 같은 대기업은 온·오프라인 매장을 포함해 1년에 시장에서 7~8억 위안의 수익을 내지만 나머지 다롄의 중소 기업들은 가공업 중심으로 다롄 지역 내에서만 발전하고 있다고 덧붙였다.[22]

다롄시복장방직협회 티엔핑 회장 역시 현재 다롄 패션 산업은 어려운 시간을 보내고 있다고 말했다. "다롄의 패션 산업은 랴오닝성 강산의 반쪽을 차지할 만큼 성장 추세를 보이고 있다. 그러나 전국을 비교했을 때 남쪽만큼 발전이 빠르지는 않다. 그 원인 중 하나는 도시 간

표8 중국 패션 산업 인력 유동 현황(Top 도시 순 정렬)

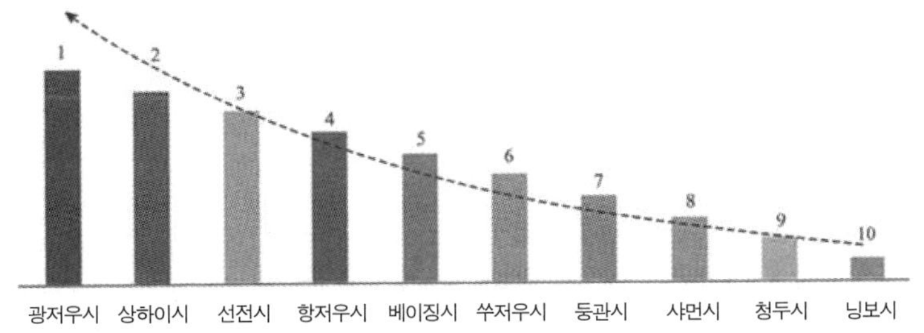

출처: cfw 중국복장인력왕

식으로 설립했다. 1993년부터 학부생을 받았고, 2003년에는 패션 디자인학과 공정예술디자인학 2개의 전공이 석사학위를 부여할 수 있게 되었다.

22　위조쥔(于佐君) 다롄공업대학 복장학원 교수와의 면담, 2015년 7월 24일.

공업 구조가 다르기 때문인데, 다롄의 중공업은 주도적인 구조이지만 방직공업(경공업)의 비율은 원체 낮은 편이고 패션 산업 비율은 더욱 낮다. 패션 산업 발전에 있어서 남쪽 시장은 비교적 활성화되어 있으며 패션업은 사실 시장이 활성화되면 활성화될수록 산업 발전도 활기를 띠게 되는 구조"라고 말했다. 또한 티엔핑 회장은 "도시 산업 구조 조정을 거치면서 다롄 패션 산업의 산업 사슬은 위축되었고 전체적으로 보급 능력이 매우 약해졌다. 다롄의 본토 패션 기업들이 생산에 필요한 목화, 모방직, 침방직 등 원자재는 주로 외부 지역이나 해외에서

표9 중국 패션 인력 자원 도시별 구직 분포도

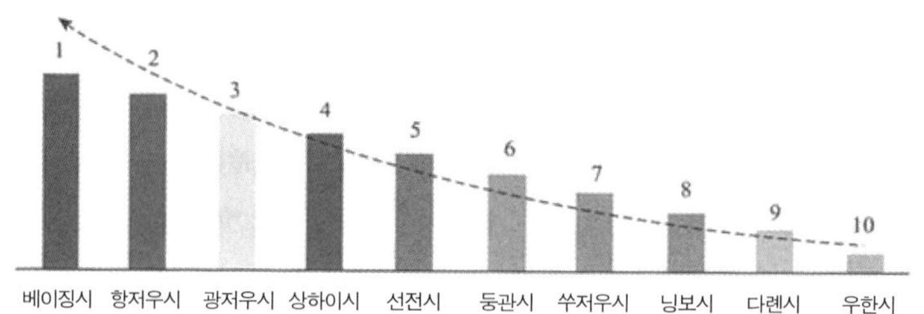

출처: cfw 중국복장인력왕

그림5 다롄복장방직협회, Z28 전경

구입해 들여오는데, 이는 패션 기업과 원자재 생산 기업 간 관계가 거의 단절된 상태라고 할 수 있다. 나아가 다롄은 여전히 OEM 가공 기업이 많기 때문에 적극적으로 의류 판매 및 시장 전략에 대응하지 않고 있다. 다롄의 노동밀집형 가공산업은 모든 산업 과정이 한 세트로 연결되어 있는 남쪽 지역과의 경쟁에서 살아남기 어렵다"고 덧붙였다.[23]

2. 다롄, 대구, 오사카 동북아 패션 도시 간 국제 협력 전략

다롄시복장방직협회는 패션 산업 발전의 돌파구로 2014년 중국의 다롄, 한국의 대구, 일본의 오사카大阪 간 3대 패션 산업 도시 연맹을 맺었다. 연맹의 목적은 동북아의 세 도시가 연합하여 패션 산업 발전을 촉진하는 것이다. 세 도시가 처음 달성한 협약 내용은 바로 청년 디자이너 육성이다. 대구경북패션사업협동조합의 이백 부장은 "2013년 10월 다롄을 방문하여 '(가칭)동북아시아패션협의회'에 대한 논의를 시작했다. 동북아 지역의 패션 도시인 다롄·대구·오사카 3개국 3개 도시의 상호 이해 증진 및 공동 발전을 위한 교류 촉진을 목적으로, 특히 세 도시의 한자 이름의 큰 대자에 상징적인 의미를 담아 2014년 3월 정식으로 MOU를 체결했다. 올해 다롄 국제 패션 축제에도 대구의 7개 업체가 참가했다. 특히 '다롄배 중국 청년 패션디자인 콘테스트'[24]에 대구 디자이너 콘테스트에 우승한 청년들이 참석하는 등 청년 디자

---

23 티엔핑 다롄시복장방직협회 회장과의 면담, 2015년 7월 23일.

24 1992년 섬유공업부의 비준을 거쳐 중국패션디자이너협회가 인정한 국가급 패션디자인대회이다. 개최 이래 '실용성과 예술성의 결합'이라는 원칙을 고수하고 있다.

이너 육성 방면에 적극적인 교류·협력이 진행되고 있다"[25]고 전했다.

다롄·대구·오사카의 패션 산업 도시 연합의 목적과 의의는 뚜렷하다. 세 지역의 패션 도시로서의 한계를 극복하고 동북아 대표 패션 도시의 교류·협력을 통해 다시금 패션 산업 발전을 이루기 위한 것이다.

V. 전망

중국의 '십오'계획기간十五期间(제10차 5개년 계획) 동안 다롄 패션 기업들 역시 과거의 규모 확대의 발전 방식을 브랜드, 디자인, 경영 발전 방식으로 바꾸기로 결정했다. 인상되는 임금과 부가가치 창출 산업의 부재, 디자인과 기술자를 외부에서 들여와 가공하는 것으로는 다롄 패션 산업은 더 이상 발전할 수 없기 때문이다. 중국 정부는 브랜드 수출을 자구책으로 제안했는데, 장기적인 관점에서 OEM 형태로 오더를 받아 제품을 생산하는 것보다 자체 브랜드 제품 수출을 우선적으로 추진해야 한다는 주장이 다롄 내에서 목소리가 높아지고 있기 때문이다.

다롄은 복장 가공업 산업 도시에서 동북아 패션 트렌드를 이끄는 패션 도시로 발전하고자 한다. 여기에 다롄(중국)국제패션축제와 동아시아 세 도시의 교류·협력이 핵심 역할을 해야 할 것이다. 중국 패션 전문가들은 다롄 패션 산업이 가공업을 넘어 트렌드를 형성하는 진정한 패션 도시가 되려면 반드시 동북아 시장 네트워크를 건설할 필요가 있다고 분석한다. 중국 정부는 다롄 패션 산업의 발전 방향을 한국 및 일본 나아가 동북아 지역과의 '합작'으로 보고, 새로운 산업 사슬을

---

25   이백 대구경북패션사업협동조합 부장 전화 인터뷰, 2015년 10월 28일.

건설하는 것을 다롄 패션 산업을 살리는 유일한 길로 보고 있다. 패션 업계는 다롄 패션 기업이 이제 '새로운 두 머리 밖' 노선을 걸어야 할 때라고 주장한다. 새로운 두 머리 밖이란 전력을 다해 해외 시장을 개척하는 것을 뜻한다. 그리고 이제 생산 노선은 노동력 자본이 낮은 국외 지역에 두어야 할 것이다.

여월, 2011, 「중국의 패션 산업 및 교육 현황: 중국의 개혁 개방정책 이후를 중심으로」, 『패션정보와 기술』, Vol. 8.

오현아·배수정, 2011, 「2007-2009년 중국 동북지역 스트리트 스타일 변화 추이 분석: 다롄시의 S/S 시즌을 중심으로」, 『한국디자인문화학회지』, 6월호.

조영란·이금희, 2009, 「중국 패션시장의 성공적 진입을 위한 한·중 스트리트 패션스타일 비교·분석: 서울시와 다롄시의 비교를 중심으로」, *Journal of Fashion Business*, Vol. 13, No. 41-20쪽.

조영란·이금희, 2008, 「서구문화의 유입에 따른 중국 여성 복식의 변화와 그 유형에 대한 연구: 20세기 전반기를 중심으로」, 『복식문화연구』, 제16권 제5호, 891-909쪽.

徐四清, 2006, 「大连市服装业的思考」, 『广西纺织科技』, 第35卷 第4期.

肖琳, 2012, 『大连: 时尚之成的狂欢底气』, 中国纺织.

翁慈君·朱礼华, 1999, 「上海, 大连和宁波三地国际服装节的比较研究」, 『丝绸技术』, 第7卷 第22期.

徐海峰, 2010, 「2010 大连服装产业转型升级的对策思考」, 『辽宁经济』, 第7期.

刘清敏, 2000, 『服饰文化理论研究』, 大连出版社.

张颖, 2013, 『放下架子——关于大连服装业发展的几点思考』, 东北之窗 (WINDOW OF THE NORTHEAST).

(중국)국가 통계국 www.stats.gov.cn

세계화와 중산층 열망의 교차점,
다롄한국국제학교

신혜선

Ⅰ. 들어가는 말

다양한 분야에서 세계 주도권을 잡으려는 중국은 「중국 중장기 교육 개혁과 발전계획 요강」에서 2020년까지 재중 유학생 수를 50만 명으로 늘리겠다고 발표했다. 중국을 아시아 최대 유학 대상국으로 만들면

---

* 이 글은 『中蘇研究』제39권 제2호에 게재된 것을 정리한 것이다.

서 세계 고등교육 국제화에 큰 역할을 하겠다고 선포한 것이다.[1] 중국 교육부에 따르면, 2014년 203개 국가와 지역에서 37만 7,054명이 중국의 31개 성·자치구·직할시의 755개 대학과 연구기관 및 기타 교육기관에서 공부하고 있다.[2] 유학생을 국적별로 보면, 한국이 6만 2,923명으로 가장 많고, 미국과 태국이 각각 2만 4,203명과 2만 1,296명으로 뒤를 이었다.[3]

하루가 다르게 교류가 확대·심화되고 있는 한중관계에서 교육 교류는 미래의 교량을 준비하는 인재들의 교환이라는 측면에서 매우 중요하다. 현재 양국의 다양한 교류에 비춰볼 때 유학생의 증가는 계속될 것이고 유학 대상도 대학 과정에서 초·중·고 과정으로 더욱 확대될 것이다.

세계화라는 시대적 흐름 속에서 중국으로의 한국인 이동은 초기에는 노동을 위한 단신 이주였지만, 현지에서의 체류기간이 길어지면서 가족 합류 등 연쇄이주chain migration라는 특징을 보이고 있다(스티븐 카슬 외, 2013; 백권호 외, 2010). 여기에 자녀의 입학 자격이 '워킹비

---

1 2010년 5월 5일 국무원 원자바오(溫家寶) 총리는 국무원 상무회의에서 「국가중장기교육개혁과 발전계획요강(國家中長期敎育改革和發展規劃綱要, 2010－2020年)」을 비준했다.

2 2014년 칭화대학출판사에서 『국제학교선택 가이드(國際學校擇校指南)』가 출판되었다. 광고 문구에는 "중국 최초의 국제학교 가이드로서, 학생들과 학부모들이 국제학교의 교육 이념 및 학습 내용을 이해하고 장래 학생들에게 다양한 교육기회와 경쟁력을 줄 수 있다"고 쓰여 있다. 소위 명문대학 출판사에서 낸 실용서라 화제가 되었는데, '중국 최초'라는 수식어에서 중국 내 국제학교 진학 및 유학 바람이 본격적으로 일고 있음을 알 수 있다.

3 http://www.chinacorea.com/new.php?class=2054.

자 또는 학생비자'인 경우 학부모의 노동 이주와 그 자녀의 교육 이주가 맞물려 있는 현장이기도 하다. 일반적인 노동 이주와 달리 교육 이주와 함께 이루어지는 노동 이주는 상당 부분 교육 이주의 조건과 이후 결과에 대한 기대가 이주의 결정에 중대한 영향을 미친다. 왜냐하면 한국에서 자녀교육 문제는 자녀의 주양육자인 부모를 비롯해서 가족구성원 전체의 사회적 지위social position를 결정짓는다 해도 과언이 아닌, 계층과 사회적 신분 상승과 유지라는 열망을 반영하고 있기 때문이다. 특히 외국 유학은 자녀에 대한 장래 기대와 중산층 유지의 열망을 충족하기 위해 많은 경제적 대가를 지불하기 때문에 유학 문제를 사회적 관점에서 파악할 필요가 있다.

초·중·고를 중국에서 유학하는 경우 이런 특징이 더욱 잘 나타나고 있다. 그것은 유학의 목적이 좋은 대학 진학이라는 한국적 특성을 반영한 것이면서 세계화 시대에 뒤처지면 안 된다는 불안감을 해소하기 위한 적극적인 선택이며, 떠오르는 중국에서 유학하는 것은 미래를 위한 좋은 투자라고 스스로를 위안하지만 영어권으로 유학을 보내기에는 경제적 수준이 뒷받침되지 않은 보통사람들의 분투가 스며 있기 때문이다. 그래서 중국에서 유학하면서도 학생과 학부모 모두 '영어 실력 향상을 위해' 다시 영어권 유학을 해야 하는가에 대한 불안감을 가지고 있는, 유학을 하면서도 장래를 확신하지 못하는 상황에서 버거운 부담을 감내하는 학부모가 많이 있다. 여기에는 초·중·고 학생의 중국 유학이 아직까지는 주재원과 자영업자 자녀 비중이 학생 단독 유학 또는 '기러기가족'보다 많다는 사실이 반영되어 있다.

중국 유학은 초국적 이주transnational migration를 통한 교육이면서 한국 입시제도와 중국 교육 시스템의 영향을 동시에 고려해야 한다. 그런 과정을 거치는 가운데 적지 않은 열망과 분투가 녹아 있다. 또한 희

그림1 다렌한국국제학교_전경

망과 고뇌는 어떠한가?

다렌한국국제학교 연구는 소위 중산층의 교육을 둘러싼 열망과 분투 그리고 희망과 고뇌를 살펴보는 보는 매개가 될 수 있을 것이다. 우선, 한·중 교류가 빈번한 상황에서 향후 양국의 중요한 교량 역할을 할 인력 양성 현황을 볼 수 있다. 또한 글로벌 시대에 한국 중산층이 교육에 갖는 태도, 특히 초국적 이주를 통한 교육에 대한 태도·양상과 그 속에서의 분투를 들여다볼 수 있다. 아울러 더욱 긴밀해지는 한중 관계에서 자녀교육의 세계화globalism와 국내화regionalism 열망이 어떻게 발현되고 교차되는지 알 수 있을 것이다.

이런 몇 가지 의의가 있다는 전제에서 이 글은 다음과 같은 문제의식에 바탕을 두고 다렌에 유학하고 있는 학생과 학부모 그리고 교육 관계자와 공공기관 종사자의 면담을 통해 이루어졌다. 첫째, 한국 대학의 '해외 특례' 입학제도가 학부모인 해외 생활자의 선택에 어느 정도 영향을 미치는가? 둘째, 국내 대학 입학을 희망자와 중국 대학 입학 희망자에 따라서 한국국제학교를 선택하는 기준이 달라지는가? 셋

  다렌연구: 초국적 이동과 지배, 교류의 유산을 찾아서

째, 다롄에서 한국국제학교를 선택하거나 또는 선택하지 않은 이유는 각각 무엇인가? 넷째, 한국국제학교는 해외에서 교육기관 이외에 어떤 공적 기능을 담당하고 있는가?

또한 이 글은 세계 금융위기 이후 다롄에서 한국 대기업의 부도가 연관 기업 부도로 이어지면서 한인 사회가 큰 충격을 받은 상황을 추적하고, 이 가운데 교육문제는 어떤 영향을 받았는지, 그리고 경제적 어려움에도 '특례 입학'을 위해 어떤 희생을 감수하는지를 중산층의 계층 유지 분투와 열망이라는 관점에서 분석하고자 한다.

이 글은 다롄한국국제학교를 둘러싼 여러 환경과 내·외부 구성원의 심리적 열망과 분투를 살펴보는 데 목적이 있다. 이를 위해 문헌 연구, 담론 분석, 심층 면접으로 이루어진 질적 연구를 수행했다. 문헌 연구는 한국 중산층의 계층 인식에 관한 선행 연구들과 자녀의 해외 유학을 둘러싼 선행 연구들을 검토했다. 담론 분석은 문헌 연구를 통해 기존 연구들이 밝힌 내용을 파악한 후 관련 통계 및 다양한 텍스트를 분석했다. 구체적으로, 한국중산층과 조기 유학에 관련된 단행본, 한국 및 중국 정부기관 자료 및 보고서, 신문기사 등을 살펴본 후 중산층의 자기 인식, 한국의 가족주의, 초국적으로 이루어지는 유학 상황에 대해 객관적인 데이터를 수집·분석했다. 담론 분석은 에스노그라피 및 심층 면접과 연계되어 사용될 때 가장 큰 효과를 발휘하기 때문에 동시에 심층 면접도 진행했다. 면접 대상자는 다롄한국국제학교에 자녀를 보내고 있는 학부모와 재직 교사 그리고 학생을 주대상으로 했다. 이를 위해 2014년 8월 11~16일 다롄한국국제학교를 방문하여 교장선생님과 라포rapport를 형성하여 향후 연구에 대한 이해와 협조를 부탁했다. 면접 대상자 선정은 '목적표본수출방법'을 사용했다.

면접 대상자는 학생 4명, 다롄한국국제학교 학부모 6명, 다른 학교 학부모 7명, 교사 6명, 공공기관 종사자 2명이다. 먼저, 학생 4명은 한국의 중2~고3에 해당하는 연령으로 조기 유학에 대한 자신의 의지와 입장을 표현하는 능력이 있어 대표성이 있다고 보았다. 둘째, 학부모 역시 학생과 같은 비율로 산출하여 6명을 선정했다. 셋째, 교사 6명은 전체 교사 46명 중 14%에 해당하고, 모두 학부모이면서 동시에 교사로, 학부모로서의 입장과 교사로서의 입장을 대변했다. 넷째, 다롄한국국제학교의 객관적 위치를 확인하기 위해 다롄한국국제학교 관계자 이외의 인사로 다롄의 한국 공공기관 대표를 선정했다. 다섯째, 다롄한국국제학교가 아닌 학교의 학부모(영어권 학교, 중국어권 학교) 7명 가운데 4명은 중국 로컬학교, 1명은 사립 로컬학교, 다른 2명은 영어권 학교의 학부모이다.[4]

이상 총 5개 그룹으로 이루어진 면접 대상자들은 최종 26명이었다. 면접 대상자가 5개 그룹의 속성은 다음과 같다. A그룹은 다롄한국국제학교에 재학 중인 자녀의 학부모들이다.[5] B그룹은 다롄한국국제학

---

4   필자는 이들을 통해 다롄한국국제학교 상황을 밖에서 보고 판단하고자 했다. 이들 학부모의 모집에서는 다롄한국국제학교 학부모 및 교사가 교회 활동 등의 커뮤니티를 통해 알게 된 지인들을 소개받은 눈덩이 표집방식(snow sampling method)을 활용했다.

5   A는 자녀가 하나인 경우(A-1, A-6)와 둘 이상인 경우도 있다. 또 이미 대학에 진학한 자녀를 둔 경우(A-2, A-3, A-4, A-5)도 있어 다롄한국국제학교 졸업 이후 진로에 대한 선택과 결과를 알 수 있었다. A-4는 본인의 아이 둘 외에 언니 아들 하나, 큰오빠 딸 하나, 작은오빠 아들 등 5명의 자녀를 함께 교육시켰다. 자신의 아이 둘 외에는 중국 로컬학교를 다녔기 때문에 두 교육제도의 특성을 잘 알 수 있었다. A-6의 경우는 자녀가 초등학교부터 중2까지 중국 로컬학교 중 사립학교에 다니다 한국국제학교로 전학한 경우이다.

교 이외의 학교에 재학 중인 자녀의 학부모들이다.[6] C그룹은 다롄한국
국제학교 교사들이다.[7] D그룹은 다롄한국국제학교 재학생들이다.[8] E
그룹은 공공기관 근무자들이다.[9]

표1 면접참여자의 특성(2014, 2015년 참여자)

면담자	성별	나이	직업 (배우자)	자녀	거주 기간	면담 장소	면담 시기	비고
A-1	여	46	주부(사업)	고3(남)	7년	학교 면담실	2014	
A-2	여	51	주부(사업)	고1(남), 고3(여), 대1(여)	14년	학교 면담실	2014	
A-3	여	48	주부 (공무원)	고2(남), 대2(여)	4년	학교 면담실	2014	
A-4	여	47	주부(사업)	고3(남), 대1(여)	13년	학교 면담실	2015	

6   이들은 다롄한국국제학교 이외에 다른 학교를 선택한 경우로, 중국 로컬학교
     가운데 국립(B-1~B-4), 중국 로컬학교 중 사립(B-5), 영어권 국제학교(B-6,
     B-7)의 학부모이다. 다롄한국국제학교가 아닌 다른 학교를 선택한 부모의 자
     녀들은 고등학교 졸업 후 한국 대학보다는 중국 대학 또는 영어권 대학에 입
     학할 확률이 높다. 특히 고학년인 자녀를 영어권 국제학교에 진학시키는 경우
     기존에는 영어권 대학으로만 길이 놓였으나 최근에는 한국 대학과 중국 대학
     의 입학 전형이 다양해지면서 선택의 폭이 넓어졌다.

7   이들은 모두 학부모이면서 교사인 경우이다. 다롄한국국제학교 교사는 파견
     근무자와 현지 채용자가 있는데, C-2는 현지 채용이고, 나머지는 파견 근무
     이다. 파견 전의 근무지는 서울, 인천, 광주, 자카르타 등 다양했다.

8   이들은 다롄에서 교육을 받은 학생들(D-1~D-3)로 비교적 학교에 적응을 잘
     하고 열심히 생활하는 경우이다. D-3은 다롄한국국제학교 이전에 영어권 국
     제학교에 다니다 중2 때 전학을 왔고, D-4는 초등학교 때 한국국제학교를 다
     닌 경험이 있으나 중·고등 과정은 중국 로컬학교 졸업했다.

9   이들은 다롄에 거주하며 한국 관련 공공기관 대표로 다롄한국국제학교를 둘
     러싼 재외국민 교육의 현황을 객관적으로 설명해줄 수 있다고 판단되었다.

면담자	성별	나이	직업 (배우자)	자녀	거주 기간	면담 장소	면담 시기	비고
A-5	여	47	주부 (주재원)	고1(여), 대2(여)	9년	학교 면담실	2015	
A-6	남	53	현지 채용 (주부)	고3(여)	14년	업무 사무실	2015	
B-1	여	41	주부	초4(여), 중1(여), 중2(여)	4년	다롄 커피숍	2015	
B-2	여	50	주부	대2(여), 대1(여), 고2(남)	6년	다롄 커피숍	2015	
B-3	여	49	주부	대3(여), 대1(여), 고1(남)	6년	다롄 커피숍	2015	
B-4	남	49	사업 (주부)	대1(남), 대1(남)	16년	서울 커피숍	2014	
B-5	여	42	주부(사업, 한국 거주)	중2(남), 초6(남)	9년	다롄 커피숍	2015	
B-6	여	48	교육업	대4(여), 대2(여), 대1(남)	6년	다롄 커피숍	2015	입시학원 원장
B-7	여	49	주부(사업)	대2(여), 대1(여)	7년	다롄 커피숍	2015	
C-1	남	47	교사(교사)	초6(여),중2(남)	5년	학교 교무실	2014	파견
C-2	남	48	교사(주부)	초5(여), 중2(남)	8년	학교 교무실	2014 2015	현지 채용
C-3	여	50	교사(휴직)	대2(여), 고3(남)	2년	학교 교무실	2015	파견
C-4	남	45	교사(교사)	고2(남), 중2(여)	1년	학교 교무실	2015	파견(텐 진, 자카 르타 경 험
C-5	여	50	교사(사업)	고3(남)	7년	학교 교무실	2014	파견
C-6	남	45	교사(주부)	중2(남), 고1(여)	3년	학교 교무실	2015	파견
D-1	남	18	학생	고3	7년	다롄 커피숍	2014	A-1 자녀
D-2	남	17	학생	고2	13년	학교 면담실	2014	
D-3	여	16	학생	고2	9년	다롄 커피숍	2015	학생회장
D-4	남	19	학생	대1	16년	다롄 커피숍	2015	B-4 자녀
E-1	남	50	공공기관		17년	사무실	2014	한인회
E-2	남	47	공공기관		2년	사무실	2015	경제 관련

A: 다롄학국국제학교 학부모. B: 다롄한국국제학교 이외의 학부모. C: 다롄한국국제학교
교사. D: 다롄한국국제학교 학생(단 D-4는 예외). E: 다롄 공공기관 대표

 다롄연구: 초국적 이동과 지배, 교류의 유산을 찾아서

Ⅱ. 재중 한국국제학교의 현황과 특성

1. 재중 국제학교 유형과 유학생의 학교 선택

중국에서 국제학교 개념은 네 가지 유형이다. 첫 번째는 '외교관자녀학교外交人員子女學校'이다. 근대 개념의 외교관자녀학교는 1975년 주중 미국 대사관이 대사관저 한편에 8명의 학생과 2명의 교사로 이루어진 교육기관을 세운 것이 처음이다.[10] 두 번째는 '외국인자녀학교外籍人員子女學校'이다. 1995년 4월 「중화인민공화국 국가교육위원회 외국인자녀학교의 잠행관리 방법」이 반포되었는데, 이 법에 근거해서 중국 내 외국인 자녀들을 대상으로 하는 학교가 설립되었다. 이에 따라 외교관자녀학교에 비해 학생 모집 범위가 해외기구, 외자기업, 국제조직에 적을 둔 부모의 자녀로 확대되었다. 다롄한국국제학교도 이 법에 근거해서 2003년에 설립되었는데, 중국에서는 2006년을 전후하여 많은 외국인자녀학교가 세워졌다.[11] 이 밖에 다른 두 유형은 대만동포자녀학교台灣同胞子女學校와 홍콩마카오출신자녀학교港澳籍人員子女學校이다.

중국에서 한국인 초·중·고 학생들이 다니는 학교는 대개 세 가지 유형이다. 첫 번째는 중국 교육부가 허가한 '외국인자녀학교'[12]에 다

---

10 역사를 거슬러 올라가면 신중국 성립 이전에 독일이 세운 교육기관이 있었으나 1946년에 문을 닫았다. 그 후 1978년에 다시 문을 열었는데, 당시는 독일 학생만 모집한 것이 아니라 독일어로 교육하는 교육기관의 의미가 컸다.

11 滿都拉, 『國際學校擇校指南』, 北京: 淸華大學出版社, 2014, 14頁.

12 중국은 외국인자녀학교(外籍人員子女學校) 외에 외교관자녀학교(外交人員子女學校), 대만동포자녀학교(台灣同胞子女學校), 홍콩마카오출신자녀학교(港澳籍人員子女學校)를 국제학교(International School)로 분류하고 있다.--본문과 중복 삭제함이 어떨지요?

니고 경우로, 통칭 '국제학교International School'라 불리는 학교들이다. 중국 교육부가 2012년 11월 21일 발표한 외국인자녀학교 명단Foreign workers children school list[13]에 포함된 학교는 모두 116개이다. 외국인자녀학교를 세우는 주체는 한국국제학교처럼 해당 국가의 교육기관도 있지만, 중국에 합법적으로 세워진 외국 기업이나 국제조직 등도 있다.[14] 그중 한국 학생들이 선택하는 학교는 미국, 캐나다 등 영어권 국제학교가 대부분이다.

두 번째는 중국의 일반 학교 중에서 외국 학생을 받을 수 있게 허가 받은 학교이다. '로컬학교'라 불리는 이런 학교는 중국 학생들이 다니는 일반 학교 가운데 외국 학생을 받을 수 있는 학교接收境外外國中小學生學校 허가를 받은 곳이다. 예를 들어, 각 시(성)별 교육국 사이트에는 외국 학생을 받을 수 있는 학교 명단을 공개하는데, 베이징의 경우 3개 대학(베이징, 칭화, 런민人民) 부속학교를 비롯해서 90여 개 학교가 있다.[15] 이들 학교에 다니는 학생은 두 종류로 나뉜다. 하나는 외국 학생들만을 위해 별도의 반을 개설하여 만든 '국제반'이고, 다른 하나는

---

13 가장 먼저 생긴 외국인자녀학교는 1995년 설립된 상하이독일학교(上海法國學校, 7월 31일), 광저우일본학교(廣州日本人學校, 6월 13일), 우시신구국제학교(無錫新區國際學校, 8월 24일)이다. 1995년 독일계와 일본계 학교가 세워진 이래 미국계, 캐나다계, 홍콩계, 싱가포르계, 오스트리아계 학교 등이 세워졌다. 한국국제학교로는 베이징한국학교(北京大韓學校)가 1998년 5월 28일에 문을 열었다.

14 중화인민공화국 국가교육위원회 외국자녀학교의 잠행관리법(中華人民共和國國家教育委員會關於開辦外籍人員子女學校的暫行管理辦法)에 의거한다.

15 베이징시의 외국인 학생 받을 수 있는 학교 초·중·고교 명단(北京市接收境外外國中小學生學校名單).

중국 학생들과 함께 수업하는 '차빤挿班'[16]이다. 규모가 큰 학교일수록 국제반을 별로도 운영하는 경우가 많지만, 이 둘은 모두 장단점이 있다. 최근 중국의 여러 도시에서는 외국 학생을 받을 수 있는 학교 제한을 풀고 있는데, 베이징시는 2003년부터, 상하이시는 2008년부터 모든 학교를 외국인에게 개방했다(양안순, 2011a).

세 번째는 중국 교육부가 허가한 '외국인자녀학교'인 한국국제학교에 다니는 경우이다. 한국학교는 1998년 베이징한국학교가 처음 문을 연 이후 2015년 3월 1일 기준으로 중국 전역에 12개교[17]가 세워졌으며, 재학생 수는 2015년 6,527명으로 2014년 5,919명에 비해 608명(10.3%)이 늘었다.

표2 중국 내 한국국제학교 현황(2015년 3월 1일 기준)

	상하이	베이징	톈진	칭다오	옌타이	우시
학생수(명)	1398	1140	910	724	673	507
설립연도	1999	1998	2001	2006	2001	2006
	다롄	선양	광저우	홍콩	쑤저우	옌볜
학생수(명)	318	226	212	186	121	112
설립연도	2003	2006	2014	1988	2014	1998

출처: 교육부, 2015.

---

16 사전에는 '편입'이라고 풀이되어 있지만 유학생이 중국 학생들과 동등하게 수업을 받는 상황을 말한다.

17 12개 학교는 베이징한국국제학교, 톈진한국국제학교, 상하이한국학교, 우시한국학교, 쑤저우한국학교, 옌타이한국학교, 칭다오칭원한국학교, 다롄한국국제학교, 선양한국국제학교, 옌볜한국학교, 홍콩한국국제학교, 광저우한국국제학교이다.

한편, 해외에 설치된 한국국제학교는 2015년 3월 기준으로 15개 국 32개교이다. 그중 중국이 12개교로 가장 많고, 일본에 4개교, 타이 완·베트남·사우디아라비아에 각 2개교, 러시아·싱가포르·태국·필 리핀·인도네시아·파라과이·아르헨티나·브라질·이란·이집트에 각 1개교씩 운영 중이다. 한국국제학교는 고등교육기관 진학을 목표로 하는 학생들이 다니는 학교로, 대부분 유치원부터 고등학교까지 14년 의 교육 과정이 단일 학교에서 이루어진다. 이곳에 다니는 학생들은 국제교육기관에서 유학하는 학생으로서의 위상을 가지면서 동시에 대 한민국 교육법에 의해 한국의 초·중·고 기본 교과 과정을 배우는 '자 랑스러운 한국인'으로의 자세를 배우고 있다.[18]

해외 한국국제학교 가운데 중국과 베트남의 한국국제학교 학생 수 의 증가가 많은 편이다. 중국은 2014년 광저우에 한국국제학교가 설 립되면서 12곳으로 늘었으며, 학생 수도 2014년 5,919명에서 2015년 6,527명으로 608명(10.3%) 늘었다. 하노이와 호찌민에 있는 한국국제 학교 역시 2015년 2,353명으로 2014년보다 301명(14.7%) 늘었다. 호 찌민국제학교는 최근 5~6년간 학생 수가 급격히 늘어나 현재 1,513명 이 재학 중이다. 이는 한국뿐만 아니라 중국에서 전학 오는 비율이 높 아졌기 때문이라고 한다.[19]

---

18 다롄한국국제학교를 비롯한 대부분 한국국제학교 설립 목적에는 "…장차 국 제사회의 일원으로 활동할 수 있는 자랑스러운 한국인을 기르는 데 있다"고 명시되어 있다.

19 2014년 호찌민한국국제학교에 근무하다 2015년 3월 1일자로 다롄한국국제 학교로 전근 온 교사와의 인터뷰 중에서.

2. 다롄한국국제학교 현황과 특성

다롄한국국제학교Dalian Korean International School는 외교관자녀학교와 외국인자녀학교 기능을 동시에 수행한다. 이 학교는 2004년 3월 10일 제1회 초등학생 28명과 10명의 초등교사와 원어민 교사로 출발했으며,[20] 2005년 중등 과정이 증설되었다. 교육 과정은 한국의 7차 교육 과정을 기초로 하여 국제학교의 특성을 반영하는 내용으로 구성·운영되고 있다. 2015년 3월 현재 318명의 학생과 70명의 교직원이 있다.

다른 지역도 마찬가지지만 재외 한국국제학교가 겪는 공통의 난제 중 하나는 교사校舍의 안정적인 확보이다.[21] 중국에서 적정비용에 안정적으로 임대할 건물을 찾기가 어렵기 때문에 한국국제학교들은 대개 건물 신축을 선호한다. 그런데 한국의 학교와 달리 재외 한국국제학교가 교사를 신축하려면 정부의 '매칭펀드matching fund' 원칙에 따라 현지에서의 자금 조달이 먼저 이루어져야한다.[22] 이 학교도 2005년 교

---

20 다롄한국국제학교는 교육부의 「재외국민의 교육지원 등에 관한 법률」에 근거해 설립된 교육기관이다. 이 학교는 2002년 당시 새로 구성된 다롄한국인회(회장 최용수)가 핵심 사업으로 '재외국민 자녀들이 교육을 담당할 교육기관 설립'을 제안하면서 시작되었다.

21 "임대 사용하고 있던 학교 건물 주인이 느닷없이 '일주일 이내 강제 이전'을 통보할 때 '무슨 일인가' 하고 둥그런 눈동자를 굴리는 아이들이 먼저 보였습니다. 사실은 어른들의 당황스러움이 더 컸지만 먼저 아이들을 안정시켰습니다. 그리고 정부를 방문하여 상의하고 협조를 구한 결과 1년이라는 시간을 연장할 수 있었지만, 이 일을 계기로 한국 건물 신축을 절실하게 느끼게 되었습니다."『다롄한국국제학교 10년사』, 52쪽의 전임 행정실장의 글.

22 "공사는 진행되고 공사비 중간 지불 날짜는 다가오는데 통장은 거의 바닥을 치고 있었다. 교과부에서는 신축 규모 과대 수립 책임을 따지는데, 모금 가능성과 학생 증가 추세의 설득력은 약했다."『다롄한국국제학교 10년사』, 50쪽의 제2대 교장선생님 글.

그림2 다롄한국국제학교 저학년 중국어수업

사 신축 논의를 시작했으나, 세계 경제 위기 속에서 다롄의 한국 대기업의 도산과 불경기가 지속되면서 애초에 계획했던 건축 기금 모금이 큰 영향을 받았다. 결국 다롄 한국 기업과 자영업자들의 기부와 바자회 진행, 그리고 학부모들이 힘을 보태서 2011년 11월 8일에야 준공하게 되었다. 이때 소요된 건축 기금 86억 원 가운데 한국 정부 지원금은 57.8%였고 현지모금이 42.5%였다.

한편 다롄한국국제학교 입학 규정에는 입학 자격을 "가. 입학 연령 해당자로 적합한 교육 과정을 이수한 학생(신입생). 나. 학령에 적합한 교육 과정을 이수한 학생(편입생). 다. Z비자工作簽證 또는 X비자學習簽證 등에 따른 거류 허가증이 있는 부 또는 모가 한국 국적인 학부모의 자녀"로 정하고 있다. 즉, 다롄에 진출한 한국 기업 주재원이나 다롄에서 경제활동을 하는 부모의 자녀들을 주 대상으로 하고 있다. 이 가운데 다항 "부 또는 모가 한국 국적인 학부모의 자녀"라는 항목이 있다 보니, 최근 점점 느는 다문화가정을 반영하듯 부모 중 한 사람이 중국인인 경우도 적지 않다.

초등학고 4학년 때 어머니가 돌아가시고 아버지가 재혼하셨어요. 재
혼한 분은 중국분(한족)인데, 지금은 한국어를 열심히 배우서서 중국
어와 한국어를 섞어 쓰지만 처음에는 말이 전혀 안 통했죠. 다롄한국
국제학교에 다니다보면 선생님들이 아빠 엄마처럼 느껴질 때가 있어
요. 제 말도 잘 들어주고 또 여러 가지 조언도 해주시니까요.(D-3)

이 학생에 의하면, 의류 관련 무역업을 하는 아버지는 늘 바빴고
어머니와는 대화가 안 되는 상태에서 다롄한국국제학교에서의 생활은
중국 생활에서의 해방구 같았다고 한다. 이 학생은 얼마 전에는 전교
회장 선거에 나와 당선되기도 했다. 예전 경험에 비추어 회장 선거에
서 어머니의 역할이 매우 중요한 것 같아서 포기하려 했으나, 그런 자
신을 야단치며 포기하지 말라고 용기를 북돋워준 사람이 학교 선생님
이었다.

'엄따'라고 하죠. 엄마들끼리 따돌리는 현상을요. 한국에서 중국인을
비하하고 낮게 여기는 현상은 여기서도 똑같아요. 아이러니하게 아버
지는 한국인이고 어머니는 중국인인 경우보다 아버지가 중국인이고
어머니가 한국인인 경우에 주변의 따돌림이 심해요. 사실 경제적 여유
로움은 부부가 한국인의 경우보다 훨씬 클 수 있는데, 중국인에 대한
비하 현상에 그렇게 나타나는 거예요.(C-6)

중국 교육제도에서 다롄한국국제학교는 외형상 해외 공관 근무자
및 사업자 자녀들을 대상으로 한 교육기관이지만 내용적인 면에서는
또 다른 역할을 수행하고 있다. 즉, 언어가 단지 언어만의 문제가 아니
듯이, 모국어를 통한 정서적 안정 그리고 한국인 교사와 주고받는 소
통과 교감은 교육기관 이상의 역할을 하고 있는 것이다.

표3 2014~15년 다롄한국국제학교의 주요대학 합격현황

2014년도 주요 대학 합격 현황				2015년도 주요 대학 합격 현황			
대학명	입학생수	대학명	입학생 수	대학명	입학생 수	대학명	입학생 수
건국대	1	성균관대	1	건국대	9	세종대	1
건양대	1	아주대	1	경희대	8	숙명여대	4
경희대	3	연세대	2	고려대	4	이화여대	3
고려대	4	이화여대	1	국민대	4	중앙대	6
단국대	1	인하대	1	단국대	3	한국외대	3
동국대	3	중앙대	4	동국대	3	항공대	2
명지대	1	한양대	2	성균관대	1	한양대	9
서강대	1			성신여대	3	홍익대	2

출처: 다롄한국국제학교 소개 팸플릿, 2015.

한국국제학교는 이러한 교육기관 이상의 역할도 하지만, 학부모가 가장 우선시하는 것은 대학교 입학률이라는 사실을 부정할 수는 없다. 이런 면에서 다롄한국국제학교는 높은 국내 대학 합격률을 보이고 있다. 이 학교는 2014~2015년 대입에서 약 80% 이상이 한국의 수도권 대학에 입학했다. 이는 다롄한국국제학교가 중국 12개 한국국제학교 중에서 상위권에 속하는 점을 감안한다 해도, 한국의 어떤 고3 학생과도 비교할 수 없이 좋은 진학 성적이다, 이것은 한국 입시 현실에 비추어 외국 소재 국제학교가 대입에서 유리한 고지에 있는 점을 분명히 보여주고 있다.

Ⅲ. 명문대 입학을 위한 유학 교육의 분투

1. 재외국민 특별 전형 조건을 확보하기 위한 노력

외국에서 재학 중인 학생은 재외국민으로 분류되는데, 대학 입학 전형

을 기준으로 볼 때 ①해외근무 공무원의 자녀, ②해외 근무 상사 직원[23]의 자녀, ③외국 정부 또는 국제기구 근무자[24]의 자녀, ④기타 재외국민으로 나뉜다. 기타 재외국민 중에는 자영업자, 현지법인 취업자, 선교사, 해외 파견 교직원, 유학생 등이 포함된다. 한국 학교와 공통점이라면 제7차 교육 과정에 따른 교육을 받는다는 것이고, 다른 점은 대학 입시에서 '재외국민 전형'에 응시할 수 있다는 것이다. 소위 '특례(입학)'라 불리는 '재외국민 및 외국인 특별전형'은 대학 자율로 실시하는데, 입학 정원의 2% 이내 모집과 입학 정원의 제한 없는 모집으로 나뉜다. 재외국민 특별전형은 매년 7월에 실시하는데, 2016년의 경우 정원의 2% 이내 모집·선발 대학은 133개교에 4,605명이다. 재외국민 전형에 입학이 허용되는 최소한의 외국 거주기간은 27개 대학[25]이 2년 6개월로 정하고 있고, 16개 대학은 자체 설정,[26] 92개 대학[27]은 입학 허용 기간을 제한하지 않는다. 한국국제학교에는 입학 정원 2% 내 재외국민 특별전형에 응시할 수 있는 학생 외에도 2% 입학 정원 제한과 무관하게 모집하는 '소위 12년 특례' 대상자도 적지 않다. 이들은 해외에서 한국 초·중·고 교육에 상응하는 교육 과정(12년)을 연속적으로 모두 이수해야 하는데, 지원 자격 심사 대상자는 학생 본인이지만 대학에 따라서는 보호자의 거주 및 체류기간에 제한을 두기도 한다.

------

23   정부 파견 의사, 언론기관 특파원 포함.

24   교육, 연구, 출장 형식의 단기 근무자는 제외.

25   고려대, 경희대, 이화여대 등.

26   2년 6개월보다 짧기도 하지만 대개는 좀 더 길다. 한양대, 연세대, 한동대 등.

27   한국외대(서울, 세종), 홍익대(서울, 세종), 건국대(글로컬), 동국대(서울, 경주) 등.

특례 입학은 성적도 중요하지만 '재외 체류시간'이 절대적인 조건이 된다. 즉, 재학 기간 규정에 "고등학교 과정 또는 고등학교 과정을 포함하여 재학한 2년 이상의 해외 재학 기간을 말한다. 출입국이 빈번하여 2년 이상 계속 재학하지 않은 경우는, 고등학교 과정 1년 이상을 포함하여 통산 3년 이상의 중등학교 과정에 재학한 경우는 2년 이상 계속하여 재학한 것으로 본다"고 명시되어 있다. 결국 고등학교 과정이 포함된 2년 이상을 해외에서 체류해야 하는데, 몇 달 차이로 이 기간을 맞추지 못하는 경우도 있다. 이런 상황은 '12년 특례'일 경우 더욱 심하다. 물론 상위권 대학은 특례 입학도 경쟁이 치열하지만 '12년 특례'로 대학에 입학할 경우 서울대를 포함하여 고려대·연세대 등은 모두 서류 전형으로 선발하기 때문에, 상대적으로 입학이 쉬운 특례 입학에서 해외 체류기간은 절대적으로 중요한 의미를 가진다.[28]

그런데 STX처럼 회사가 갑자기 부도가 나서 회사 직원 자녀들이 이 기간을 채우지 못하게 되면, 어쩔 수 없이 학생을 현지에 남겨두는 상황이 발생하게 된다.[29] 결국 어떤 조건에 견주어도 국내 대학 입시에 비해 현저히 쉬운 '특례 조건'은 다롄의 STX 직원들이 부도 이후에도 회사를 그만두지 못하고 쉽게 귀국할 수 없을 정도로까지 영향을 미치

---

28 3년 특례에 이르러도 고려대는 인문계의 경우 지필고사 없이(자연계는 수학 시험) 서류 70%+면접 30%만 본다. 연세대는 자기소개서+면접, 서강대는 100% 자기소개서 전형이다. 한양대, 이화여대, 중앙대, 경희대 등은 지필고사를 보지만 수능 교과목 수와 난이도에 비할 수는 없다. 물론 상위 그룹으로 몰리는 현상 때문에 상위 그룹에 속한 대학의 입시 경쟁은 매우 치열하다.

29 다롄한인회에서는 2015년 3월 한 달간 다롄한국국제학교 저소득층 학생들을 지원하는 모금을 해 적지 않은 성과를 거두었다. 그만큼 저마다 필요한 기간 동안 다롄한국국제학교에 자녀를 보내는 학부모를 이해하기 때문이다.

대학명	모집 시기	전형방법	자기소개서	필답고사	면접
서울대	2015. 6. 1~7. 9	서류 100%	○	×	×
고려대	1차 7. 7~7. 23 2차 9. 22~10. 22	서류 100%	○	×	×
연세대	2015. 7. 1~7. 3	서류 100%	○	×	×
서강대	2015. 7. 1~7. 3	서류 100%	○	×	×
한양대	2015. 7.1~ 7.3	필기 100%	×	×	×
이화여대	2015. 7. 1~7. 4	서류 100%	○	×	×
중앙대	2015. 7. 1~7. 3	필기 100%	○	×	×
성균관대	2015. 12. 7~12. 11	서류 100%	○	×	×
한국외대	2015. 7. 1~7. 4	필기 100%	×	○	×
경희대	2015. 7. 1~7. 3	일괄 합산	○	×	○

고 있다.

STX다렌조선[30]의 도산이 다롄 경제에 미친 영향이 컸어요. 다롄한국국제학교 학부모 중에는 STX에 다니거나 계열사 직원들이 많았는데, 몇 달째 월급도 못 받으니 직장을 그만두거나 빚더미에 앉아야 했

---

30 2007년 STX그룹이 다롄에 약 3조 원을 투자해서 만든 초대형 조선소이다. STX다롄건설, STX다롄엔진 등 13개 계열사와 40여 개 협력업체의 투자 규모까지 더하면 투자금액은 4조 원이 넘는다. 2008년 글로벌 금융 위기 이후 불황이 이어지고 STX그룹이 유동성 위기에 빠지면서 2013년 4월부터 조업이 중단되었다. 2013년 12월 12일 49개 협력업체 대표들은 기자회견을 열고 "1년 넘게 1,000억 원에 이르는 납품대금을 받지 못해 연쇄 부도 위기에 놓여 있다. 현지 한국 기업에 재직하고 있는 2,000여 명의 실직은 물론, 다롄에 거주하는 약 3만 명의 한인 사회 역시 붕괴 기로에 있다"고 성토했다. STX의 한 직원은 "6개월 이상 임금이 체불돼 경제적 사정으로 직원들이 자녀 학비를 못 내는 건 물론이고 친인척에게 돈을 빌려 생활하고 있다"고 말했는데, 그들 직원 대부분은 다롄한국국제학교 학부모였다.

죠. 당시 다롄한국국제학교에서 빠져나간 학생 수는 약 90명이나 됩니
다.(C-1)

회사의 부도로 많이 어려워졌는데, 그래도 자식에게만큼은 특례 기회
를 주기 위해서 아이만 두고 부모님은 한국 들어가 육체노동을 해서
학비를 보내는 경우도 있었어요.(C-2)

친구들이 한 명 한 명 전학 갈 때마다 같이 울었던 기억이 나요. 한 친
구는 아빠 따라서 웨이하이威海로 갔다가, 거기서도 아빠 월급이 안 나
와서 다시 한국으로 갔어요. 다른 한 친구는 부산으로 갔는데, 자기는
특례가 되는데 동생이 특례가 안 되어 미안하다고 전화하면서 울더라
고요. 한국 입시에 비하면 중국에서 준비하는 특례 입시는 '천국'이니
까 그렇게 알고 열심히 하라고도 했어요.(D-3)

회사가 도산된 이후 나타나는 양상을 다양하지만, 당시 근무지가
중국인 STX 직원들은 좀 특별했다. 당장 회사를 그만두고 한국으로
들어오고 싶었지만, 그럴 경우 자녀의 교육문제 특히 특례 입학과 연
관되어 있어 쉽게 결정할 수 없었던 것이다. 왜냐하면 상위권 대학의
경쟁은 한국 내 입시 못지않게 치열하지만 중위권 대학으로 내려오면
서 '숟가락만 뜰 줄 알고 자기 이름 석자 쓸 줄만 알면'이라는 말이 나
올 정도로 수월한 것이 현실이기 때문이다. 상황이 이러다 보니 서류
를 위조해 자신이 중국에서 주재원으로 근무한 것처럼 꾸미거나 자녀
가 중국에서 학교를 졸업한 것처럼 조작해 자녀를 국내 대학에 입학시
킨 학부모 60여 명이 검찰에 적발되는 일이 벌어지기도 했다.[31]

---

31   조미덥, 「법원·검찰, 중국서 재외국민 특례입학 악용 60여 명 적발」, 『경향

ㄱ씨(49, 여)는 몸이 아픈 노인들을 돌보며 번 돈으로 중국에서 공
부하는 아들을 뒷바라지했다. 아들은 중국에서 중·고등학교 과정을
마치고 2009년 대학 입시를 준비했다. ㄱ씨는 각 대학의 특별 전형 중
에 국내 기업의 해외 주재원 자녀에게 주는 혜택이 있음을 알게 됐다.
ㄱ씨는 같은 교회를 다니는 회사 임원에게 부탁해 아들이 중국에서 공
부한 2004년부터 2009년까지 그 회사 중국 주재원으로 근무한 것처럼
재직증명서를 위조했다. 아들을 보러 가끔 중국에 갔기 때문에 관련된
출입국 기록을 꾸미는 것은 어렵지 않았다. 이를 이용해 ㄱ씨의 아들
은 ㄴ대학에 합격했다.[32]

기사에서 언급되었지만 그간 해외 특례 입학 비리는 돈 많은 특권
층에 해당되는 이야기지만, 중국의 경우 요양보호사부터 일용직 노동
자, 시내버스 운전기사, 부동산 중개사, 자영업자 등 자녀를 좋은 대학
에 보내고 싶은 '보통' 사람들이 많다.

처음 중국에 올 때는 막연히 다 중국 학교에 다니는 거로 알았는데, 와
서 보니 한국국제학교가 있고 특례 제도가 있는 걸 알았어요. 처음에
는 얼마나 있을지 잘 모르는 상황이라 한국 학제를 유지하는 게 좋겠
다 싶어 한국국제학교를 택했는데 대학 진학까지 하게 되었네요.(A-1)

H대 기계시스템디자인과를 원했지만 실패하고 K대 컴퓨터공학과
에 15학번으로 진학한 A-1의 아들은, 다롄한국국제학교를 다니는 동

신문』 2012년 7월 11일.

32   조미덥, 「법원·검찰, 중국서 재외국민 특례입학 악용 60여 명 적발」.

안 학생회장을 할 정도로 활발하게 생활했다. 아쉬운 마음이 없지는 않지만 한국의 다른 학생들과 비교해볼 때 매우 유리한 위치에서 대학 진학을 할 수 있어서 무엇보다 감사하고 있다. 아버지가 다니던 직장이 부도가 났을 때는 행여 아들이 특례가 안 될까봐 쇼크로 쓰러지기까지 했다는 A-1씨는 그 후 주재원 자녀가 응시하는 '특례 A형'은 아니지만 사업자 자녀가 응시하는 '특례 B형'이 있다는 걸 알고 안도했다고 한다. 두 딸을 S여대 미디어학과(14학번), K대 중문과(15학번)으로 입학시킨 A-2는 고2인 막내아들의 특례 입학을 위해 '기러기가족'을 택했다. 초기에는 가족이 함께 있었으나 2010년 아버지가 다니던 회사가 부도나면서 아버지는 한국으로 귀국해 다른 사업을 시작했다. 하지만 막내는 중국에서 10년을 살았던 터라 한국 고등학교에 적응하기가 힘들 것이라 판단해 할 수 없이 엄마가 인근 대학에 언어연수생으로 등록하여 학생비자를 유지하면서 머지않은 아들의 대학 입시를 준비하고 있다.

> 이대로 고등학교에 가면 담임선생님이 아이 이름이나 한번 불러줄까
> 라는 생각이 들었어요.(C-3)

그 스스로 사범대학을 졸업하고 줄곧 교직에 몸담았기에 상위 10%에 들지 않으면 존재감조차 없는 한국 교실의 현실을 너무 잘 알고 있다는 C-3의 아들은 큰딸과 다르게 학업성적이 좋지 않았다. 그런 아이에게 좀 더 나은 교육환경을 제공해주고 싶었고 또 영어과 교사였기에 평소 해외생활에 대한 열망이 있던 탓에 쉽게 중국 유학을 결정할 수 있었다. 이렇듯 한국국제학교를 선택하는 이유는 다양하지만, 결국 자녀가 좋은 대학을 나와 안정된 직장과 중산층 신분을 유지할 수 있

기를 바라는 부모의 열망, 즉 교육이 여전히 계층 상승 내지 유지에 중요한 기능을 한다는 믿음의 실행이라는 데는 이론의 여지가 없어 보였다.

표5 다롄 지역 한국국제, 중국 로컬, 영미권 국제학교 연간 학비 비교 (단위: 위안)

	초등학생	중학생	고등학생	참고사항
로컬학교	1,500	1,500元	25,000/3년	중국 학생과 동일
한국국제학교	18,000	23,000	27,000	입학금 8,000위안
풍엽국제학교 (캐나다계)	80,000	96,900	48,700	신청비, 공증비, 보험비, 교복비 별도
미국 국제학교	144,500	137,645	137,645	기숙사, 세탁, 식사 간식 방과 후 활동 주말활동비 별도 132,000위안

*인터뷰와 자료를 근거로 편집자 구성

한편 재외국민 자녀를 대상으로 하는 한국국제학교에 대한 정부 지원금은 20% 전후이고, 나머지 비용은 현지에서 조달해야 하기 때문에 이들 학교의 학비는 높을 수밖에 없다. 다롄한국국제학교의 1년 수업료는 초등학교 18,000위안, 중학교 23,000위안, 고등학교 27,000위안으로 다롄 내 영어권 국제학교와 비교했을 때는 현격히 싸지만, 의무교육인 국내 상황과 비교했을 때 현지인의 불만이 많은 것은 상당히 합리적 이유가 있어 보인다.

2. 다롄한국국제학교 선택

1) 한국인 정체성 인식

아이가 중학교 2학년 때 연평해전이 일어났어요. 유치원부터 쭉 중국 로컬학교만 다니던 아이는 처음으로 한국을 자신의 눈으로 바라볼 수 있는 기회가 되었던 거죠. NLL(북방한계선) 등을 막 찾아서 공부하더니 해군사관학교를 가고 싶다는 거예요.(A-6)

그 반에 한국 학생이 있다는 생각을 전혀 하지 않은 중국인 역사 선생님이 객관적으로 문제를 바라본다고 한 설명이 한국 학생의 정체성을 자극했다. 즉, 남한에 문제가 있어서 그런 일이 벌어지게 되었다는 설명이, 이제까지 자신의 정체성에 대해서 한 번도 고민하지 않았던 아이에게 큰 혼란을 준 것이다. 그해 중국 로컬학교에서 다롄한국국제학교로 옮긴 그 학생은 해군사관학교에 입학하려 했으나 신체 검사 기준에 미달하여 현재 일반 대학 정치외교학과를 목표로 입시를 준비하고 있다. A-6의 자녀는 의지와 동기가 매우 뚜렷한 경우이지만, 대개는 막연히 '한국인으로 한국 교육을 제대로' 받아야 한다는 생각에 한국국제학교를 택한다. 하지만 조금 더 내면 깊숙이 들어가면 한국 대학 진학에 유리한 고지라는 점 때문에 선택한 것을 간과할 수 없다.

> 뿌리가 한국인이니 한국 대학에 가는 게 좋겠다고 생각했어요. 애들도 한국 대학에 가기를 원했고요. 무엇보다 한국 학교가 분위기가 편한 것에 비해 중국 학교는 아침 6시 30분까지 등교해야 하고 분위기도 딱딱하고 무엇보다 역사·정치 등의 수업을 따라 하기 힘들어하더라고요.(A-2)

> 중국 학교에 다니려면 홍링진紅領巾[33]을 목에 매야 하고, 군사 훈련도 해야 하고, 매일 3천 미터씩 구보도 해야 해요. 또 중국 대학에 들어가면 중국 학생과 수업을 따로 받는다고 하더라고요.(A-2)

이를 보면 다롄한국국제학교를 적극적으로 선택한 경우(A-6의 자

---

[33] 붉은 삼각건. 중국소년선봉대(中國少年先鋒隊) 대원이 목에 두르는 것으로, 홍기(紅旗)의 일부를 대표하며 혁명 전통을 상징한다.

녀)도 있지만, A-2처럼 차선책으로 여유 있는 수업과 분위기를 통해 아이의 성장을 돕는 의미가 적지 않음을 알 수 있다. 아들 둘을 둔 B-4는 첫째 아들은 중국 대학(14학번)에, 작은 아들은 다롄한국국제학교를 통해 한국 대학에 진학시켰다. 명문대라기보다는 본인이 좋아하는 역사를 전공으로 택해 K대 국사학과(15학번)에 입학했다. 이 면접자는 중국이 G2로 부상하는 환경에서 자

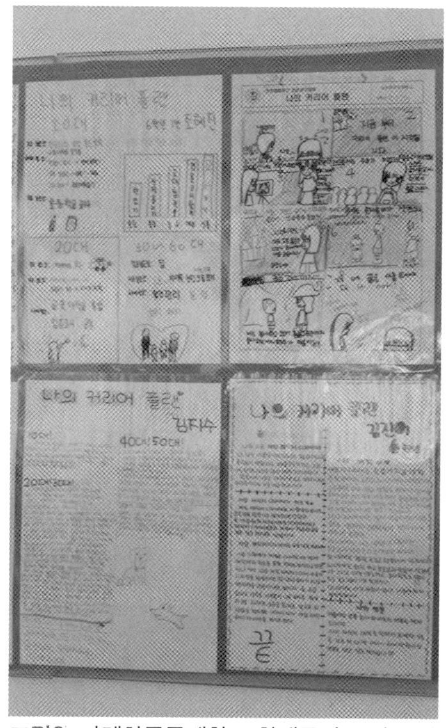

그림3 다롄한국국제학교 학생들이 그리는 나의 커리어플랜

식이 중국 교육을 통해 중국 전문가로 성장하길 바랐지만, 결국 아이의 성향과 본인의 선택이 중요한 것 같다고 말한다. 그래서 그는 아이들이 어렸을 때 가능한 한 중국 학교에 적응시키기 위해 많은 노력을 했다. 그런데 큰아들은 잘 적응했지만 작은아들은 버거워하고 힘겨워했다고 한다. 학생이 성장하면서 스스로 자신의 정체성을 찾고자 하는 경우와 부모가 자식에게 한국인 정체성을 심어주기 위해 의식적으로 한국국제학교를 보내는 경우가 있다. 면접 결과 정체성에 대한 인식은 부모의 학력과 관계보다는 민족에 대한 인식과 성향에 더 큰 영향을 받는 것을 알 수 있었다.

2) 정서적 안정과 한국어 교육

> 아이가 오스트리아에서 유치원을 다닌 후 우즈베키스탄으로 옮겨갔어
> 요. 우즈베키스탄에서 처음 한글학교에 가게 되었는데 "엄마, 이 나라
> 말은 너무 쉬워" 그러더라고요. 남편의 근무지에 따라 학교를 옮기다
> 보니까 아이에게 안정된 교육환경을 만들어주기가 힘들었어요. 남들
> 은 일부러 외국어 교육 환경을 만든다지만, 저희 아이들에게는 모국어
> 교육 환경을 만들어주는 일이 쉽지 않았죠.(A-3)

그 후 영어권 국제학교에 다니다 다롄한국국제학교로 옮기게 된
A-3의 아이는 고2가 되어 비로소 성적도 마음도 안정되었다고 한다.
외국인자녀학교로 설립된 다롄한국국제학교는 이처럼 어쩔 수 없는
선택에 의해 해외에서 교육을 받게 되는 아이들에게 국적교육을 시행
하는 곳으로도 의미가 있다. 국적교육을 통해 나를 제대로 의식하고
주체성을 가진 인격체로 키우는 것이다. 이렇듯 여러 나라를 돌아다니
는 직업을 가진 자녀들은 정체성의 혼란뿐만 아니라 언어 습득에서도
많은 스트레스를 받는다. 이런 경우 한국어와 일치된 한글 교육은 정
서적 안정과 학습동기 부여에 상당히 긍정적으로 작용하기 때문에 한
국국제학교를 보내기도 한다.

> 한국에서는 한 학년이 15반인데 7명의 수학 선생님이 나누어 가르쳤
> 어요. 이곳에서는 한 학년을 저 혼자 가르치고 평가하니까 훨씬 자율
> 적이죠. 한국 대학으로 진학하고자 했는데 실패한 경우는 이제까지 한
> 명 정도? 그러다보니 아이들과 교사들 간에 훨씬 여유가 있어요. 아이
> 들이랑 크게 싸우지 않으면서 수업을 할 수 있는 거죠. 하지만 이곳에
> 오래 있으면 한국의 교직문화에 적응하지 못할까 두려워 그만 돌아가

려고 합니다.(C-1)

한국 교육제도에서 비켜나 있어 상대적으로 자율적이며, 그러다 보니 다양한 교육방법을 적용할 수도 있었다는 C-1은 아이들에게 인기가 매우 높은 선생님이다. 그는 우연히 '공동육아 하는 아버지들 모임'에 나갔다가 해외 근무제도를 알게 돼 지원해서 2011년부터 2015년 초까지 만 4년을 근무했다. 그는 전에 학생들과 수학여행 할 때 중국어나 영어를 자유롭게 구사하는 걸 보면서 부러웠다. 그래서 자신의 해외 근무가 현재 중학생과 초등학생인 자식들이 외국에 대한 두려움을 떨치는 계기가 되기를 바라는 마음도 있다. 이 사례는 자신이 국내 학교의 조직문화를 피해 중국으로 건너와 한국국제학교 교사로 생활하면서 자녀를 그 학교에 보내는 경우이다. 이 사례는 한국국제학교 재직 교사의 대부분이 교육 내용과 시스템에 어느 정도 만족하고 있다는 것을 말해준다.

3) 한국어와 현지 언어 강조 입시 경향

학부모 중 아버지들을 상담해보면 알 수 있어요. 총체적인 불안감을 가지고 있죠. 아버지는 시류를 몸으로 느끼고 있거든요. 이런 표현이 적절할지 모르겠지만 오늘밤 엄청난 파도가 밀려온다는 일기예보를 들은 채 바닷가에 나가 있는 느낌? 어머니들은 그나마 낫지만 역시 불안해하죠. 밤새 옆집이 파도에 휩쓸렸다는데 백사장은 고요하기만 하고. 아이는 백사장에서 모래 쌓기와 조개 줍기 놀이를 하다 불안해하는 엄마 아빠를 보면서 내가 지금 잘하고 있는 건가하는 역시 불안한 마음을 갖게 되죠.(C-2)

3년 전부터 고려대가 영어하고 중국어를 동일하게 취급하겠다는 입시안을 발표했어요. 예전에는 '영어는 기본적으로 하고 중국어를 하면 더 좋고'가 최선이었지만, 고려대 같은 상위권 대학에서 해당 국가 언어능력은 그게 어느 나라든 동일하게 취급하겠다고 나선 거예요. 학부모는 받아들일 수가 없는 거예요. "내가 그동안 아이 영어 교육에 들인 돈이 얼만데?' 하면서 말이죠. 한양대 인문계는 국어 시험 하나만 치르고 입학을 해요. 그래서 영어권 국제학교에 자녀를 보내고 있는 학부모들이 제일 싫어하는 학교가 한양대죠. (웃음) 국어 공부를 안 한 학생들은 한양대 접근도 못해요.(C-2)

다롄한국국제학교 근무하는 8년 내내 대학 입시만 전문적으로 상담해온 C-2는 다양한 직종에 종사하는 부모를 만나다보니 다양한 상황에 대해 듣고 종합할 수 있었다고 한다. 그러면서 드는 생각은 역시 '혼돈스러움'이다. 한마디로 미국으로, 캐나다로, 호주로, 동남아로, 심지어 인도까지 나가 교육을 받고자 했던 유일한 목적인 '영어 실력 향상'이라는 최고의 패러다임이 바뀌고 있다. 그렇다고 중국어가 그 대안인가? '중국어만 잘하면 잘 먹고 잘 살 수 있다'는 생각 역시 비현실적이다.

한국국제학교를 선택한 학부모는 한국의 입시제도가 변하면서 입시에서 유리한 측면이 있다는 공감대가 커지고 있다. 이는 중국 로컬학교를 다닌 학생보다 중국어가 약하기는 하지만, 국내 대학에 입학하는 데는 크게 작용하지 않는다는 현실을 반영하고 있다. 그러나 이들의 안심과 걱정은 동전의 양면과 같다. 한국의 교육을 받아 국내 대학에 잘 적응할 수 있다는 장점은 있지만, 중국어는 로컬학교 출신보다 못하고 영어는 영어권 국제학교 출신보다 못해 어정쩡한 위치에 있을 수 있다는 불안이 바로 그것이다. 그래서 이들은 흔들리고 갈등하는 불안 상태에서 완전히 벗어나지는 못하고 있다.

외국어 인증 시험은 일단 외국어를 잘하는 것도 중요하지만, 먼저 한국어가 중요한 것 같아요. 어휘력과 문장이해력이 학교에서 국어 공부하면서 그 감을 알아갔습니다.[34]

한국국제학교가 다롄에서 좀 더 적극적인 역할을 하려면, 중국어 교육을 더 강화해야 된다고 봐요. 한국 대학 입시 교육만 중요시하다보니 '중국'에 소재한 국제학교로의 특성을 살리지 못하는 것 같아요.(A-6)

다롄한국국제학교의 높은 입시 성적은 중국 로컬학교나 영어권 국제학교에서 전학 간 아이들이 중국어나 영어를 바탕으로 했기 때문에 나올 수 있는 결과라고 봐요.(B-6)

2015년 HSK 최고등급인 6급 중 300점 만점에 296점을 획득한 김지현 양은 A-6의 외동딸이다. 중국 로컬중학교 다니다 2학년 때 다롄한국국제학교로 전학했던 그가 받은 점수는 2014년 HSK 한국 최고득점에 가깝다. A-6은 이의 비결에 대해서 "중국 로컬학교에서 다롄한국국제학교로 전학한 이후에도 주말 과외를 통해 중국 로컬학교 국어교과서 전 과정을 마친 게 주효했다"고 말한다. 즉, 상대적으로 명사가 발달한 중국어에, 형용사와 부사가 발달한 한국어를 접목하면서 하고자 하는 표현이 훨씬 정확하고 풍부해졌다는 것이다.[35]

---

34 『다롄의 한국인』, 2015년 3월호, 14쪽.

35 HSK 중 가장 높은 단계인 6급은 5,000개 또는 5,000개 이상의 상용 어휘와 관련 어법 지식을 마스터한 학습자를 대상으로 한다. 이에 도달하는 것은

이는 다롄한국국제학교가 내세우는 교육방향에도 일치한다. 즉, 다롄에 위치한 국제학교로서 영어와 중국어 교육에도 적지 않은 시수를 활용하지만, 무엇보다 모국어를 기초로 모국어에 대한 풍부하고 깊이 있는 교육을 실시하는 것이다. A-6의 경우 아이가 다롄한국국제학교를 통해 좋은 교육을 받고 있는 건 사실이지만, 욕심을 내자면 중국 교육의 좋은 면, 중국 교육 내용의 긍정적인 면을 좀 더 접목시켰으면 하는 바람을 가지고 있다. B-6도 다롄한국국제학교가 한국 입시의 틀을 벗어나서 글로벌한 프로그램을 운용했으면 하는 희망을 내비친다.

3. 다롄한국국제학교 이외의 선택

1) 중국 로컬학교 선택

다롄에서 한국 학생은 한국국제학교가 아니면 중국 로컬학교를 택하거나 영어권 국제학교를 선택하는데, 이들 학교의 장점과 단점은 동전의 양면과 같다. 중국 로컬학교의 억압적이며 스파르타식 교육방식은 영어권 인터내셔널스쿨의 자율적인 교육방식과 대척점에 있기 때문이다. 그러면 이들이 한국국제학교가 아닌 다른 학교를 선택한 이유는 무엇일까?

중국 대학 졸업생들이 엄청나게 쏟아져 나오는데, 한국 기업에서는 달가워하지 않아요. 그만큼 실력이 검증이 안 된 탓이라고 생각해요. (D-2)

'중국어 정보를 듣거나 읽는 데 쉽게 이해할 수 있으며, 중국어로 구두상 또는 서면상 형식으로 자신의 견해를 유창하고 적절하게 전달할 수 있는' 것을 말한다. HSK 6급 점수표에는 듣기, 독해, 쓰기 세 영역의 점수와 총점이 기재된다. 각 영역별 만점은 100점 만점이며, 총점은 300점 만점이다. 총점이 180점 이상이면 합격이다. 고득점자 대부분은 듣기, 독해는 만점을 기록, 쓰기에서 다소 점수가 깎이는 게 대부분이다.

중국어를 열심히 한 후 한국 학교로 전학 갔더니 '짱개'라는 별명을 얻었대요. 하지만 아이러니하게도 그 '짱개'라고 놀리는 아이들도 집에 돌아가면 HSK 2급을 따기 위해 열심히 중국어 학습을 한다는 사실이죠.(C-2)

교회 친구들 중 로컬학교에 다니는 학생은 저 하나였는데, 중간고사나 기말고사 때 저는 항상 다른 애들의 배려를 받았어요. 늘 9~10개 과목을 빡세게 공부해서 시험을 봐야 했기 때문이었죠.(D-4)

주말에 가지고 온 가방을 주초에 다시 들고 나가요. 공부는 주중에 학교에서 하는 것만으로 충분하기 때문이죠.(B-7)

다롄한국국제학교를 선택하지 않은 이들의 다롄한국국제학교에 대한 평가는 '영어를 국제학교에 다니는 애들만큼 잘하는 것도 아니고', '중국어를 너무 기초 수준에서만 가르친다'는 것이다. 이러한 외부 평가는 한국국제학교의 내부 관점—'외국어 혼돈 속에서 정체성마저 잃어가는 아이들에 대한 배려', '학습만이 다가 아닌 한국 선생님들과 충분한 교감'—과 큰 차이가 있다.

일반적으로 로컬학교의 '실험반'에 다니는 한국 학생들은 성적이 좋은 중국 학생과 경쟁해야 하기 때문에 실력을 인정해주는 경향이 있다. 그러나 중국 로컬학교에서 '일반반' 학생은 학업성적이 천차만별이라고 할 수 있다. 따라서 중국 로컬학교에 다니는 학생이 한국국제학교에 다니는 학생보다 뛰어나다고 말하는 것은 분명 잘못된 견해이다. 하지만 적어도 중국어로 진행하는 수업을 따라갈 수 있을 만큼 중국어는 확실하게 잘한다는 자부심과 기대감이 중국 로컬학교를 선택하게 하고 또 자부심을 갖게 하는 요인인 것만은 사실이다.

맨 처음 아이를 중국 학교에 보낼 때는 '감옥'에 넣는 기분이 들어서
눈물이 났어요. 물론 지금이라면 당연히 중국 로컬학교에 진학시켜 중
국 대학에 보냈을 것 같아요.(B-5)

이와 같이 검증되지 않은 중국 로컬학교에 대한 거부감을 가지고
있는 경우도 있다. B-2는 아이 셋을 중국 로컬학교에 보냈지만, 그 과
정에서 특히 둘째 딸이 "엄마가 학부모 회의에 참석하지 못하고, 참석
하더라도 학교 측이나 담임과 아무런 교류를 하지 못해 너무 스트레스
받는다"는 말을 자주 했다며 미안해했다. 역시 여기서도 로컬학교를
보내는 것도 쉽지 않음을 알 수 있다.

남편 친구 중에 워싱턴 대학을 졸업하고 이베이(Ebay)에 다니는 사람
이 있는데, 그 친구가 말하기를 어느 날 동료의 월급이 자신보다 높아
서 확인해보니, 동료는 중국어를 아주 잘하더라는 거죠. 남편이 그 얘
기를 듣고 아이와 저를 데리고 다롄에 오게 되었어요.(B-1)

중국 로컬학교에 다니는 학생들은 적어도 고2까지는 중국 학생들
과 겨뤄서 중국 전문가의 기초를 다지고, 고3 때는 한국인이 운영하는
입시학원 등을 통해 중국의 대학 시험을 준비하는 경우가 많다. 이들
은 중국 대학을 나오는 것이 장래에는 한국에서 대학을 졸업하는 것보
다 나을 수 있다고 판단한 그룹이라 할 수 있다. 즉, 중국 로컬학교를
선택한 학생은 대학을 중국으로 갈 가능성이 높다.

2) 영어권 국제학교 선택

다롄한국국제학교가 아니라 영어권 국제학교를 택하는 경우도 상당하
다. 이는 교육을 보는 성향의 차이도 있지만, 현실적으로 학비 부담 능

력의 차이도 크다. 대기업 주재원의 경우 자녀 학비 보조가 상당하기 때문에 가능하면 영어권 국제학교를 보내려고 하고, 자영업을 하는 경우는 한국국제학교에 보내는 비율이 상대적으로 높다. 이런 현실적인 문제보다도 영어에 주눅 들어 살아온 부모들이 자식만은 영어에서 해방시켜주려는 의지가 버거운 경제적 부담을 감내토록 하는 가장 큰 요인이라고 할 수 있다. 그렇지만 한국으로 대학을 보내려는 목적이 분명한 경우 한국국제학교를 선택하는 비율이 압도적으로 높다.

> 한국국제학교는 K-pop처럼 일률적이지 않으면 왕따 당하는 분위기라면, 인터내셔널스쿨은 다양한 댄스, 즉 재즈, 발레 등이 공존하는 느낌이에요. 1등부터 꼴등까지 석차를 매기는 게 아니라 아이 저마다 할 수 있는 만큼 해서 졸업할 수 있는 시스템이에요.(B-6)

B-6의 딸 둘과 아들 하나는 영어권 국제학교를 졸업했는데, 딸 둘은 한국 Y대(큰딸은 UIC,[36] 작은딸은 IID[37]에, 아들은 중국 B외대(15학번)에 입학했다. 경제적으로 여유가 있어 인터내셔널 스쿨을 보냈다기보다는 '기회가 있는 곳'이라는 확신이 있어서였다.[38] 그는 인터내셔널스쿨이 "단지 영어만을 배우는 게 아니라 자유로운 분위기에서 주체

---

36   Underwood International College.

37   Information & Interaction Design.

38   큰딸의 경우 평생 글을 쓰는 꿈을 가지고 최빈국에 자신의 학교를 세우는 꿈을 가지고 방학이면 인도를 찾아 콘서트를 열고 바자회도 열면서 열심히 실천하고 있다. 막내아들은 한국 대학의 문을 두드리다 실패했으나, 우연한 기회에 중국 대학에서 영어 성적이 월등히 좋은 리터니(Returnee)를 대상으로 한 전형이 있다는 걸 알고 응시해서 합격했다.

적인 사고를 배울 수 있다는 게 장점"이라고 말한다.

이런 학교를 보내는 부모는 여전히 영어가 가장 중요하고, 또 이런 학교에서도 기초 중국어를 배우기 때문에 두 언어를 모두 장악할 수 있다는 기대를 가지고 있다. 그렇기 때문에 가능하면 어릴 때는 영어권 국제학교에 보내고 고등학교는 대학 입시를 위해 한국국제학교로 옮기기도 한다. 그런데 문제는 영어권 국제학교에 다녔던 학생들은 중국 로컬학교나 한국국제학교에 잘 적응하지 못하거나 수업을 따라가기가 어렵다는 것이다. 이런 본질적인 모순이 바로 중국에 유학 중인 학생과 그 부모를 갈등에 빠지게 하는 근본 원인이 된다.

4. 학교 선택의 불안정성과 갈등

민사고를 졸업할 때 다른 친구들은 미국 대학으로 많이 유학 갔어요. 저는 재수를 하게 되었는데, 재수하기 위해 다니던 학원을 통해 중국 대학에 대한 정보를 처음 접했어요. 쉽지 않은 선택이었지만 그때 방향을 중국 대학 진학으로 바꾸고 하루 12시간씩 공부해가며 입시를 준비해 베이징대학 광화관리학원光華管理學院[39]에 입학했어요.[40]

현재 GEGeneral Electric Company 조명사업부 한국 지사에 근무하는 그는 GE 조명사업부 본사가 중국에 있기 때문에 중국에서 대학을 졸업한 자신이 취직하기 수월했다고 한다. 그러면서 "당시 미국 대학에 갔던 많은 친구들이 제가 GE에 근무한다고 하니까 많이 부러워해요"

---

39 한국의 경영학과와 같은 성격으로 베이징대에서도 입시 성적이 가장 높은 학과이다.

40 P씨(29세)와의 인터뷰는 한국에서 진행되었다.

 다롄연구: 초국적 이동과 지배, 교류의 유산을 찾아서

라며, 많은 수는 아니지만 중국 대학을 졸업한 친구들의 활약이 점점 늘고 있다고 말한다. 여기에 "서울 여의도 증권가에서 상하이 푸단復旦대 출신 중국 주식 전문 애널리스트가 귀한 대접을 받고 있다"는 기사[41] 등은 P씨의 말에 힘을 보태고 있다.

> 서울시교육청에 근무하다 기회가 닿아 오게 되었어요. 초등학교 6학년, 4학년인 아이들에게 넓은 세상을 보여주면서 외국어에 대한 두려움을 없애주고 싶었죠.(C-6)

> 두 아이에게 언제나 경제력만 된다면 해외에 나가서 살라고 얘기해요. 훗날 본인들의 의지로 해외에서 생활하게 될 때 부모와 함께 해외에서 생활했던 경험이 도움이 되길 바랄 뿐이죠.(C-4)

아버지가 한국의 외국어고등학교 교장을 퇴직하고 선전深圳한국국제학교에 근무한 적이 있어 한국국제학교에 대해서 접할 수 있었다는 C-4는 톈진한국국제학교, 자카르타한국국제학교를 거쳐 다롄한국국제학교에 세 번째로 파견되었다. 부부 교사인 C-4는 무엇보다 자녀들에게 해외에서 생활하는 환경을 제공해주고자 하는 마음에서 한 선택이었지만, 부부가 감당해야 하는 불이익이 있다. 즉, 해외 파견 근무는 호봉은 인정되지만 경력이 인정되지 않아 진급에서 마이너스를 감수해야한다.[42] 그럼에도 선택할 수 있었던 것은 자녀들을 좀 더 경쟁력

41　권민경, 「여의도서 뜨는 中 푸단대 투자모임 '푸빅'을 아시나요?」, 『한국경제신문』, 2015년 4월 27일.

42　세계화 시대를 반영하듯, 교사들의 해외 근무를 위한 경쟁도 치열하다. 이유는 두 가지이다. 하나는 입시 위주 교육의 정점에 있는 한국 교육 현실에서

있는 인재로 키우기 위해서는 해외에서의 교육 및 생활 경험이 중요하다고 믿었기 때문이다.

> 재학 중인 아이들 중에는 영어권 국제학교와 중국 로컬학교를 거쳤던 아이들이 많아요. 한국국제학교에서 다시 영어권 국제학교와 중국 로컬학교로 가기도 하구요. 물론 계획과 소신에 의한 움직일 수도 있지만 대개는 '불안'의 표현이죠. 영어? 중국어? 아니 모국어? 우선 언어도 그렇지만 한국인으로서의 정체성과 세계인으로서의 경쟁력 사이에서의 고민이 아이들에게 여러 학교를 경험하게 하는 원인이지 않을까 싶어요.[43]

> 대한민국 학부모 모두가 불안한 상황에서, 그 불안감을 해결하는 방안 가운데 하나가 해외 교육이죠. 하지만 그나마 중국어를 더 해야 하나, 영어를 더 해야 하는 조건 속에서 아이들은 더 불안해합니다.[44]

중국이라는 큰 파도가 밀려온다. 그 파도를 잘만 타면 대양으로 나갈 것 같다. 하지만 정작 '어떻게' 중국이라는 파도를 타고 대양으로 나갈 것인지에 대해서는 누구도 얘기하지 않는다. 전 세계 한국국제학교 대부분은 한국의 교육 현황을 그대로 옮겨놓은 듯하다. 중국에 있는 한국국제학교의 특징이라면 중국에 대한 이중적 잣대가 교육에 영

교사로서의 직무 만족도 저하이고, 다른 하나는 자신의 자녀 교육의 어려움이다. 그래서 보통 해외 한국학교에 근무하는 교사는 대개 만족스럽다는 입장이다.

43 다롄한국국제학교 교장선생님과의 인터뷰 중에서.

44 다롄한국국제학교 교장선생님과의 인터뷰 중에서.

향을 미친다는 것이다. 즉, 향후 중국의 영향력이 클 것이고 한국인이
라면 누구나 그 자장磁場에서 자유롭지 못할 것이라는 점은 인정하지
만, 세련되지 못하고 도처에 낙후한 모습의 중국, 중국 대학을 졸업하
면 제대로 대우를 못 받을 것 같은 불안함이 도사리고 있다. 한편의 인
정과 다른 한편의 불안감 사이에서 잠깐 영어권 국제학교로 눈을 돌려
보기도 하지만, 그러기에는 치러야 하는 경제적 비용이 만만치 않다.

5. 부모의 분투, 자녀의 희망

마흔다섯에 딸을 낳았어요. 아이에게 뭘 선물해줄까 하다 탈무드의
'낚시하는 법을 가르쳐줘라'라는 말이 떠올라 가장 좋은 교육 환경을
제공해주어야겠다고 마음먹었죠. 미국, 호주, 캐나다, 뉴질랜드를 다
돌아보았어요. 그러다 '중국이 대세겠다' 싶어 베이징을 방문했는데
잿빛 하늘과 매캐한 매연을 맡으며 '여기는 안 되겠다' 싶던 차에 다롄
을 알게 되었죠. 4살 반이 된 딸을 데리고 다롄에 와서는 유치원에서
초등학교까지 하루도 빼놓지 않고 아이를 학교에 데려다주고 데리고
왔죠. 초등학교 졸업할 때 중국 수위가 편지 한 장을 건네더군요. '당
신 같은 아버지가 있는 한국이 부럽다'고 쓰여 있었죠.(A-6)

처음에는 한 마디도 알아들을 수 없었지만 가장家長회의45는 한 번
도 빠짐없이 참석했다는 A-6, 딸의 교육을 위해 부부가 하던 일(의류
업)을 그만두고 한국에서 들어오는 임대 수익으로 생활을 꾸렸다. 다

---

45 한 학기 1~2회 열리는 학부모회의로, 전 학생의 부모가 반드시 참석해야 한
   다. 각 회사에서는 학부모회의 참석을 공식 휴가로 인정해 실제 부모 중 조
   건이 허락하는 사람이 참석하지만 아버지 참석률이 낮지 않다.

렌에서의 집은 늘 딸이 다니는 학교 5분 안에 얻었다. 그런 딸이 한국 대학 입시를 앞두고 있다. 딸이 한국 대학에 입학하는 순간, 당연히 A-6도 지난 13년간의 다롄 생활을 접을 계획이다.

> 어쩔 수 없죠, 아이를 위해서라면. 다행히 남편이 흔쾌히 응해주었어요.(C-3)

C-3는 학업성적이 떨어지는 둘째에게 좀 더 유리한 대학 입시 방법을 주기 위해서 다롄한국국제학교 교사[46]를 자처했다. 그 과정에서 부모가 반드시 함께 거주해야 한다는 입시 규정에 맞추기 위해 남편에게 휴직할 것을 권하고 함께 다롄으로 이주한 경우이다. 교육은 관심과 애정인데, 한국 교육 현실에서 성적이 안 좋은 학생이 관심과 애정을 받기 어렵다고 판단했다. 다롄한국국제학교의 경우 한 반에 20명 남짓, 학생 수가 적다 보니 각 선생님들이 학생 이름 하나하나 모를 수가 없다. 수학은 인근 학원에 보냈지만 영어는 엄마가 직접 지도하고 있다. 하루하루 꾸준히 하다보니 해커스 슈퍼보카Hackers Super Vocabulary만 8번 반복해서 보았다. 그러다보니 텝스 성적이 다롄에 오기 전에는 340점이던 것이 지난 4월 시험에서 703점을 받았다.

2003년 처음 중국 학교에 아이들을 보냈을 때 큰딸이 어문시험에서 100점 만점에 8점을 받았고, 둘째 아들은 2점을 받았어요, 셋째 딸은

---

46 2013년 3월 1일자로 발령을 받았다. 서류 심사를 통해 3배수를 뽑고, 3배수 중 면접을 거쳐 최종 합격되었다. 합격 통지를 받았을 때는 너무 좋아서 가슴이 터지는 줄 알았다고 한다. 본인의 근무지 변경으로 아이에게 유리한 대학 입시 제도를 제공해줄 수 있다는 기쁨이 포함되어서일 것이다.

아예 시험지조차 받지 못했죠. 그런 큰딸이 어느 날 영어단어경시대회에서 1등상을 받아왔어요. 300개 단어 시험인데, 영어는 중국어로, 중국어는 영어로 쓰는 거였어요. 열심히 외워 모르는 단어는 없었지만 중국어 글자를 모르는 통에, 그림을 동원해서 시험지를 작성했대요. 고양이도 그리고 자동차도 그리고…. 학교에서 그걸 인정해줘서 최고 1등상을 주었고, 조례 시간에 조례대에 올라 교장선생님으로부터 상을 받아왔어요.[47]

지방 소도시 샐러리맨으로 근무하는 남편(55세)과 평범한 가정주부인 L씨(53세)에게 자녀들의 중국 유학은 먼 나라 이야기 같았다. 하지만 지방 소도시에서의 교육만으로는 세 아이들이 자신들보다 더 나은 삶을 살기 어려울 것이라는 판단에 용기를 내어 베이징을 향했다. 흔히 한국인이 많이 사는 지역은 알지도 못하고, 물어물어 찾아간 중국인 서민 아파트에 살며 오로지 세 아이 교육에만 힘썼다. 한국인이 흔히 마시는 생수도 마시지 않고 중국인처럼 수돗물을 끓여 불순물을 가라앉힌 다음 마셨다. 그나마 아버지는 '기러기아빠'로 많지 않은 월급을 쪼개 베이징 네 식구에서 송금했다. 그게 엊그제 같은데 2015년 현재 큰딸은 삼성경제연구소 연구원으로, 작은아들은 베이징대학 물리학과 석·박사 통합과정생으로, 셋째 딸은 베이징대 위안페이元培학원[48] 1학년에 재학 중이다. L씨는 세 아이가 앞으로 살 삶은 적어도 부모인 자신들보다는 나을 것이라는 기대를 안고 지난해 기러기가족 생활을 청산한 후 부부 둘만의 오붓한 생활을 하고 있다.

---

47   학부모 L씨(53세)와의 인터뷰 중에서.

48   한국대학의 자유전공학부 개념으로 입학성적이 매우 우수해야 진학할 수 있다.

처음 다롄에 왔을 때 모든 일을 중국어를 하는 조선족에게 통역을 시
켰더니 일이 엉망이 되었어요. 남편이 안 되겠다, 중국어를 배워야겠
다고 마음먹었지만 도통 시간이 안 났어요. 중국인 과외 선생님을 모
시려 했는데, 중국인들은 새벽에 잘 안 움직여요. 그래서 차를 대절해
주고, 보통 과외비에 2배를 주면서 한 선생님을 초대해서 새벽 4~7시
까지, 출근하기 직전까지 매일 세 시간씩 공부했죠.(A-2)

그런 아버지의 새벽 공부는 사업의 안정으로 이어졌다. 큰딸은 본
인이 원하던 중앙대 연극영화과에 진학(14학번)해서 뮤지컬 배우를
꿈꾸고 있고, 둘째 아들은 올해 12학년으로 스포츠 경영학과를 목표로
대입 준비 중이다. 초등학교 4학년부터 골프를, 초등학교 6학년부터
승마를 연마한 아들은 모든 운동에 만능이다. 스포츠 경영에 관한 전
문지식을 쌓은 후 스포츠구단으로 메이저인 중국 광저우구단에 취직
할 꿈을 가지고 있다.

한국해양대학을 나와 승선 근무를 하기도 했어요. 형님과 함께 사업을
하게 되었는데, 마침 한국 중견 기업에서 중국에 파견되어 회사를 맡
아줄 사람이 필요하다고 해서 '차이나 드림'을 안고 중국에 오게 되었
죠. 아이가 중국 중·고등학교를 졸업하고 베이징대에서 공부하고 있
는데, 아이가 사회에서 활동할 때는 적어도 나보다는 경쟁력 있는 삶
을 살 거라고 생각합니다.(B-4)

한국 중산층은 자신의 삶보다 자녀의 삶이 더 힘들 것(68%)이라
고 여기고 있는데, '취업 기회 부족'을 가장 큰 이유로 꼽았다.[49] 그런

---

49   김수현, 「한국 중산층 '42억 자산 있으면 은퇴 고려할 수도'」, 연합뉴스,
      2015년 6월 26일.

만큼 해외에서의 유학, 대학 입시에서의 유리한 위치 등을 통해 '취업 기회 확대'를 제공해주는 게 부모로서 최선이라 여기며 그나마 불안을 해결하고 있다. 그러기까지 쉽지 않은 상황이지만, 아이를 위해 부모가 하던 일을 전적으로 멈추기도 하고 아버지가 휴직(교사 어머니의 경력 불인정 포함)하기도 한다. 또 일정 시기 전략적 기러기가족 형태를 취하기도 하고 새벽 4시부터 중국어 공부에 전념하는 등 다양한 분투가 바탕으로 이루고 있음을 확인할 수 있다.

Ⅳ. 나오는 말

이 글은 글로벌 시대를 사는 한국 중산층의 중국 유학에 대한 태도와 그 속에서의 분투를 들여다보았다. 자녀 교육의 세계화와 서열화된 국내 대학의 상층부를 차지하고자 하는 열망이 어떻게 발현되는지도 개괄했다. 이를 토대로 알 수 있는 내용은 다음과 같다.

첫째, 다롄한국국제학교를 중심으로 한 조기 유학의 특징은 기존 조기 유학 연구의 일반적 형태인 '기러기아빠' 유형과는 다르다. 2014년 현재 다롄은 1,500여 개의 한국 업체가 진출해 있고 4만여 명의 교민이 사업하고 있는 생활 중심형 도시이다. 이는 유학생이 단독으로 온 비율이 높고 대학생 위주로 구성된 베이징이나 상하이와는 다른 유학 구성이다. 이에 따라 교민이 진출하면서 절실한 교육 문제를 해결하기 위해 세워진 다롄한국국제학교는 '교육'만을 위한 교두보라기보다는 가족의 생계와 자녀의 유학이 밀접히 연계된 전형적인 사례이다. 즉, 주재원 자녀보다는 자영업에 종사하는 부모가 많다. 이는 기존의 기러기아빠 연구에 나타나는 부모의 특징인 '영어 되는 엄마'와 '돈 있는 아빠'의 조합이 아니라 '돈이 별로 많지 않은 아빠'와 '중국어가 자유롭지 않은 엄마'의 조합으로 나타난다. 이러한 특징은 가족 간의 유대가 다른 시기나 공간에 비해 월등히 높다는 특징과도 연관되어 있다. 이는 STX의 부도가 다롄한국국제학교에 큰 영향을 미쳤던 것으로도 입증되고 있다. 또한 학교 선택이 부모의 수입과 밀접하게 관련되어 있다는 것도 보여주고 있다.

둘째, 중·고등학교의 중요한 역할이 대학 진학 특히 국내 대학 진학이라면 다롄한국국제학교는 매우 유리한 고지를 점하고 있다. 다롄한국국제학교는 2014~2015년도 대입에서 약 40명 정도의 고3 학생 가운데 대부분이 한국의 수도권 대학에 입학했다. 이는 다롄한국국제학교가 중국 12개 한국국제학교 중에서 상위권에 속하는 점을 감안한다 해도 한국의 어떤 고3 학생과도 비교할 수 없이 좋은 진학 성적으로, 한국 입시 현실에 비추어 외국의 국제학교가 대입에서 유리한 고지에 있는 점은 분명한 사실이다.

셋째, 한국의 '특례 입학'제도의 변화는 중국 유학생이 한국국제학교와 중국 로컬학교를 선택하는 비율을 높이는 방향으로 영향을 미치고 있다. 이는 영어 중심의 특례가 다양한 국가 언어로 확장된 결과를 반영한 것으로, 중국어만 잘해도 대학에 합격할 수 있다는 기대가 커졌기 때문이다.

넷째, 중국의 입시제도 역시 한국 학생의 학교 선택에 영향을 미친다. 중국의 대학에 입학하려고 하면 중학교 과정이나 고등학교 저학년까지는 로컬학교를 선호한다. 대학에 입학해서 수업을 들어야 하기 때문에 중국어 실력이 관건이 될 수 있기 때문이다. 특히 중국의 부상에 따른 기대가 중국 학교 선호를 높이고 있어 로컬학교에 대한 수요는 갈수록 커질 것으로 보인다.

다섯째, 세계화와 국내 계급 사다리를 오르려는 열망 사이에서 고

민하는 부모와 그 자녀들의 분투가 깔려 있다. 얼마 전까지 한국인에게 세계화는 곧 서양화·미국화였다면 중국의 WTO 가입 이후 그 개념과 질서가 다른 의미로 확장되고 있다. 이런 의미의 변화는 중국에 거주하면서 자녀교육을 바라보는 부모에게는 더욱 현실적으로 다가오고 있다.

여섯째, 중국에서 초·중·고의 선택은 끊임없는 갈등의 연속이자 자녀의 장래에 대한 불안을 내포하고 있다. 이는 패권국가가 아닌 '부상하는 국가 중국'의 현 상황을 그대로 반영하는 것이다. 중국유학에 대한 기대와 동시에 영어에 대한 공포는 한국국제학교와 중국 로컬학교 그리고 영어권 국제학교 사이에서 갈등하도록 만들고 있다.

일곱째, 한국국제학교는 교육기관 이외의 공적 기능을 담당하고 있다. 즉, 외국에서 생활하는 학생들에게 모국어 교육을 통해 정서적 안정과 정체성 확립에 도움을 주고, 한국인 교사와 소통을 통해 청소년기의 어려움을 극복할 기회가 다른 학교를 선택한 경우보다 많은 것이 사실이다.

여덟째, 다롄한국국제학교 학부모의 계층 사다리 오르기를 위한 노력과 분투는 한국 사회의 전형적인 모습이다. 중국에서 생활하며 자녀가 글로벌 사회의 구성원으로 성장하기를 바라면서도, 여전히 교육을 통한 계층 상승에 대한 믿음과 서열의식이 지배하는 한국 사회를 벗어나지 못하고 있다. 그래서 자녀에게 입시 경쟁의 압박에서 벗어나게 해주려는 선의도 결국 한국의 대학 진학 앞에서 무력해지는 행태가 반복되고 있다.

큰 틀에서 다롄한국국제학교를 둘러싼 환경은 한국의 입시 위주의 교육 현실과 과도한 세계화에 대한 요구의 양면이라 할 수 있다. 그러면서 한국 내에서 세계화의 표준으로 여겼던 영어가 아닌 다른 언어 습득에 대한 부담을 한편에 안고 있다. 또한 초국적 이주로서 조기 유학이나 글로벌 문화자본 추구 등 현상적으로는 국가의 경계를 넘어가는 '트랜스내셔널transnational' 모습을 보이지만, 실질적으로는 진정한 의미의 '탈국가'로 나가지는 못함을 알 수 있다. 여기서도 세계화와 국내화 사이에서 경제적·사회적 자원을 모두 투자해 자녀교육에 올인하는 한국 중산층의 모습을 확인할 수 있다.

참고문헌

고해선, 2011, 「중산층 아버지의 생활환경 변화가 자녀교육 참여에 미치는 영향」, 한양대학교 교육대학원 석사학위 논문.

교육부, 2014, 『2014 간추린 교육통계』, 교육부·한국교육개발원.

권민경, 2015, 「여의도서 뜨는 中 푸단대 투자모임 '푸빅'을 아시나요?」, 『한국경제신문』, 4월 27일.

김경일·남일성, 2010, 『중국교육의 굴기: 중국 개혁·개방 30년』, 교육과학사.

김민선, 2014, 「이해를 위한 교수(Teaching for Understanding)를 적용한 아버지 유아과학교육 프로그램 개발」, 한양대학교 교육학과 박사학위 논문.

김수현, 2015, 「한국 중산층 "42억 자산 있으면 은퇴 고려할 수도"」, 연합뉴스, 6월 26일.

김숙이, 2003, 「중국의 사학교육 발전에 관한 소고」, 『중국교육연구』, 제2권 제1호, 53-75쪽.

김양희, 2009, 「중학교 중산층 학부모의 교육문화에 관한 질적 연구」, 고려대학교 행정대학원석사학위 논문.

김종영, 2008, 「글로벌 문화자본의 추구」, 『한국사회학』, 제42권 제6호, 68-105쪽.

김지훈, 2014, 「초국적 이주로서의 조기유학: 싱가포르의 한국인 조기유학생 추적조사를 통한 이동성(mobility) 유형화」, 『동남아시아연구』, 24권 2호, 207-251쪽.

김홍주, 2001, 『한국교육평론 2000: 자비유학 규제 완화와 조기유학에 대한 논란』, 한국교육개발원.

남인숙, 2011, 「한국의 사회경제적 양극화와 교육 격차」, 『현상과 인식』, 제35권 제3호.

노재현, 2015, 「재외한국학교 학생 8%↑ …중국·베트남서 많이 늘어」, 연합뉴스, 5월 31일.

박경환·백일순, 2012, 「조기유학을 매개로 한 '분절가족 초국적 가족'의 부상: 동아시아 개발국가 중상류층 가족의 초국가적 재생산에 관한 논의 고찰」, 『한국도시지리학회지』, 제15권 제1호, 17-31쪽.

박소화, 2010, 「조기유학 경험의 초국가성에 대한 근거이론적 분석」, 충남대학교 대학원 박사학위 논문.

손중종, 2005, 「누가 교육을 위해 한국을 떠나려고 하는가: 교육 관련 '탈'한국 현상의 사회적 성격분석」, 『교육사회학연구』, 제13권, 95-120쪽.

스티블 카슬 외, 2013, 『이주의 시대』, 일조각.

양안순, 2011a, 「세계화와 상업화 과정 속의 중국 국제학교」, 『사회와 교육』, 제50권 제2호.

양안순, 2011b, 「중국교육의 시장화와 사립학교의 성장」, 『동북아 문화연구』, 제26권.

예성호·김윤태, 2014, 「'초국가주의 역동성'으로 본 재중 한국인 자녀 교육 선택에 대한 연구: 상해지역을 중심으로」, 『中國學研究』, 제68호, 337-362쪽.

이경자, 2011, 「중국교육사 연구의 동향」, 『한국교육사학』, 제33권 제1호.

이두휴, 2008, 「기러기 아빠의 교육적 희망과 갈등 연구」, 『교육문제연구』, 제32권, 21-46쪽.

이민경, 2007, 「중산층 어머니들의 자녀교육 담론: 자녀교육 지원태도에 대한 의미 분석」, 『한국교육사회학연구』, 제17권 제3호, 159-181쪽.

이영민·유희연, 2008, 「조기유학을 통해 본 교육 이민의 초국가적 네트워크와 상징자본화 연구」, 『한국도시지리학회』, 제11권 제2호, 75-89쪽.

장수현, 2013, 「중국 청도 한국 조기유학생들의 초국적 교육환경: 교육의 시장화와 다양성의 딜레마」, 『열린교육연구』, 제21권 1호, 179-202쪽.

정동권, 2013, 〈제주 국제학교도 '중국 특수'〉, TV조선, 11월 26일.

조미덥, 2012, 「법원·검찰, 중국서 재외국민 특례입학 악용 60여명 적발」, 『경향신문』, 7월 11일.

조은, 2004, 「세계화의 최첨단에 선 한국의 가족: 신글로벌 모자녀 가족 사례 연구」, 『경제와 사회』, 제64권, 148-171쪽.

조은, 2008, 「기러기 아빠: 월드클래스를 향한 욕망의 기호」, 『황해문화』 제56집, 79-97쪽.

조혜선, 2004, 「조기교육과 어머니 역할」, 『한국여성학』, 제20권 제1호, 123-161쪽.

조혜영·최원기·이경상, 2007, 「청소년들은 어떻게 조기유학을 결정하게 되는가: 미국 소도시 유학생들의 사례」, 『청소년학연구』, 제14권 제4호.

천선영, 2003, 「'어머니 되기'의 새로움: 열망과 두려움 사이에서」, 『한국사회학과 사회학대회논문집』, 69-94쪽.

천세영·박소화, 2008, 「초국적 교유: Post nationality의 관점에서 본 조기유학」, 『인문학연구』, 제35권 제2호, 329-351쪽.

최양숙, 2005, 『조기 유학, 가족 그리고 기러기 아빠』, 한국학술정보.

최양숙, 2008, 「비동거 가족경험: '기러기아빠'를 중심으로」, 『신학논단』, 제54권 제12호, 401-437쪽.

홍길회·황정해, 2007, 「아버지됨(fathering) 향상을 위한 아버지 교육 프로그램 개발 연구: 영유아기 자녀를 둔 아버지를 대상으로」, 『한국유아교육보육행정연구』, 제11권 제2호, 5-24쪽.

홍석준·성정현, 2009, 「조기유학 대상지로 동남아시아를 선택하는 한국인 부모들의 동기 및 사회문화적 배경에 대한 연구: 말레이시아의 사례를 중심으로」, 『사회과학연구』, 제20권 제4호, 239-262쪽.

황성희, 2014, 「중소도시 중산층 학부모의 사교육 지원 문화」, 강원대학교 교육학과 박사학위 논문.

황성희, 2014, 「중소도시 중산층 학부모의 자녀 사교육 지원 문화에 관한 연구」, 『교육사회학 연구』, 제24권 제2호, 277-303쪽.

林芹, 2010, 「论中国国际学校的发展现状」, 『考试』, 第40期, 23頁.

满都拉, 2014, 『国际学校择校指南』, 北京: 清华大学出版社.

王作梅, 2004, 「国际学校高中课程设置探索: 以上海三所国际学校为案例」, 上海师范大学 科技学院 硕士 论文.

教育部关于做好外籍人员子女学校有关工作的意见(2015-01-08) 教外办学2号(2015) http://www.moe.gov.cn/srcsite/A20/moe_861/201501/ t20150108_189353.html

外地学生到我市初中借读流程 http://service.dl.gov.cn/details.vm?i-id=10110& name=外地学生到我市初中借读流程&i=5&b-code=B100401&name=基础教育

中华人民共和国义务教育法(1986年4月12日第六届全国人民代表大会
　　第四次会议通过2006年6月29日第十届全国人民代表大会常
　　务委员会第二十二次会议修订）

http：//www.moe.edu.cn/publicfiles/business/htmlfiles/moe/
　　moe_506/200503/6243.html
http：//www.chinacorea.com/new.php?class=2054